AF890082

Joachim Bauer
Ungleichbehandlung der Gläubiger
im geltenden Insolvenzrecht

Schriften zum deutschen,
europäischen und internationalen
Insolvenzrecht

S-INSO Band 9

Schriften zum deutschen, europäischen und internationalen Insolvenzrecht

Herausgegeben von

Professor Dr. Stefan Smid, Kiel
Rechtsanwalt Dr. Mark Zeuner, Hamburg
Rechtsanwalt Michael Schmidt, Berlin

S-INSO Band 9

De Gruyter Recht · Berlin

Joachim Bauer

Ungleichbehandlung der Gläubiger im geltenden Insolvenzrecht

Zugleich zur Dogmatik gesetzlich geschaffener Gläubigerprivilegien am Beispiel des § 32 DepotG, § 13c UStG und des Entwurfs der (vorigen) Bundesregierung eines Gesetzes zum Pfändungsschutz der Altersvorsorge und zur Anpassung des Rechts der Insolvenzanfechtung vom 10. August 2005

W DE G RECHT

De Gruyter Recht · Berlin

Dr. iur. *Joachim Bauer*, Rechtsanwalt, Berlin

∞ Gedruckt auf säurefreiem Papier,
das die US-ANSI-Norm über Haltbarkeit erfüllt.

ISBN 978-3-89949-406-8

Bibliografische Information der Deutschen Nationalbibliothek

Die Deutsche Nationalbibliothek verzeichnet diese Publikation in der Deutschen Nationalbibliografie; detaillierte bibliografische Daten sind im Internet über http://dnb.d-nb.de abrufbar.

© Copyright 2007 by De Gruyter Rechtswissenschaften Verlags-GmbH, D-10785 Berlin

Dieses Werk einschließlich aller seiner Teile ist urheberrechtlich geschützt. Jede Verwertung außerhalb der engen Grenzen des Urheberrechtsgesetzes ist ohne Zustimmung des Verlages unzulässig und strafbar. Das gilt insbesondere für Vervielfältigungen, Übersetzungen, Mikroverfilmungen und die Einspeicherung und Verarbeitung in elektronischen Systemen.

Printed in Germany
Umschlaggestaltung: Christopher Schneider, Berlin
Datenkonvertierung/Satz: WERKSATZ Schmidt & Schulz GmbH, Gräfenhainichen
Druck und Bindung: Hubert & Co., Göttingen

Meinen Eltern und Christiane

Vorwort

Der Grundsatz der Gleichbehandlung der Gläubiger im Insolvenzverfahren wird seit je her als oberster Grundsatz des Insolvenzrechts angesehen. Dennoch wurde er in keinem deutschen Insolvenzrecht ausnahmslos verwirklicht, auch nicht in der InsO.

Soll sich das Insolvenzrecht in die geltende Zivilrechtsordnung dogmatisch schlüssig einfügen, kommt eine absolute Gleichbehandlung aller Gläubiger im Insolvenzverfahren auch gar nicht in Betracht – gleich zu behandeln ist nur wesentlich Gleiches; für wesentlich Ungleiches ist differenzierte Behandlung geboten. Der rechtlichen Erörterung bedürfen freilich die Kriterien, nach welchen die Behandlung der Gläubiger im Insolvenzverfahren dogmatisch zulässiger Weise zu differenzieren ist, und hier u. a. die Frage, ob solche zulässigen Kriterien auch aus rechtspolitischen Erwägungen gewonnen werden können.

Die Antworten auf diese Fragen, welche die vorliegende Arbeit zu geben versucht, erhalten vor dem Hintergrund der jüngeren Gesetzgebung, etwa in § 13 c UStG, und derzeitiger Gesetzesbestrebungen, insbesondere des Entwurfs der (vorigen) Bundesregierung eines Gesetzes zum Pfändungsschutz der Altersvorsorge und zur Anpassung des Rechts der Insolvenzanfechtung vom 10.8.2005, welcher die durch die InsO beseitigten Vorrechte zugunsten des Fiskus und der Sozialversicherungsträger faktisch-wirtschaftlich wiedereinzuführen geeignet ist, besondere aktuelle Bedeutung.

Die vorliegende Arbeit wurde Ende Februar 2006 abgeschlossen und hat der rechtswissenschaftlichen Fakultät der Christian-Albrechts-Universität zu Kiel als Dissertation zur Erlangung des Grades eines Doktors der Rechte vorgelegen. Gutachter waren Herr Prof. Dr. Stefan Smid (Betreuer und Erstgutachter) und Herr Prof. Dr. Werner Schubert (Zweitgutachter). Dem Prüfungsausschuss gehörten an Herr Prof. Dr. Werner Schubert als Vorsitzender, Herr Prof. Dr. Stefan Smid und Herr Prof. Dr. Rudolf Meyer-Pritzl. Das Rigorosum fand am 18.12.2006 statt. Die Entwicklung im Gesetzgebungsverfahren des v.g. Gesetzesentwurfs der (vorigen) Bundesregierung nach Februar 2006 konnte berücksichtigt, nach Februar 2006 ergangene einschlägige Rechtsprechung und Literatur konnte vereinzelt einbezogen werden.

Der Verfasser dankt Herrn Prof. Dr. Stefan Smid vielmals für seine engagierte Betreuung.

Berlin und Kiel im Dezember 2006

Inhaltsverzeichnis

Literaturverzeichnis

Arbeitskreis für Insolvenzrecht und Schiedsgerichtswesen e.V. Köln (Hrsg.), Kölner Schrift zur InsO, 2. Aufl., Herne, Berlin 2000

Bähr, Rainer M., Forderungsprüfung und Tabellenführung, InVo 1998, 205 ff.

Balz, Manfred, Aufgaben und Struktur des künftigen einheitlichen Insolvenzverfahrens, ZIP 1988, 273 ff.

Balz, Manfred, Das neue europäische Insolvenzübereinkommen, ZIP 1996, 948 ff.

Balz, Manfred / Landfermann, Hans-Georg, Die neuen Insolvenzgesetze, Düsseldorf 1995

Bauer, Joachim, Rechtsfragen der Unternehmenssanierung, Recklinghausen 2005

Baur, Fritz / Stürner, Rolf, Insolvenzrecht, 3. Aufl., Heidelberg 1991

Beck, Siegfried / Depré, Peter, Praxis der Insolvenz, München 2003

Beck, Siegfried / Irschlinger, Friedrich (VID), Stellungnahme des Verbandes der Insolvenzverwalter Deutschlands e.V. vom 6.7.2005 zum Entwurf eines Gesetzes zum Pfändungsschutz der Altersvorsorge und zur Anpassung des Rechts der Insolvenzanfechtung, ZInsO 2005, 862 ff.

Bellinger, Dieter / Kerl, Volker, Hypothekenbankgesetz, 4. Aufl., München 1995

Berges, August Maria, Zur Einschränkung dr Konkursvorrechte, KTS 1959, 53 ff.

Berges, August Maria, Große oder kleine Insolvenzrechtsreform, KTS 1955, 49 ff.

Böhle-Stamschräder, Alois, Reformbedürftigkeit des Konkursrechts, KTS 1959, 66 ff.

de Boor, Hans Otto, Die Kollision von Forderungsrechten, Berlin, Wien 1928

Bork, Reinhard, Die Aufrechnung im internationalen Insolvenzverfahrensrecht, ZIP 2002, 690 ff.

Bork, Reinhard, Gläubigersicherung im vorläufigen Insolvenzverfahren, ZIP 2003, 1421 ff.

Braun, Eberhard, Insolvenzordnung (InsO), Kommentar, 2. Aufl., München 2004

Bunjes, Johann / Geist, Reinhold, Umsatzsteuergesetz (UStG), Kommentar, 8. Aufl., München 2005

Canaris, Claus-Wilhelm, Die Auswirkungen eines im Ausland ausgebrachten Arrests im inländischen Konkurs und Vergleich, ZIP 1983, 657 ff.

Doehring, Cahl, Gesamtinsolvenzverfahren als Reformaufgabe – Erkenntnisse aus statistischen Ergebnissen, KTS 1983, 369 ff.

Duursma-Kepplinger, Henriette-Christine / Duursma, Dieter / Chalupsky, Ernst, Europäische Insolvenzverordnung, Wien, New York 2002

Eckhardt, Diedrich, Zur Aufrechnungsbefugnis des Konkursverwalters, ZIP 1995, 257 ff.

Ehricke, Ulrich, Die Änderungen im Unternehmensinsolvenzrecht nach dem Referentenentwurf eines Gesetzes zur Änderung der InsO, des KWG und anderer Gesetze, ZIP 2004, 2262 ff.

Engelhard, Hans A., Politische Akzente einer Insolvenzrechtsreform, ZIP 1986, 1287 ff.

Festschrift für Hans Friedhelm Gaul, Hrsg. Schilken, Becker-Eberhard, Gerhardt, Bielefeld 1997

Festschrift für Hans Giger, Hrsg. Habscheid, Hoffmann-Nowotny, Linder, Meier-Hayoz, Bern 1989

Festschrift für Günter Greiner, Hrsg. Piepenburg, Köln, Berlin, München 2005

Festschrift für Wolfgang Jelinek, Hrsg. Simotta, Wien 2002

Festschrift für Friedrich Weber zum 70. Geburtstag, Hrsg. Bökelmann, Berlin, New York 1975

Festschrift für Wilhelm Uhlenbruck, Hrsg. Prütting, Vallender, Köln 2000

Festschrift 100 Jahre Konkursordnung, Hrsg. Uhlenbruck, Köln 1977

Flessner, Axel, Grundfragen des künftigen Sanierungsrechts, ZIP 1981, 113 ff.

Frind, Frank, InsO – quo vadis?, ZinsO 2005, 66 ff.
Frind, Frank, Kleine Reform – große (Fehl-)Wirkung? Anmerkung zum Entwurf eines Gesetzes zum Pfändungsschutz der Altersvorsorge und zur Anpassung des Rechts der Insolvenzanfechtung, ZInsO 2005, 790 ff.

Gassert-Schumacher, Heike, Privilegien in der Insolvenz, Frankfurt/Main 2002
Gessner, Volkmar / Rhode, Barbara / Strate, Gerhard / Ziegert, Klaus-A., Die Praxis der Konkursabwicklung in der Bundesrepublik Deutschland – eine rechtssoziologische Untersuchung, Köln 1978
Gottwald, Peter, Insolvenzrechtshandbuch, 2. Auf., München 2001
Gravenbrucher Kreis, Stellungnahme vom 7.11.2005 zum Entwurf eines Gesetzes zum Pfändungsschutz der Altersvorsorge und zur Anpassung des Rechts der Insolvenzanfechtung, ZIP 2005, 1386 ff.

Händle, Sascha, Ein Schritt nach vorne, zwei zurück. Die peplante Änderung des § 55 Abs. 2 InsO durch den Entwurf eines Gesetzes zum Pfändungsschutz der Altersvorsorge und zur Anpassung des Rechts der Insolvenzanfechtung, ZInsO 2005, 844 ff.
Häsemeyer, Ludwig, Die Gleichbehandlung der Konkursgläubiger, KTS 1982, 507 ff.
Häsemeyer, Ludwig, Insolvenzrecht, 3. Aufl., Köln, Berlin, Bonn, München 2002
Hahn, Carl, Die gesammelten Materialien zur KO und dem Einführungsgesetz zu derselben vom 1. Februar 1877 sowie zu dem Gesetze betreffend die Anfechtung von Rechtshandlungen eines Schuldners außerhalb eines Konkursverfahrens vom 21. Juli 1879, Berlin 1881
Hahne, Klaus D., Die Haftung für Umsatzsteuerschulden bei Abtretung und Verpfändung von Forderungen nach § 13 c UStG n. F., BB 2003, 2720 ff.
Hahne, Klaus D., Der Haftungstatbestand nach § 13 c UStG n. F., DStR 2004, 210 ff.
Haß, Detlef / Huber, Peter / Gruber, Urs / Heiderhoff, Bettina, EU-Insolvenzverordnung, München 2005
Heidelberger Kommentar zur InsO, Eickmann/Flessner/Irschlinger/Kirchhof/Kreft/Landfermann/Marotzke/Stephan, 4. Aufl., Heidelberg 2006
Heilmann, Hans / Smid, Stefan, Grundzüge des Insolvenzrechts, 2. Aufl., München 1994
Heinsius, Theodor / Horn, Arno / Than, Jürgen, Depotgesetz, Berlin, New York 1975
Hess, Harald, Kommentar zur KO, 6. Aufl., Neuwied, Kriftel 1998
Hess, Harald / Weis, Michaela / Wienberg, Rüdiger, Insolvenzordnung, Kommentar zur InsO mit EGInsO 2. Aufl., Heidelberg 2001
Hölzle, Gerrit, Ein Blick auf die Folgen der geplanten Umsetzung der Finanzsicherheitenrichtlinie aus Sicht der Insolvenzverwalter – Verrechnungs- und Anfechtungsfreiheit für Kreditinstitute?, ZIP 2003, 2144 ff.
Hopt, Klaus, Zur Reichweite der besonderen Konkursvorrechte nach § 32 DepotG, § 35 HypBankG und 77 VAG unter bsonderer Berücksichtigung von Zinsen, Dividenden und Bezugsrechten, BB 1975, 397 ff.
Hopt, Klaus, Rechtsprobleme der Kostntragung und Verteilung bei den besonderen Konkursvorrechten nach § 32 DepotG, § 35 HypBankG und 77 VAG, DB 1975, 1061 ff.
Huber, Michael, Referentenentwurf „Anpassung des Rechts der Insolvenzanfechtung“ – oder: Das Feigenblatt zur Anpassung des IX. Zivilsenats an die Wünsche der Sozialversicherungsträger und Finanzbehörden, ZInsO 2005, 786 ff.
Hueck, Götz, Der Grundsatz der gleichmäßigen Behandlung im Privatrecht, München, Berlin 1958

Jaeger, Ernst, Konkursordnung, Großkommentar, 8. Aufl., Berlin 1958, 9. Aufl., Berlin, New York 1997
Jaeger, Ernst, Insolvenzordnung, Großkommentar, Berlin 2004
Jansen, Claudia C. E. / Biebinger, Gerd, (Un-)Zulässigkeit eines Insolvenzverfahrens mit nur einem Gläubiger, ZInsO 2006, 126 ff.
Jeremias, Christoph, Internationale Insolvenzaufrechnung, Tübingen 2005

Kemper, Jutta, Die Verordnung (EG) Nr. 1346/2000 über Insolvenzverfahren, ZIP 2001, 1609 ff.
Kilger, Joachim, Der Konkurs des Komkurses, KTS 1975, 142 ff.
Kilger, Joachim / Schmidt, Karsten, Insolvenzgesetze KO, VerglO, GesO, 17. Aufl., München 1977
Kohler, Josef, Leitfaden des Deutschen Konkursrechts, Stuttgart 1903
Kommission für Insolvenzrecht, Hrsg. Bundesministerium der Justiz, Erster Bericht, Köln 1985
Kroth, Harald, Steuerrecht versus Insolvenzrecht oder: (Wider) die Auferstehung des Fiskusprivilegs,NZI 2004, 345 ff.
Kuder, Karen, Klartext: Neues Supervorrecht für Banken durch die Hintertür?, ZInsO 2004, 1180 ff.
Kübler, Bruno M. / Prütting, Hanns (Hrsg), Das neue Insolvenzrecht, RWS-Dokumentation Nr. 18, 2. Aufl. Köln 2000
Kübler, Bruno M. / Prütting, Hanns, InsO, Kommentar, Köln, Stand 1. Lfg. August 1998
Kümpel, Siegfried, Bank- und Kapitalmarktrecht, 3. Aufl., Köln 2004

Lambsdorff, Graf Otto, Wirtschaftspolitische Aspekte einer Insolvenzrechtsreform, ZIP 1987, 809 ff.
Leithaus, Ralf, Anmerkungen zum Regierungsentwurf eines Gesetzes zum Pfändungsschutz der Altersvorsorge und zur Anpassung des Rechts der Insolvenzanfechtung, NZI 2005, 436 ff.

Marotzke, Wolfgang, Klartext: Neues Supervorrecht für Banken durch die Hintertür?, ZInsO 2004, 1063 f.
Marotzke, Wolfgang, Antizipierte Begründung privilegierter Neumasseverbindlichkeiten – das Ende des Treuhandkontenmodells?, ZInsO 2005, 561 ff.
Marotzke, Wolfgang, Masseschuldbegründung im Eröffnungsverfahren – zum Reformvorschlag der Bundesregierung, ZIP 2005, 2144 ff.
Marotzke, Wolfgang, Die Anfechtbarkeit von Vollstreckungsmaßnahmen wegen Benachteiligung konkurrierender Gläubiger, ZInsO 2006, 7 ff.
Marotzke, Wolfgang, Ketzerisches aus erster Instanz, ZInsO 2006, 190 ff.
Marx, Kirsten / Salentin, Frank, § 13c UStG n.F. – Eine Gefahr für Sicherungszessionen als Instrument zur Beschaffung von (Waren-)Krediten und als Sicherheit für Lieferanten?, NZI 2005, 258 ff.
Maunz, Theodor / Dürig, Günter, Grundgesetz, 44. Lfg. München Februar 2005
Maus, Karl Heinz, Wechsel der Steuerschuldnerschaft und verschärfte Steuerhaftung als Ausgleich für den Fortfall des Fiskalvorrechts gemäß § 61 Abs. 1 Nr. 2 KO, ZIP 2004, 1580 ff.
Meyer, Peter / Rein, Christian, Das Ende der Gleichbehandlung im Insolvenzrecht?, NZI 2004, 367 ff.
Molitor, Michael W., Insolvenzanfechtung und die Haftung des kontoführenden Instituts nach § 13 c UStG, ZInsO 2006, 804 ff.
Münchner Kommentar zur InsO, Hrsg. Kirchhof, Lwowski, Stürner, Bd. 1 München 2001, Bd. 3 München 2003
Münzel, Karl, Eigentumsvorbehalt und Sicherungsübereignung, MDR 1051, 129 ff.

Obermüller, Manfred, Anglerlatein oder: Der Widerstand gegen die Umsetzung der Finanzsicherheitenrichtlinie, ZIP 2003, 2336 ff.
Obermüller, Manfred, Das Refinanzierungsregister, ZInsO 2005, 1079 ff.
Oetker, Friedrich, Konkursrechtliche Grundbegriffe, Band I Die Gläubiger, Stuttgart 1891

Pape, Gerhard / Uhlenbruck, Wilhelm, 30 Jahre Insolvenzrechtsreform für die Katz?, ZIP 2005, 417 ff.
Pape, Gerhard, Von der „Perle der Reichsjustizgesetze" zur Abbruchhalde, ZInsO 2005, 842 ff.
Paulus, Christoph, Die Insolvenzrechtreform und der Schutz der gesicherten Gläubiger, ZIP 1985, 1449 ff.
Paulus, Christoph, Zum Verhältnis von Aufrechnung und Insolvenzanfechtung, ZIP 1997, 569 ff.
Prade, Hans-Otto, Die Änderungswünsche der Finanzverwaltungen zum Insolvenzanfechtungsrecht – oder: Die Wiedereinführung des „Windhundprinzips", ZInsO 2005, 251
Prölss, Erich R., Versicherungsaufsichtsgesetz, Kommentar, 11. Aufl., München 1997, 12. Aufl., München 2005

Rau, Günter / Dürrwächter, Erich, Kommentar zum Umsatzsteuergesetz, 8. Aufl., Köln 1977, Stand: 118. Lfg., Mai 2004

Rendels, Dietmar, Ist die Aufrechnungsbefugnis Kraft einer Konzern-Netting-Abrede insolvenzfest?, ZIP 2003, 1583 ff.

Runkel, Hans-Peter (Hrsg.), Anwaltshandbuch Insolvenzrecht, Köln 2005

von Sarwey / Bossert, Die Konkursordnung für das Deutsche Reich, 3. Aufl. Berlin 1986, 4. Aufl., Berlin 1901

Schmerbach, Ulrich, Stellungnahme zu Art. 2 des Entwurfs eines Gesetzes zum Pfändungsschutz der Altersvorsorge und zur Anpassung des Rechts der Insolvenzanfechtung, ZInsO 2005, 865 ff.

Schmidt-Räntsch, Ruth, InsO mit EG, Köln 1995

Schneider, Werner / Hörmann, Martin, Die Änderungswünsche der Finanzverwaltungen zum Insolvenzanfechtungsrecht – oder: Die Wiedereinführung des „Windhundprinzips", ZInsO 2005, 133 ff.

Schultze, August Sigismund, Das Deutsche Konkursrecht, Berlin 1880

Schwab, Brent, Die Rechtsposizion des Arbeitnehmer-Erfinders in der Insolvenz des Arbeitgebers, NZI 1999, 257 ff.

Sethe, Rolf, Anlegerschutz im Recht der Vermögensverwaltung, Köln 2005

Smid, Stefan, Gleichbehandlung der Gläubiger und Wiederherstellung eines funktionsfähigen Insolvenzrechts als Aufgabe der Insolvenzrechtsreform, BB 1992, 501 ff.

Smid, Stefan, Grundzüge des neuen Insolvenzrechts, 3. Aufl., München 1999

Smid, Stefan, Insolvenzordnung, 2. Aufl., Stuttgart, Berlin, Köln 2001

Smid, Stefan, Kreditsicherheiten in der Insolvenz des Sicherungsgebers, Stuttgart 2003

Smid, Stefan, Deutsches und europäisches internationales Insolvenzrecht, Stuttgart 2004

Smid, Stefan, Zur „Anpassung des Rechts der Insolvenzanfechtung" und anderen Fragen der gegenwärtigen Gesetzgebung, DZWIR 2005, 414 ff.

Stoldt, Egon, Die Konkursvorrechte der Arbeitnehmer und Sozialversicherungsträger im Rahmen des heutigen Konkursverfahrens, KTS 1967, 193 ff.

Stürner, Rolf, Aktuelle Probleme des Konkursrechts, ZZP 1981, 263 ff.

Stürner, Rolf, Der Abschied von der „klassenlosen" Insolvenz, NZI 2005, 597 f.

Uhlenbruck, Wilhelm, Zur Krise des Insolvenzrechts, NJW 1975, 897 ff.

Uhlenbruck, Wilhelm, Sanierung und Reorganisation als drittes Insolvenzverfahren in einem künftigen Recht?, KTS 1981, 513 ff.

Uhlenbruck, Wilhelm, Insolvenzordnung, Kommentar, 12. Aufl., München 2003

Uhlenbruck, Wilhelm, Wiedereinführung der Vorrechte durch die Hintertür?, ZInsO 2005, 505 ff.

Vallender, Heinz, Par condicio creditorum ade?, NZI 2005, 599 ff.

Vetter, Joachim / Berscheid, Ernst-Dieter, Stellungnahme zum Gesetzesentwurf der Bundesregierung: „Gesetz zum Pfändungsschutz der Altersvorsorge und zur Anpassung des Rechts der Insolvenzanfechtung" aus arbeitsrechtlicher Sicht, ZInsO 2005, 867

Virgos, Miguel / Schmit, Etienne, Erläuternder Bericht zu dem EU-Übereinkommen über Insolvenzverfahren, Bei Stoll, Hans

Vorschläge und Gutachten zur Umsetzung des EU-Übereinkommens über Insolvenzverfahren in Deutsches Recht, S. 32 ff., Tübingen 1997

Weber, Friedrich, Fragen der Gestaltung des Konkursverfahrens in rechtspolitischer und rechtsvergleichender Sicht, KTS 1959, 80 ff.

Weerth, Jan de, Zur mangelnden Gemeinschaftskonformität der neuen Umsatzsteuer-Haftungsbestimmungen § 13 c und § 13 d UStG, DStR 2006, 1071 f.

Wenzel, Jörg, Die Verrechnung nach § 52 SGB I in der Insolvenzs des Erstattungsgläubigers, ZInsO 2006, 169 ff.

Werres, Rüdiger, Gläubiger im Insolvenzeröffnungsverfahren – Massegläubiger oder Treuhandmodell? Zugleich eine Stellungnahme zur geplanten Änderung des § 55 Abs. 2 InsO, ZInsO 2005, 1233 ff.

Wiese, Gabriele / Gradl, Sybille, Die neuen Haftungstatbestände § 13c und § 13d UStG, DB 2004, 844 ff.

von Wilmowsky, Peter, Aufrechnung in internationalen Insolvenzfällen. Das Kollisionsrecht der Insolvenzaufrechnung, KTS 1998, 343 ff.

Wimmer, Klaus, Die UNCITRAL-Modellbestimmungen über grenzüberschreitende Insolvenzverfahren, ZIP 1997, 2220 ff.

Windel, Peter A., Die Unbeachtlichkeit von Konzernverrechnungsbefugnissen und wirkungsgleichen Drittaufrechnungsmöglichkeiten im Insolvenzverfahren, KTS 2004, 305 ff.

Wüst, Günter, Die Interessengemeinschaft – ein Ordnungsprinzip des Privatrechts, Frankfurt/ Main, Berlin 1958

Abkürzungsverzeichnis

a.A.	andere Auffassung
a.a.O.	am angegebenen Ort
Abs.	Absatz
Abschn.	Abschnitt
a.E.	am Ende
a.F.	alte Fassung
AG	Amtsgericht
allg.	allgemein
Alt.	Alternative
Anm.	Anmerkung
AO	Abgabenordnung
Art.	Artikel
ArbNErfG	Arbeitnehmererfindungsgesetz
Aufl.	Auflage
BAG	Bundesarbeitsgericht
BB	Betriebsberater (Zeitschrift)
Bd.	Band
Begr.	Begründung
BetrAVG	Gesetz über die betriebliche Altersversorgung
BGB	Bürgerliches Gesetzbuch
BGBl.	Bundesgesetzblatt
BGH	Bundesgerichtshof
BGHZ	Entscheidungen des Bundesgerichtshofs in Zivilsachen
BHO	Bundeshaushaltsordnung
BMF	Bundesministerium der Finanzen
BR	Bundesrat
BRH	Bundesrechnungshof
BSG	Bundessozialgericht
BT	Bundestag
BUrlG	Bundesurlaubsgesetz
BVerfG	Bundesverfassungsgericht
BVerfGE	Entscheidungen des Bundesverfassungsgerichts
bzw.	beziehungsweise
DG-BankG	Gesetz über die Deutsche Genossenschaftsbank
DepotG	Gesetz über die Verwahrung und Anschaffung von Wertpapieren
d.h.	das heißt

DStR	Deutsches Steuerrecht (Zeitschrift)
DZWIR	Deutsche Zeitschrift für Wirtschafts- und Insolvenzrecht
EG	Einführungsgesetz
EGV	Vertrag über die Gründung der europäischen Gemeinschaft
einschl.	einschließlich
EStG	Einkommensteuergesetz
EU	Europäische Union
EuIÜ	Europäisches Übereinkommen über Insolvenzverfahren
EUInsVO	Europäische Insolvenzverordnung
evtl.	eventuell
ff.	folgende
FGG	Gesetz über die freiwillige Gerichtsbarkeit
Fn.	Fußnote
gem.	gemäß
GesO	Gesamtvollstreckungsordnung
GG	Grundgesetz
ggf.	gegebenenfalls
HBG	Hypothekenbankgesetz
h.M.	herrschende Meinung
Hrsg.	Herausgeber
IndKredBkG	Gesetz betreffend die Industriekreditbank AG
InsO	Insolvenzordnung
IPR	Internationales Privatrecht
i.V.m.	in Verbindung mit
KAGG	Gesetz über Kapitalanlagegesellschaften
KO	Konkursordnung
KTS	Zeitschrift für Insolvenzrecht
KWG	Kreditwesengesetz
Lfg.	Lieferung
Ls.	Leitsatz
	LwRentenBkG Gesetz über die landwirtschaftliche Rentenbank
MDR	Monatsschrift für Deutsches Recht (Zeitschrift)
Mio.	Million
n.F.	neue Fassung
NJW	Neue Juristische Wochenschrift (Zeitschrift)
Nr./Nrn.	Nummer/Nummern

NZA	Neue Zeitschrift für Arbeitsrecht
NZI	Neue Zeitschrift für das Recht der Insolvenz und Sanierung
o.g.	oben genannt
PfandBG	Gesetz zur Neuordnung des Pfandbriefrechts
PfandbriefG	Gesetz über die Pfandbriefe und verwandten Schuldverschreibungen öffentlich-rechtlicher Kreditanstalten
RegE	Gesetzentwurf der Bundesregierung
Rn.	Randnummer
S.	Seite; bei §§-Angaben: Satz
SchiffsBkG	Schiffsbankgesetz
SGB	Sozialgesetzbuch
s.o.	siehe oben
sog.	sogenannt
StVG	Straßenverkehrsgesetz
s.u.	siehe unten
Tz.	Textziffer
u.	und
u.a.	unter anderem
UNCITRAL	United Nations Commission on International Trade Law
UStG	Umsatzsteuergesetz
VAG	Versicherungsaufsichtsgesetz
vgl.	vergleiche
VVG	Versicherungsvertragsgesetz
z.B.	zum Beispiel
Ziff.	Ziffer
ZInsO	Zeitschrift für das gesamte Insolvenzrecht
ZIP	Zeitschrift für Wirtschaftsrecht
ZVG	Gesetz über die Zwangsverwaltung und Zwangsversteigerung
ZZP	Zeitschrift für Zivilprozess

A. Einleitung

I. Anlass, Gang und Ziel der Untersuchung

Insolvenzrecht ist Haftungsrecht[1]. Im Insolvenzverfahren wird das Vermögen des Schuldners den Gläubigern als Haftungsmasse zugewiesen.

Oberster Grundsatz des Insolvenzrechts ist der Grundsatz der Gleichbehandlung der Gläubiger, die par condicio creditorum[2]. Dieser Grundsatz bedeutet jedoch keineswegs, dass alle Gläubiger im Insolvenzverfahren absolut gleich zu behandeln sind. Vielmehr ist auch dem insolvenzrechtlichen Gleichbehandlungsgrundsatz immanent, dass wesentlich Gleiches gleich und wesentlich Ungleiches ungleich zu behandeln ist. So anerkennt auch die InsO zahlreiche Gläubigerprivilegien, insbesondere solche aufgrund vorinsolvenzlich wirksam erworbener Rechte, etwa dinglicher Mobiliarsicherheiten, die zur abgesonderten Befriedigung ihrer Inhaber aus dem Erlös des Sicherungsgutes berechtigen. Auch unter Geltung der InsO besteht für die Gläubiger eine differenzierte Rangordnung, wenngleich mit Inkrafttreten der InsO die allgemeinen Konkursvorrechte abgeschafft wurden. Diese allgemeinen Konkursvorrechte unterschieden sich von anderen Privilegien, etwa den Rechten auf abgesonderte Befriedigung, dadurch, dass sie nicht, wie jene, aus der allgemeinen (Zivil-)Rechtsordnung folgten, sondern durch das Konkursrecht für das Konkursverfahren gesondert gewährt wurden.

Ist also die Existenz von Gläubigerprivilegien im Insolvenzverfahren nicht zwingend ein Widerspruch zu dem insolvenzrechtlichen Grundsatz der Gläubigergleichbehandlung und bemüht sich gleichzeitig die InsO auch hinsichtlich der durch Absonderungsrechte privilegierten Gläubiger um Gleichbehandlung, indem sie sie nach § 52 InsO – im Unterschied zu § 4 Abs. 2 KO – in das Insolvenzverfahren einbezieht, so stehen dennoch die Privilegien im Insolvenzverfahren stets in einem Spannungsfeld zwischen dem das Insolvenzrecht beherrschenden Prinzip der Gleichmäßigkeit der Gläubigerbefriedigung (par condicio creditorum) einerseits und der gebotenen Differenzierung nach vorkonkurslich, im Einklang mit der Rechtsordnung erworbenen Rechtspositionen (z.B. Absonderungsrechten) und für die Funktionsfähigkeit des Insolvenzverfahrens überhaupt zu gewährleistenden vorrangigen Rechtspositionen (z.B. Masseforderungen) andererseits. Es geht darum, eine möglichst gerechte und rechtsdogmatisch stimmige Haftungsordnung zu finden.

---

1 Allg. Begr. zum RegE-InsO, A.4.a.cc., BT-Drucksache 12/2443, S. 83; Smid, Grundzüge des neuen Insolvenzrechts, § 1 Rn. 1
2 s.u. E.II.

Zwar hat jeder Gesetzgeber – derjenige der KO ebenso wie derjenige der InsO – als ein ausdrückliches gesetzgeberisches Ziel die Erhöhung der Verteilungsgerechtigkeit durch Beseitigung der Vorrechte formuliert[3], jedoch nach Inkrafttreten des jeweiligen Gesetzes sogleich Bestrebungen von verschiedener Seite nachgegeben, Gläubigerprivilegien (wieder) einzuführen[4]. So wurden durch die im Jahr 2001 in Kraft getretenen Regelungen zur Bauabzugssteuer dem Fiskus verbesserte Auf- bzw. Verrechnungspositionen in der Insolvenz des Bauunternehmers eröffnet[5]. Der Bundesrechnungshof empfahl in seinem Bericht vom 03.09.2003 zu § 99 BHO[6], das mit der InsO entfallene Vorrecht des Fiskus wieder einzuführen. Wohl als Reaktion darauf wurden Ende des Jahres 2003 durch entsprechende Änderungen im UStG ein Wechsel der Umsatzsteuer-Schuldnerschaft u.a. bei Bauleistungen und für abgetretene Forderungen eine gesamtschuldnerische Mithaftung des Zessionars für die in den abgetretenen Forderungen enthaltene Umsatzsteuer eingeführt[7].

Auch als Reaktion auf die als anfechtungsfreundlich empfundene Rechtsprechung des Bundesgerichtshofs, etwa zur Erstreckung der bis zu zehn Jahre vor den Insolvenzantrag zurückreichenden Vorsatzanfechtung nach § 133 Abs. 1 InsO auf Zahlungen, die der Schuldner zur Abwendung einer drohenden Zwangsvollstreckung oder eines angedrohten Gläubiger-Insolvenzantrages an den Gläubiger, z.B. Finanzbehörden oder Sozialversicherungsträger, geleistet hat[8], lag dem Bundesministerium der Justiz Anfang des Jahres 2005 eine Änderungsanfrage vor, nach der u.a. die Anfechtungsvorschriften der InsO dahingehend geändert werden sollten, dass Anfechtungen von Rechtshandlungen von oder gegenüber Finanzämtern oder Trägern der Sozialversicherung und der Arbeitsförderung gar nicht mehr möglich sein sollten und dass die Vorsatzanfechtung gegenüber den genannten Gläubigern ausgeschlossen werden sollte[9]. Diese Vorschläge zielten also darauf ab, diese Gläubiger im Insolvenzverfahren (wieder[10]) zu privilegieren[11].

Die Änderungsanfrage hat in dieser „radikalen" Form der einseitigen Bevorzugung des Fiskus und der Sozialversicherungsträger keinen Eingang in den Entwurf der Bundesregierung für ein Gesetz zum Pfändungsschutz der Altersvorsorge und zur Anpassung des Rechts zur Insolvenzanfechtung vom 10.08.2005[12] gefunden. Viel-

3 Für die KO: Hahn, Motive/Begründung des Entwurfs der KO, S. 238; für die InsO: Kübler/Prütting, RWS-Dokumentation S. 98; Allg. Begr. zum RegE-InsO A. 3. c., BT-Drucksache 12/2443, S. 81

4 Für die KO s.u. C. III. 2. c.; für die InsO s.u. B. und D. I.3.

5 §§ 48, 48 a–c EStG; s.u. D. I. 2. b

6 BT-Drucksache 15/1495; auch abrufbar unter www.bundesrechnungshof.de/veröffentlichung/1062587658/bericht_umsatzsteuer. pdf

7 §§ 13 b und c UStG; s.u. D. I. 3. b und c

8 vgl. nur BGH ZIP 2003, 1506; ZIP 2004, 319; ZIP 2004, 1512

9 im Einzelnen s.u. B. I.

10 In der KO hatten sie die Vorrechte nach § 61 Abs. 1 Nrn. 2 und 1e

11 Pape/Uhlenbruck, ZIP 2005, 417 ff.; Frind, ZInsO 2005, 66 ff.; Schneider/Hörmann, ZInsO 2005, 133 ff.

12 u.a. DZWIR 2005, 418 ff.; am 10.08.2005 von der Bundesregierung verabschiedet und am 12.08.2005 dem Bundesrat zur Stellungnahme zugeleitet; künftig bezeichnet als RegE

mehr sieht der RegE nunmehr – um den Grundsatz der Gläubigergleichbehandlung nicht zu verletzen (!)[13] – für alle Gläubiger geltende Regelungen vor, dass eine Rechtshandlung nicht allein dadurch inkongruent wird, dass der Gläubiger eine Sicherung oder Befriedigung durch Zwangsvollstreckung erlangt, und dass für die Vorsatzanfechtung bei kongruenter Deckung unlauteres Handeln des Schuldners hinzukommen muss, um dessen Benachteiligungsvorsatz zu begründen, etwa kollusives Zusammenwirken mit dem Gläubiger oder die ausschließliche Absicht des Schuldners, andere Gläubiger zu benachteiligen[14]. Der RegE sieht darüber hinaus vor, dass Zahlungen von Lohnsteuer und Arbeitnehmer-Sozialversicherungsbeiträgen als aus dem Vermögen der Arbeitnehmer erbracht gelten[15] und dass Verbindlichkeiten, die von einem vorläufigen Insolvenzverwalter oder mit dessen Zustimmung begründet wurden, oder Verbindlichkeiten aus Dauerschuldverhältnissen, für die die Gegenleistung mit Zustimmung des vorläufigen Insolvenzverwalters in Anspruch genommen wurde, nach der Eröffnung des Insolvenzverfahrens als Masseverbindlichkeiten gelten[16]. Es wird erwartet, dass diese Regelungen, sollten sie Gesetz werden, in erster Linie den Fiskus und die Sozialkassen begünstigen werden[17] und dass außerdem die Zahl der Verfahrenseröffnungen zurückgehen und die Zahl der Verfahren, die nach Eröffnung masseunzulänglich werden, zunehmen werden[18].

Die Zahl der Schuldnerinsolvenzen – gemessen an der Zahl der Insolvenzanträge – ist seit den 70er Jahren des letzten Jahrhunderts kontinuierlich gestiegen auf 118.274 beantragte Insolvenzverfahren, davon 39.213 Unternehmensinsolvenzen im Jahr 2004. Von diesen wurden 95.035 Insolvenzverfahren, darunter 23.897 Unternehmensinsolvenzen eröffnet. Das voraussichtliche Forderungsvolumen der Gläubiger beträgt im Jahr 2004 ca. 39,190 Mrd. €[19]. Das Insolvenzgeschehen hat somit im Wirtschaftsleben der Bundesrepublik Deutschland eine gewichtige Bedeutung. Die Befriedigungsaussichten der Gläubiger, die regelmäßig ohnehin nicht zufriedenstellend sind, hingen jedenfalls im Konkursverfahren nach der Konkursordnung maßgeblich davon ab, ob ihnen ein Vorrecht zustand oder nicht. So lagen die Befriedigungsquoten der bevorrechtigten Gläubiger in Konkursverfahren der Jahre 1994 bis 1998 zwischen ca. 40 und ca. 28 % (mit sinkender Tendenz), während die nicht bevorrechtigten Gläubiger nur durchschnittlich unter 5 % Befriedigungsquote auf ihre Forderungen erzielten[20].

---

13 Begr. des RegE Teil A II.

14 § 131 Abs. 1 S. 2 InsO und § 133 Abs. 1 S. 2. u. 3 InsO jeweils in der Fassung des RegE; Begründung des RegE B zu Art. 2 Nr. 4; im Einzelnen s.u. B. II. 2. u. 3.

15 § 38 Abs. 3 S. 2 EStG u. § 28 e Abs. 1 S. 2 SGB IV jeweils in der Fassung des RegE; im Einzelnen s.u. B. II. 4.

16 § 55 Abs. 2 InsO in der Fassung des RegE; im Einzelnen s.u. B. II. 1.

17 Stellungnahme des Deutschen Anwaltvereins (DAV) Nr. 40/05 vom Juli 2005; Leithaus, NZI 2005, 436, 439

18 Schmerbach, ZInsO 2005, 865, 867

19 Angaben des Statistischen Bundesamtes vom 04.03.2005, abzurufen unter www.statistikbund.de, Insolvenzstatistik

20 Angaben des Statistischen Bundesamtes

Dieser wirtschaftliche Hintergrund erhellt, aus welchem Grund Forderungen nach Gewährung oder Beseitigung von Vorrechten oder sonstigen Privilegien zugunsten bestimmter Gläubiger(-gruppen) seit jeher an den Gesetzgeber herangetragen werden und folglich Gegenstand gesetzgeberischer Überlegungen sind und einmal sogar die Rechtsprechung einen – letztlich vor dem Bundesverfassungsgericht gescheiterten – Versuch unternahm, ein neues Konkursvorrecht einzuführen[21].

Die aktuellen Gesetzesbestrebungen und das geltende Privilegiensystem lassen, auch vor dem Hintergrund der großen wirtschaftlichen Bedeutung des Insolvenzgeschehens, rechtsdogmatische Überlegungen zur Privilegienordnung im Insolvenzverfahren und zur Würdigung des Gesetzesvorhabens sinnvoll erscheinen.

Zum Verständnis der Gläubigerprivilegien im Insolvenzverfahren wird zunächst kurz auf die historische Entwicklung, Begründung und Wirkungsweise der Gläubigerprivilegien in der KO eingegangen. Anschließend werden die insoweitigen Reformbestrebungen des Gesetzgebers der InsO und ihr Ergebnis, die Geltung und Wirkungsweise der Gläubigerprivilegien im Insolvenzverfahren nach der InsO dargestellt. Sodann werden Wesen und Inhalt, Herleitung und Tauglichkeit des Grundsatzes der Gläubigergleichbehandlung als Prüfungsmaßstab für Gläubigerprivilegien im Insolvenzverfahren untersucht und dargestellt. Nach dem so entwickelten Prüfungsmaßstab werden schließlich die geltende Privilegienordnung und das Gesetzesvorhaben gewürdigt.

II. Begriffsbestimmungen, Eingrenzung des Untersuchungsgegenstandes

In der Untersuchung wird der Begriff der Gläubigerprivilegien als Oberbegriff gebraucht, der die den Gegenstand der Untersuchung darstellenden Absonderungsrechte, Masseforderungen und Vorrechte im engeren Sinne umfasst. Ein Absonderungsrecht ist ein Privileg eines Gläubigers, seine Forderung aus einem bestimmten Gegenstand, der im Übrigen allen Insolvenzgläubigern haftungsrechtlich zugewiesen ist, exklusiv, d.h. vorab befriedigt zu erhalten. Eine Masseforderung ist ein Privileg eines Gläubigers, seine (Masse-) Forderung aus der verbleibenden Insolvenzmasse befriedigt zu erhalten, bevor diese an die Insolvenzgläubiger verteilt wird. Ein Vorrecht (im engeren Sinne) ist ein Recht eines Gläubigers, aus der Insolvenzmasse, die nach Berichtigung der Massekosten und Masseschulden verbleibt, für seine Forderung Befriedigung vor anderen, im Rang nachfolgenden Gläubigern zu erhalten.

Nicht behandelt werden diejenigen Privilegien, die im Rahmen der Gläubigerautonomie von der Gläubigerversammlung fakultativ beschlossen werden, wie z. B. unterschiedlich hohe Befriedigungsquoten der Gläubigergruppen oder der Gläubi-

---

21 BVerfG NJW 1984, 475 gegen die Einführung eines Konkursvorrechts mit Rang vor § 61 Abs. 1 Nr. 1 KO für Sozialplanforderungen durch BAG NJW 1979, 774

ger innerhalb der Gruppen (§ 226 InsO), die geänderte Stellung der absonderungsberechtigten Gläubiger (§ 223 InsO) oder die Stellung der Gläubiger von Krediten eines vorgehenden Kreditrahmens während der Planüberwachung (§ 264 InsO) im Rahmen eines Insolvenzplanverfahrens oder die Stellung des Schuldners, dem aufgrund eines Beschlusses der Gläubigerversammlung Unterhalt aus der Insolvenzmasse gewährt wird (§100 InsO). Diese Privilegien finden ihre Rechtfertigung in dem Willen der Gläubigerversammlung, die ihre Beschlüsse im Rahmen der im Insolvenzverfahren bestehenden weitgehenden Gläubigerautonomie[22] fasst, und in dem Widerspruchsrecht überstimmter Minderheiten, sofern sie durch die Mehrheitsentscheidung schlechter gestellt werden (z.B. § 251 InsO). Ebenso wenig wird auf Privilegien in besonderen Arten von Insolvenzverfahren, etwa § 327 InsO für das Nachlassinsolvenzverfahren, eingegangen.

Schließlich wird auf die Aussonderung nicht gesondert eingegangen. Zwar werden Aus- und Absonderung stets in systematischen Zusammenhang gestellt[23], jedoch haben beide eigentlich nichts miteinander zu tun. Aussonderung heißt haftungsmäßige Trennung des Aussonderungsgutes von der Insolvenzmasse. Der Aussonderungsgläubiger nimmt hinsichtlich des Aussonderungsgutes am Insolvenzverfahren nicht teil; das Aussonderungsgut haftet den (übrigen) Insolvenzgläubigern nicht. Die Aussonderung berührt also den Grundsatz der Gläubigergleichbehandlung im Insolvenzverfahren nicht[24]. Anders die Absonderung: Sie ist ein Vorzugsrecht eines am Insolvenzverfahren teilnehmenden Gläubigers, aus einem im Übrigen haftungsrechtlich der Insolvenzmasse zuzuordnenden Gut vorab befriedigt zu werden. Liegt der Erlös für die Verwertung des Absonderungsgutes über der persönlichen Forderung des absonderungsberechtigten Gläubigers, steht der Übererlös der Insolvenzmasse zu[25]. Unter den Absonderungsrechten haben die besitzlosen Mobiliarsicherheiten – verlängerter und erweiteter Eigentumsvorbehalt, Sicherungsübereignung und Sicherungs-(Global-)Zession – besondere Bedeutung für das Insolvenzverfahren, so dass die Vereinbarkeit dieser Absonderungsrechte mit dem Grundsatz der Gläubigergleichbehandlung untersucht wird.

---

22 Uhlenbruck in Uhlenbruck, InsO, § 74 Rn. 1 u. 4

23 4. und 5. Titel in §§ 43–51 KO; „Einteilung der Gläubiger" in §§ 47–52 InsO

24 Ganter in Münchener Kommentar, § 47, Rn. 12; Heidelberger Kommentar, S. 1651 ff.

25 Verwertet der Insolvenzverwalter das Sicherungsgut jedoch in der Weise, dass es der absonderungsberechtigte Gläubiger zu einem festgelegten Wert übernimmt, wird ein durch die Weiterveräußerung erzielter Mehrerlös nicht auf die Insolvenzforderung angerechnet, BGH BB 2006, 64

B. Gesetzesentwurf der (vorigen) Bundesregierung – Entwurf eines Gesetzes zum Pfändungsschutz der Altersvorsorge und zur Anpassung des Rechts der Insolvenzanfechtung[26] und andere aktuelle Gesetzesvorhaben

I. Vorgeschichte

Der Bundesrechnungshof hat in seinem Bericht nach § 99 BHO vom 3.9.2003[27] empfohlen, das mit der Einführung der InsO entfallene Fiskusvorrecht – die bevorzugte Befriedigung der Forderungen der Finanzbehörden vor den einfachen Insolvenzgläubigern – wieder einzuführen[28], damit die Steuerausfälle in der Insolvenz verringert würden.

Möglicherweise diese Empfehlung aufnehmend und wohl auch als Reaktion auf die Verschärfung des Insolvenzanfechtungsrechts in §§ 129ff. InsO und die als anfechtungsfreundlich empfundene Rechtsprechung des Bundesgerichtshofs intendierten vermutlich die Länderfinanzverwaltungen[29] massive Privilegierungen im Insolvenzverfahren gegenüber anderen Gläubigern. In einem Ende des Jahres 2004 über das BMJ den insolvenzrechtlichen Berufsverbänden zugeleiteten[30], so genannten „non-paper“[31] oder „no-name-paper“[32], dessen Autoren nicht genannt wurden, wurden hierzu folgende konkrete Gesetzesänderungsvorschläge formuliert:

- In § 129 Abs. 1 InsO sollte ein Satz 2 angefügt werden, nach dem Satz 1 nicht gilt, wenn die Rechtshandlung durch ein Finanzamt oder einen Träger der Sozialversicherung einschl. der Arbeitsförderung vorgenommen wird[33];
- in § 133 Abs. 1 InsO sollte ein Satz angefügt werden, nach dem die Sätze 1 und 2 nicht gelten, wenn es sich bei dem anderen Teil um ein Finanzamt oder einen Träger der Sozialversicherung einschl. der Arbeitsförderung handelt[34];

---

26 vom 10.08.2005, DZWIR 2005, 418 ff.
27 BT-Drucksache 15/1495
28 Bericht Abschn. II, Tz.6.3.; Maus, ZIP 2004, 1580; Uhlenbruck, ZInsO 2005, 505, 508
29 Prade, ZInsO 2005, 251: Gesetzesvorhaben der Finanzverwaltungen
30 Frind, ZInsO 2005, 66, 67
31 Pape/Uhlenbruck, ZIP 2005, 417; Pape, ZInsO 2005, 842
32 Uhlenbruck, ZInsO 2005, 505, 508
33 Frind, ZInsO 2005, 66, 67, 68
34 Schneider/Hörmann, ZInsO 2005, 133

- in § 55 InsO sollte ein neuer Abs. 3 eingefügt werden, nach dem Steuern und Abgaben, die in der Zeit nach dem Insolvenzantrag bis zur Verfahrenseröffnung begründet werden, nach Eröffnung als Masseverbindlichkeiten gelten[35].

Die Wirkungen dieser gewünschten Regelungen lägen auf der Hand: Nach den beiden erstgenannten Änderungen dürften die dort genannten Gläubiger jede Befriedigung/Zahlung, die ihnen vor Eröffnung des Insolvenzverfahrens noch zufließt, behalten[36], auch wenn der Schuldner längst zahlungsunfähig und dies den genannten Gläubigern bekannt ist oder wenn der Schuldner mit den genannten Gläubigern bekanntem Vorsatz handelt, seine anderen Gläubiger zu benachteiligen. Die Finanzämter und die Sozialversicherungsträger könnten also vor der Insolvenz risikolos auf jedem rechtlich zulässigen Wege, also auch durch Zwangsvollstreckung, Androhung von Zwangsvollstreckung oder Androhung der Stellung eines Gläubiger-Insolvenzantrages versuchen, ihre Forderungen zu realisieren. Hierin läge eine Privilegierung der genannten Gläubiger gegenüber allen anderen Gläubigern, die in vergleichbaren Situationen mit der Gefahr zu rechnen haben, das noch Erlangte im Wege der Insolvenzanfechtung wieder herausgeben zu müssen. Anders als allen anderen Gläubigern müsste den Finanzämtern und den Sozialversicherungsträgern nach Inkrafttreten der Änderungen nur daran gelegen sein, dass nicht der Schuldner oder ein anderer Gläubiger einen Insolvenzantrag stellt, weil dann ihr Zugriffsprivileg durch die Eröffnung des Insolvenzverfahrens über das Vermögen des Schuldners beseitigt würde. Das einzige Risiko, vor Insolvenzeröffnung Erlangtes wieder freigeben zu müssen, läge nach den beabsichtigten Gesetzesänderungen für die Finanzämter und die Sozialversicherungsträger in der Rückschlagsperre des § 88 InsO, der von den Gesetzesänderungswünschen nicht mit umfasst war.

Die dritte, oben genannte Änderung würde zu „unechten" Masseverbindlichkeiten im Insolvenzverfahren und somit auf diesem Wege zu einer Privilegierung des Fiskus gegenüber den Insolvenzgläubigern führen.

Zur Begründung für die Änderungswünsche wurden massive Ausfälle als Folge der durch die InsO verschärften Insolvenzanfechtungen, deren Zahl durch die anfechtungsfreundliche Rechtsprechung des BGH[37] noch verstärkt werde, genannt[38]. Die genannten Gläubiger hätten als „Pflichtgläubiger" keinen Einfluss auf die Ent-

---

35 Pape/Uhlenbruck, ZIP 2005, 417, 419

36 ausgenommen wären nur Zahlungen des Schuldners im Insolvenzeröffnungsverfahren mit vorläufiger Insolvenzverwaltung mit allgemeinem Zustimmungsvorbehalt, wenn der vorläufige Insolvenzverwalter die Zustimmung nicht erteilt hat oder endgültig verweigert, weshalb die Verfügung des Schuldners nach h. M. absolut unwirksam ist, Haarmeyer in Münchener Kommentar, § 22 Rn. 133

37 Auch gegen diese wird vorgegangen, wie der jüngst vor dem BGH gescheiterte Versuch eines Sozialversicherers zeigt, aus der Richtlinie RL 80/987/EWG (betreffend die Angleichung der Rechtsvorschriften über den Schutz der Arbeitnehmer in der Insolvenz des Arbeitgebers) eine bevorzugte Sonderstellung im Rahmen der Insolvenzanfechtung herzuleiten, BGH ZIP 2005, 2217

38 Frind, ZInsO 2005, 66, 68; Pape/Uhlenbruck, ZIP 2005, 417 stehung ihrer Forderungen und kaum Möglichkeiten der Absicherung[39]. Sie könnten der Insolvenzanfechtung kaum entgegen, da sie zur Beitreibung aufgrund (selbst erstellter) Zwangsvollstreckungstitel mit vorheriger Vollstreckungsandrohung verpflichtet seien[40] und andererseits bereits mit jedem eingegangenen Stundungsantrag Kenntnis von der Zahlungsunfähigkeit des Schuldners erhielten[41]. Schließlich, so wurde argumentiert, drohten unkalkulierbare Haushaltsrisiken[42].

Es liegt auf der Hand, dass die in dem sogenannten „non-paper" vorgeschlagenen Gesetzesänderungen ein massiver Verstoß gegen den Grundsatz der Gläubigergleichbehandlung (par condicio creditorum) sind[43].

II. Inhalt des RegE

In dem RegE vom 10.8.2005 wurden die Vorschläge des sogenannten „non-papers" nicht unverändert übernommen:

1. § 55 Abs. 2 InsO-RegE

Nach dem RegE soll diese Vorschrift wie folgt gefasst werden: „Verbindlichkeiten, die von einem vorläufigen Insolvenzverwalter oder mit dessen Zustimmung begründet worden sind, gelten nach Eröffnung des Verfahrens als Masseverbindlichkeiten. Gleiches gilt für Verbindlichkeiten aus einem Dauerschuldverhältnis, soweit für das Vermögen des Schuldners die Gegenleistung mit Zustimmung des Verwalters in Anspruch genommen wurde."

Diese Regelung würde eine Aufwertung der nach heutiger Rechtslage im Insolvenzeröffnungsverfahren mit Zustimmung des schwachen vorläufigen Insolvenzverwalters begründeten Forderungen von einfachen Insolvenzforderungen zu Masseforderungen bedeuten.

Zur Begründung wird ausgeführt, dass nach der ursprünglichen Erwartung des Gesetzgebers zur geltenden Fassung des § 55 InsO die im Insolvenzeröffnungsverfahren begründeten Verbindlichkeiten oder Gegenleistungen für in Anspruch genommene Leistungen aus Dauerschuldverhältnissen nach Verfahrenseröffnung Masseverbindlichkeiten seien, da vom Regelfall des starken, mit Verfügungsbefugnis ausgestatteten vorläufigen Verwalters ausgegangen wurde. Die Praxis, die ganz überwiegend den schwachen vorläufigen Verwalter ohne Verfügungsbefugnis einsetzt, führe nun dazu, dass die im Insolvenzeröffnungsverfahren begründeten Ver-

39 Pape/Uhlenbruck, ZIP 2005, 417, 418
40 Schneider/Hörmann, ZInsO 2005, 133, 134
41 Schneider/Hörmann, a.a.O., 135; Pape/Uhlenbruck, ZIP 2005, 417
42 Schneider/Hörmann, a.a.O.; Pape/Uhlenbruck, ZIP 2005, 417, 418
43 vgl. nur Schneider/Hörmann, ZInsO 2005, 133, 137; Huber, ZInsO 2005, 786

bindlichkeiten, „insbesondere Umsatzsteuer“ im eröffneten Verfahren einfache Insolvenzforderungen seien[44]. Ziel der Regelung ist also in erster Linie, Forderungsausfälle wegen Umsatzsteuer zu vermeiden[45].

2. § 131 Abs. 1 S. 2 InsO-RegE

Der RegE sieht vor, § 131 Abs. 1 InsO um folgenden Satz zu ergänzen: „Eine Rechtshandlung wird nicht allein dadurch zu einer solchen nach S. 1, dass der Gläubiger die Sicherung oder Befriedigung durch Zwangsvollstreckung erlangt.“

Diese Regelung soll gem. der Begründung zum RegE dazu führen, dass entgegen der über 120-jährigen ständigen Rechtsprechung eine durch oder auf Druck von Zwangsvollstreckung erlangte Befriedigung oder Sicherung nicht mehr allein wegen der Art und Weise ihrer Erlangung (Zwangsvollstreckung) inkongruent ist, sondern dass es für die Beurteilung der Inkongruenz nur auf die gewährte Deckung ankommt. Insofern solle eine deutlichere Trennung zwischen kongruenter und inkongruenter Deckung gefördert werden. Ob eine Leistung kongruent oder inkongruent ist, werde sich nach Inkrafttreten der Gesetzesänderung allein danach bestimmen, ob der Gläubiger das erhält, auf das er nach dem der Leistung zugrunde liegenden Rechtsverhältnis einen Anspruch hat[46].

Indessen erscheint bereits fraglich, ob die Gesetzesänderung diese Wirkung tatsächlich hätte. Nach § 131 Abs. 1 InsO liegt eine inkongruente Deckung vor, wenn der Gläubiger eine Sicherung oder Befriedigung erhält, die er „... in der Art“ nicht zu beanspruchen hatte. Bei der Erlangung der Befriedigung durch Zwangsvollstreckung dürfte außer Frage stehen, dass die Art der Befriedigung – Zwangsvollstreckung – nicht Gegenstand des zwischen den Parteien vereinbarten Schuldverhältnisses war[47].

Zur Begründung des Zusatzes zu § 131 Abs. 1 InsO wird Bezug genommen auf die Materialien zur KO, in welchen darauf hingewiesen wird, dass dem wachsamen, vollstreckenden Gläubiger der Lohn seiner Sorgfalt nicht entrissen werden dürfe[48], und im allgemeinen Teil der Entwurfsbegründung ausgeführt, dass es grundsätzlich dem sozial- und wirtschaftspolitischen Ziel der langfristigen Sicherung der sozialen Sicherungssysteme zuwider laufe, wenn die Sozialkassen jährlich „mehrere 100 Mio. €“ an Beitragsaufkommen durch Insolvenzanfechtung wieder verlören.

---

44 Begründung zum RegE Teil B zu Art. 2 Nr. 3, DZWIR 2005, 420

45 Leithaus, NZI 2005, 436, 437

46 Begründung zum RegE, Teil B, zu Art. 2 Nr. 4, DZWIR 2005, 421

47 Smid, DZWIR 2005, 414, 415 hält die beabsichtigte Regelung daher für gegenstandslos. Nach AG Kerpen, ZIP 2327, 2328 kann es für die Unterscheidung, ob kongruente oder inkongruente Deckung vorliegt, jedoch nicht darauf ankommen, ob der Gläubiger eine Leistung durch freiwillige Entschließung des Schuldners oder durch oder auf Druck von Zwangsvollstreckung erhält

48 Hahn, Motive/Begründung des Entwurfs der KO, S. 129; Begründung zum RegE Teil B zu Art. 2 Nr. 4, DZWIR 2005, 420

Insbesondere mit Blick auf die Sozialversicherungsträger sei es daher gerechtfertigt, das Insolvenzanfechtungsrecht einzuschränken, da sie sich ihre Schuldner nicht, etwa nach Bonität, aussuchen könnten und zur Leistung verpflichtet blieben, auch wenn Beiträge nicht gezahlt würden[49]. Eine einseitige Regelung für die Sozialversicherungsträger und den Fiskus, wie ursprünglich von diesen intendiert[50], wäre jedoch ein Eingriff in den Grundsatz der Gläubigergleichbehandlung gewesen, weshalb nun eine allgemeine Regelung gewählt worden sei, die allen Gläubigern zugute komme[51].

3. § 133 Abs. 1 S. 2 und 3 InsO-RegE

Nach dem RegE soll § 133 Abs. 1 InsO in Satz 2 geändert und um Satz 3 ergänzt werden wie folgt: „Bei einer Rechtshandlung, die nicht eine nach § 130 Abs. 1 ist, wird diese Kenntnis vermutet, wenn der andere Teil wusste, dass die Zahlungsunfähigkeit des Schuldners drohte und dass diese Handlung die Gläubiger benachteiligte. Eine Rechtshandlung nach § 130 kann nach S. 1 nur angefochten werden, wenn ein unlauteres Verhalten des Schuldners vorliegt."

Durch diese Regelung soll zusammen mit der beabsichtigten Regelung in § 131 Abs. 1 S. 2 InsO-RegE die durch Zwangsvollstreckung erlangte Sicherung oder Befriedigung von der Vorsatzanfechtung ausgenommen werden[52].

Indessen bedürfte es allein hierfür einer Gesetzesänderung nicht, da nach § 133 Abs. 1 S. 1 InsO nur Rechtshandlungen des Schuldners anfechtbar sind und der BGH zuletzt entschieden hat, dass eine Vollstreckungshandlung des Gläubigers keine Rechtshandlung des Schuldners ist[53]. Mithin ist eine durch Zwangsvollstreckung erlangte Sicherung oder Befriedigung – im Gegensatz zu einer aufgrund angedrohter Zwangsvollstreckung durch Schuldnerhandlung erlangten Sicherung oder Befriedigung – schon nach geltender Gesetzeslage nicht nach § 133 Abs. 1 InsO anfechtbar[54].

Ferner soll die Gesetzesänderung bewirken, dass allein die Androhung der Zwangsvollstreckung im Gegensatz zur heutigen Rechtslage nach der Rechtsprechung des Bundesgerichtshofs[55] die Vorsatzanfechtung nicht mehr begründen soll[56]. Dies soll dadurch erreicht werden, dass die Vermutung des § 133 Abs. 1 S. 2 InsO künftig

---

49 Begründung zum RegE Teil A Ziff. II, DZWIR 2005, 419
50 s.o. I.
51 Begründung zum RegE Teil A Ziff. II, DZWIR 2005, 419
52 Smid, DZWIR 2005, 414, 416
53 BGH ZIP 2005, 494
54 Bauer, Rechtsfragen der Unternehmenssanierung, Rn. 525
55 vgl. nur BGH NJW 2002, 2568; BGH ZIP 2003, 1304; BGH ZIP 2003, 1506; BGH ZIP 2004, 319; zur Darstellung der Rechtslage nach der aktuellen Rechtsprechung siehe auch Bauer, Rechtsfragen der Unternehmenssanierung, Rn. 532, 533
56 Begründung zum RegE Teil B zu Art. 2 Nr. 5, DZWIR 2005, 421; Smid, DZWIR 2005, 414, 416

nicht mehr eingreifen soll, wenn die Rechtshandlung des Schuldners zu einer kongruenten Deckung führt[57], und dass allein die Zwangsvollstreckung eine inkongruente Deckung nicht begründet. Soweit dies jedoch auf den geplanten Satz 2 des § 131 Abs. 1 InsO-RegE gestützt wird, ist die Wirksamkeit zweifelhaft[58].

Zur Begründung der geplanten Änderungen wird unter Bezugnahme auf die Rechtsprechung des Bundesgerichtshofs noch zur KO ausgeführt, zur Annahme des Benachteiligungsvorsatzes des Schuldners, der eine fällige Verbindlichkeit gegenüber dem Gläubiger erfülle, reiche nicht allein die Kenntnis der eigenen Vermögensunzulänglichkeit für die Befriedigung aller Gläubiger. Vielmehr müsse unlauteres Handeln des Schuldners, etwa kollusives Zusammenwirken mit dem Gläubiger oder ausschließliches Bestreben des Schuldners hinzukommen, andere Gläubiger zu benachteiligen[59].

Ziel der Regelung ist in erster Linie, die Vorsatzanfechtung gegenüber Fiskus und Sozialkassen, die häufig bei Erhalt von Zahlungen aufgrund vorheriger Stundungsanträge des Schuldners Kenntnis von dessen Zahlungsunfähigkeit haben, zu erschweren bzw. weitgehend auszuschließen. Diese Gläubiger sind sowohl im besonderen Teil der Begründung zum RegE ausdrücklich genannt[60] als auch ist unter „Problem und Ziel" und unter „Lösung" des RegE ausgeführt: „Die Insolvenzanfechtung wurde durch die neuere Rechtsprechung des BGH für den Insolvenzverwalter deutlich erleichtert. Hierdurch sind insbesondere die öffentlich-rechtlichen Gläubiger benachteiligt. Bei den Sozialversicherungsträgern beispielsweise wird ein Beitragsausfall von bis zu 800 Mio. Euro jährlich befürchtet" und „um einerseits dem Interesse der öffentlich-rechtlichen Gläubiger Rechnung zu tragen und andererseits nicht den Grundsatz der Gläubiger-Gleichbehandlung zu verletzen, wird u.a. die Anfechtung wegen vorsätzlicher Benachteiligung mit einer allgemeinen Regelung auf Fälle unlauteren Verhaltens beschränkt"[61].

4. § 38 Abs. 2 S. 2 EStG-RegE und § 28 e Abs. 1 S. 2 SGB IV-RegE

Nach diesen Regelungen ist vorgesehen, dass die Lohnsteuer bzw. die Arbeitnehmeranteile am Sozialversicherungsbeitrag als aus dem Vermögen der Arbeitnehmer erbracht gelten.

Nach der Begründung zum RegE soll der durch diese geplanten Regelungen bereits bei Einbehaltung der Lohnsteuer bzw. der Beitragsanteile der Arbeitnehmer zur Sozialversicherung bewirkte Rechtsübergang vom Arbeitgeber auf den Arbeitnehmer zur Folge haben, dass die dann später folgenden Zahlungen des Arbeitgebers an das Finanzamt bzw. die Sozialkassen in einer Insolvenz des Arbeitgebers grundsätzlich

---

57 Begründung zum RegE Teil B zu Art. 2 Nr. 5, DZWIR 2005, 421
58 Smid, DZWIR 2005, 414, 416; s.o. 2.
59 Begründung zum RegE Teil B zu Art. 2 Nr. 5, DZWIR 2005, 421
60 Begründung zum RegE Teil B zu Art. 2 Nr. 5, DZWIR 2005, 421
61 Begr. zum RegE, A u. B, Heidelberger Kommentar, S. 1651

der Insolvenzanfechtung entzogen wären, da keine Gläubigerbenachteiligung vorliegen würde[62].

Indessen erscheint bereits fraglich, ob dieses Ziel durch die geplanten Gesetzesänderungen erreichbar ist. Nach der Rechtsprechung des BGH ist durchaus fraglich, ob durch bloße gedankliche Separierung von Vermögen ein insolvenzfestes Treuhandverhältnis begründet werden kann. Die Rechtsprechung erkennt Vermögensgegenstände als Treugut in der Regel nur an, wenn sie unmittelbar aus dem Vermögen des Treugebers in das Vermögen des Treuhänders übertragen wurden[63]. Außerdem stammen die zu einem bestimmten Zeitpunkt – bei Zahlung des Nettolohnes bzw. bei Fälligkeit der Sozialversicherungsbeiträge – in das Vermögen des Arbeitnehmers übergehenden Beiträge ja jedenfalls aus dem Vermögen des Arbeitgebers. Allein dieser Rechtsübergang dürfte bei Vorliegen der Voraussetzungen im Übrigen anfechtbar sein[64].

III. Referentenentwurf – Entwurf eines Gesetzes zur Änderung der InsO, des KWG und anderer Gesetze[65]

Nach diesem Entwurf soll § 108 InsO um folgenden neuen Abs. 2 ergänzt werden: „Ein vom Schuldner eingegangenes Darlehensverhältnis besteht mit Wirkung für die Masse fort, soweit dem Darlehensnehmer der geschuldete Gegenstand zur Verfügung gestellt wurde."

In der Literatur wurde die Befürchtung geäußert, dass diese Regelung ein „Supervorrecht" für Kreditinstitute begründen könnte[66], wenn nunmehr auch Darlehensrückzahlungsansprüche aus verzinslichen, vor der Insolvenz ausgereichten Darlehen in der Insolvenz des Darlehensnehmers zu Masseverbindlichkeiten nach § 55 Abs. 1 Nr. 2 Alt. 2 InsO würden[67]. Aus dem Wortlaut ergibt sich jedoch, dass die genannte Regelung nur für die Insolvenz des Darlehensgebers gelten soll, da zwischen Schuldner und Darlehensnehmer unterschieden wird. Auch aus der Zielrichtung des Gesetzesentwurfs und aus der Begründung des Entwurfs ist dies zu entnehmen[68]. In der Begründung zum Referentenentwurf wird ausgeführt, dass durch diese „redaktionelle Folgeänderung" die Unsicherheit beseitigt werden soll, ob § 103 InsO auf Darlehensverträge anwendbar ist, wenn der Darlehensgeber die

---

62 Begründung zum RegE Teil B zu Art. 5, DZWIR 2005, 422

63 BGH ZIP 1993, 213, 214; BGH ZInsO 2003, 797. Dieses Erfordernis wird in der Literatur nicht geteilt und es wird nur verlangt, dass der treuhänderisch gehaltene Betrag noch im Geldbestand des Schuldnervermögens vorhanden ist, Gottwald in Gottwald, § 40, Rn. 29; Beck/Depré, § 9 A, Rn. 24

64 Leithaus, NZI 2005, 436, 438

65 Referentenentwurf vom September 2004, abrufbar unter www.rws-verlag.de, volltexte v. 17.09.2004, auch Heidelberger Kommentar, S. 1599 ff.; zu Inhalt und Begründung u.a. Ehricke, ZIP 2004, 2262 ff.

66 Marotzke, ZInsO 2004, 1063 ff.

67 Marotzke, a.a.O.

68 Begründung zum Referentenentwurf S. 23 zu Nr. 22; Kuder, ZInsO 2004, 1180 ff.

Valuta vor Insolvenzeröffnung ausbezahlt hat[69]. Zusätzlich wird darauf hingewiesen, dass die Regelung den Vorteil habe, dass in einer Insolvenz eines Kreditinstituts durch den Insolvenzverwalter nicht zahlreiche Darlehensverträge gekündigt werden können[70]. Der Insolvenzverwalter kann also Darlehensverträge nicht außerhalb der darlehensrechtlichen Kündigungsmöglichkeiten kündigen[71].

Aus diesem Entwurf ist zunächst nur der auf die Schaffung eines Refinanzierungsregisters gerichtete Teil als Ergänzung des KWG Gesetz geworden[72].

69 Begründung zum Referentenentwurf a.a.O.
70 Begründung zum Referentenentwurf a.a.O.
71 Ehricke, ZIP 2004, 2262, 2266
72 s.u. D. I. 4. b

C. Gläubigerprivilegien in der KO

I. Vom gemeinen Recht zur KO 1877 – Reformziele der KO in Bezug auf Gläubigerprivilegien

Das gemeine deutsche Konkursrecht war beherrscht von einer Vielzahl von Gläubiger-Vorzugsrechten. In der Begründung des Entwurfs der KO wird von über 100 Vorrechten gesprochen[73]. Sie umfassten einerseits dingliche Sicherungsrechte, die nach späterer Rechtslage der KO und der InsO zur Absonderung berechtigten[74], andererseits eine große Zahl von Rangklassen, die im Laufe der Rechtsentwicklung noch zugenommen bzw. sich weiter differenziert hatten[75]. Zum Teil galten auch die Vorzugsrechte aus landesgesetzlichen Prioritätsordnungen[76]. Die zahlreichen Vorzugsrechte in Form einer Vielzahl abgestufter Sicherheiten und materiell-rechtlicher Privilegien mussten in – jedem einzelnen bestreitenden Gläubiger gegenüber zu führenden (!) – Prioritätsstreitigkeiten durch das Konkursgericht in streitigen Verfahren entschieden werden[77]. Dieses differenzierte, wenig übersichtliche, in der Konkursverwaltung schwer zu handhabende System von Vorzugsrechten gab Anlass zur Kritik[78]. Die Einreihung der dinglich gesicherten und der persönlichen Gläubiger in eine Ordnung habe zu heillosen Missständen geführt, die der Gerechtigkeit abträglich sein und das Konkursverfahren unerträglich verkompliziert und verlängert hätten. Den Gläubigern sei es nicht mehr möglich gewesen, ihre Kredite in wirtschaftlich sinnvoller Weise abzusichern. Gleichzeitig sei der gesetzliche Schutz besonders schutzbedürftiger Gläubiger oder des öffentlichen Wohls undurchführbar geworden. Die Durchführung des Separationsverfahrens hinsichtlich der zur Absonderung berechtigenden dinglichen Rechte sei daher eine Hauptaufgabe des neuen Konkursrechts[79]. Kritisiert wurde das Verfahren nicht zuletzt auch, weil es in eklatanter Weise den Gedanken der Gläubigergleichbehandlung verletzte. Dieser war zwar keineswegs dogmatisch bereits zu einem insolvenzrechtlichen Grundsatz der Gläubigergleichbehandlung ausgeprägt, wohnte jedoch seit jeher dem Konkursverfahren, so auch dem gemeinen deutschen Konkursrecht inne[80]. In

---

73 Hahn, Motive/Begründung des Entwurfs der KO, S. 238

74 v. Sarwey/Bossert, Einleitung, S. 20; Das Absonderungsrecht ist eine „Erfindung" erst der KO, Henckel in Jaeger, InsO, Einleitung Rn. 8

75 Fünf Klassen, 13 Unterklassen, Häsemeyer, KTS 1982, S. 512 und dort Fußnote 18

76 v. Sarwey/Bossert, § 61 Anm. 1; Beispiele auch bei Hahn, Motive/Begründung des Entwurfs der KO, S. 238

77 Prütting in Kübler/Prütting, InsO, Einleitung Rn. 9

78 Hahn, Motive/Begründung des Entwurfs der KO, S. 184, 185; Gassert-Schumacher, S. 112

79 Hahn, Motive/Begründung des Entwurfs der KO, S. 185; Gassert-Schumacher, S. 112

80 Häsemeyer, KTS 1982, S. 511

den Motiven/Begründung des Entwurfs der KO 1877 ist daher auch in kaum zu übertreffender Deutlichkeit ausgeführt: „Jede, noch so gute Vorrechtsordnung ist ein Übel, je feiner ersonnen, je mehr abgestuft und ausgebildet, ein desto schlimmeres Übel. ... hauptsächlich aber für den Kredit. Ein Jeder, der mit dem Schuldner Geschäfte abschließen will, muss leicht im Stande sein, eine Übersicht zu gewinnen, ob die Kräfte des Schuldners ausreichen, seine und die sonstigen Forderungen zu decken; je mehr und je verschiedenere Vorrechte bestehen, desto weniger kann der Gläubiger übersehen, wieviel von dem Vermögen des Schuldners auf seine Forderung fallen würde. Der Gläubiger kann wohl vor der Konkurrenz gleichberechtigter Anderer sich durch Aufmerksamkeit und Sorgfalt schützen; keine Sorgfalt nützt, wenn das Errungene von Bevorzugten ihm entrissen wird. Wer kann wissen, ob der Schuldner in Verhältnisse getreten ist und treten wird, die Verbindlichkeiten erzeugen, denen das Gesetz ein allgemeines Vorrecht beilegt? Wer kann den Umfang dieser Verbindlichkeiten bestimmen? – Und noch weniger darf man sich auf die Gerechtigkeit berufen. Das Recht verleiht entweder einer Forderung Anerkennung und Wirksamkeit oder versagt sie. Die vom Recht anerkannte Wirksamkeit aber besteht für jede Forderung darin, dass der Schuldner sie mit allen seinen Kräften erfülle und darin steht eine jede persönliche Forderung der anderen gleich, beruhe die eine auf gewährtem Vertrauen, die andere auf Missbrauch desselben, die dritte auf einer Beschädigung ohne Vertrauensgewähr. Allen persönlichen Forderungen wohnt derselbe Inhalt und dieselbe Stärke bei. ... Reicht des Schuldners Vermögen, aus dem insgesamt jede persönliche Forderung zu berichtigen ist, nicht aus zur Berichtigung Aller, so müssen alle Forderungen gleichmäßig nach dem Verhältnis ihres Umfangs, ihrer Beträge berichtigt werden. Jede Bevorzugung des einen Gläubigers enthält eine Rechtsbeschränkung der anderen, die volle Befriedigung des einen geschieht auf Kosten des anderen. Die Beseitigung der Vorrechte muss also das Ziel sein, welches die Gesetzgebung nicht aus den Augen verlieren darf, und unter diesem Gesichtspunkt sind die Ausnahmen zu prüfen, welche die Gesetze machen zu müssen geglaubt haben.“[81]

Obwohl in den Motiven zur KO die Vorrechtsordnung als ein „Übel“ gegeißelt wurde und der Entwurf der Deutschen Gemeinschuldordnung von 1873 nur zwei Vorrechte – das Vorrecht der Lohnforderungen der Arbeitnehmer und das Vorrecht der Forderungen von Kindern und Pflegebefohlenen in begrenztem Umfang als begründet angesehen hatte[82], hat der Gesetzgeber mit der KO keineswegs einen privilegienfreien Konkurs geschaffen. Zwar wurde die Zahl der Vorrechte reduziert, jedoch galt auch unter der KO ein umfangreiches Privilegiensystem, welches durch die Rechtsprechung[83] und die Gesetzgebung[84] nach Inkrafttreten der KO sogar noch verstärkt wurde.

---

81 Hahn, Motive/Begründung des Entwurfs der KO, S. 238

82 Gassert-Schumacher, S. 109

83 siehe nur die Rechtsprechung zu den besitzlosen Mobiliarsicherheiten, Nachweise bei Kilger/Schmidt, § 43 KO, Anm. 9 u. 11

84 z.B. das Gesetz über das Konkursausfallgeld vom 17.07.1974, BGBl. I, 1481 hat rückständige Arbeitsbezüge für bestimmte Zeiträume zu sogenannten unechten Masseschulden nach § 59 Nr. 3

Auch wenn die KO – ebenso wie die InsO – diese Unterscheidung nicht vornahm, so lassen sich die Gläubigerprivilegien, die unter Geltung der KO bestanden, in zwei Kategorien einteilen: Einerseits Privilegien, die die KO anerkannte, weil sie auf Rechtspositionen beruhten, die vorkonkurslich wirksam aufgrund außerhalb des Konkursrechts gültiger Rechtsnormen erworben worden waren, und andererseits Privilegien, die durch das Konkursrecht für die Konkursabwicklung erst gesondert geschaffen bzw. gewährt wurden.

II. Privilegien aufgrund vorkonkurslich wirksam erworbener Rechtspositionen

1. Absonderung aufgrund dinglicher Sicherheiten

Die Absonderung im Konkurs kann verstanden werden als eine bestimmte Art und Weise der konkursrechtlichen Anerkennung solcher Rechtspositionen von Gläubigern, die vorkonkurslich aufgrund außerhalb des Konkursrechts liegender Rechtsnormen neben der eigentlichen Forderung gegen den Schuldner erworben wurden.

Genossen etwa dinglich gesicherte Gläubiger im gemeinen Recht als Teilnehmer des Konkursverfahrens lediglich Vorzugsrechte[85], so erfolgte nach § 4 Abs. 2 KO die abgesonderte Befriedigung „unabhängig vom Konkursverfahren“. Die absonderungsberechtigten Gläubiger nahmen also insoweit am Konkursverfahren nicht teil[86], sondern verwerteten ihr Absonderungsgut selbst nach den allgemeinen gesetzlichen Regelungen, etwa über die Pfandverwertung außerhalb des Konkursverfahrens.

Zur Absonderung berechtigten nach dem Wortlaut der §§ 47–51 KO nur die dort genannten Rechte, im Bereich der dinglichen Sicherheiten u.a. Grundpfandrechte (§ 47 KO) und rechtsgeschäftlich bestellte (§ 48 KO) und gesetzliche oder Pfändungspfandrechte (§ 49 Abs. 1 Nr. 2 KO) an Mobilien. Damit war die Konkursordnung in der Anerkennung von Absonderungsrechten aufgrund dinglicher Mobiliarsicherheiten wesentlich restriktiver als das vorher gültige gemeine Konkursrecht[87]. Nach dem Wortlaut der KO (§ 48) berechtigte nur das – für die Kreditsicherungspraxis untaugliche – an den Besitz des Sicherungsnehmers geknüpfte rechtsgeschäftlich begründete Pfandrecht zur Absonderung, während die für die übrigen Gläubiger nicht erkennbaren dinglichen Mobiliarsicherheiten im Konkurs unberücksichtigt bleiben sollten[88]. Dies war zurückzuführen auf die Erwägungen im Rahmen des

KO erhoben; das Gesetz über den Sozialplan im Konkurs- und Vergleichsverfahren vom 20.02.1985, BGBl. I, 369 hat Sozialplanforderungen bis zu einem gewissen Volumen in den Rang des § 61 Abs. 1 Nr. 1 KO erhoben

85 v. Sarwey/Bossert, Einleitung S. 20

86 v. Sarwey/Bossert, Einleitung S. 20, wodurch sich das System der Vorzugsrechte gegenüber dem gemeinen Rechts stark vereinfachte

87 Henckel in Jaeger, InsO, Einleitung Rn. 28

88 Henckel a.a.O.

Entwurfs der Deutschen Gemeinschuldordnung von 1873, der Personalkredit sei unlösbar mit den Mobilien des Schuldners verbunden und bewegliche Sachen seien Verkehrsgüter. Die Anerkennung besitzloser dinglicher Mobiliarsicherheiten im Konkurs führe bei der Beurteilung, ob denn nun ein konkursfestes Pfandrecht vorliege, zu unlösbaren Problemen, da die beweglichen Sachen öfters über die Landesgrenzen wechseln könnten. Zur damaligen Zeit galt im Geltungsbereich der späteren KO noch kein einheitliches Sachenrecht, so dass der Absonderungsanspruch des besitzlos dinglich an Mobilien gesicherten Gläubigers davon abhängig gewesen wäre, wo sich der Sicherungsgegenstand bei Eröffnung des Konkursverfahrens zufällig befunden hätte. Nur wenn zur Absonderung lediglich das Faustpfand berechtige, nicht aber auch das besitzlose Pfandrecht, sei es dem kreditgebenden Gläubiger möglich, Klarheit über das freie Vermögen des Schuldners zu gewinnen[89].

Erst die Rechtsprechung hat – offensichtlich in Anerkennung des für eine funktionierende Kreditwirtschaft postulierten Bedürfnisses nach Konkursfestigkeit für publizitäts- und besitzlose Mobiliarsicherheiten – die Absonderungsrechte der Sicherungsnehmer im Konkurs des Sicherungsgebers auf das Sicherungseigentum, den verlängerten, erweiterten und Konzern-Eigentumsvorbehalt und die Vorausabtretung von Forderungen im Wege des verlängerten Eigentumsvorbehalts und der Sicherungs-(global-)zession erweitert[90]. Möglich war diese Ausweitung, da § 4 Abs. 1 KO keine abschließende Regelung der Absonderungsrechte beinhaltete und die rechtsfortbildende Anerkennung von Absonderungsrechten nicht ausschloss[91].

2. Versicherungsrechtliche Absonderungsrechte

Besondere Absonderungsrechte waren (und sind) in §§ 77 und 157 VVG geregelt. Nach diesen Regelungen kann der Geschädigte im Konkurs des Schädigers abgesonderte Befriedigung aus der Entschädigungsforderung des Schädigers gegen ein Versicherungsunternehmen verlangen.

III. Durch das Konkursrecht gewährte Privilegien

1. Massekosten, Massegläubiger

a) *Massekosten, „echte“ Masseverbindlichkeiten*

Seit jeher stand außer Frage, dass die durch das Konkursverfahren selbst verursachten Kosten sowie Verbindlichkeiten, die der Konkursverwalter zur Durchführung des Konkursverfahrens – letztlich zum Wohle der Gläubigergemeinschaft – begründete, sog. „echte“ Masseverbindlichkeiten, vorab aus der Konkursmasse zu berich-

---

89 Hahn, Motive/Begründung des Entwurfs der KO, S. 190, 191; Gassert-Schumacher, S. 100 u. 113
90 Kilger/Schmidt, § 43 KO, Anm. 9 und 11 mit Rechtsprechungsnachweisen; Serick, Festschrift 100 Jahre KO, S. 271, 275 ff.
91 Kilger/Schmidt, § 4 KO, Anm. 2

tigen waren, die hierfür erforderliche Konkursmasse den Konkursgläubigern also nicht zur Verteilung zur Verfügung stand. Dies war (und ist auch für das heutige Insolvenzverfahren) erforderlich, damit überhaupt ein Konkursverfahren durchgeführt werden konnte.

Nach § 57 KO waren aus der Konkursmasse die Massekosten und Masseschulden vorweg zu befriedigen. Die Massekosten waren nach § 58 KO u.a. die Gerichtskosten und die Verwaltervergütung. Masseschulden waren die Verbindlichkeiten, die der Konkursverwalter aus seinen Geschäften oder Handlungen selbst begründete (§ 59 Abs. 1 Nr. 1 KO) oder die aus zweiseitigen Verträgen im Konkursverfahren entstanden (§ 59 Abs. 1 Nr. 2 KO) sowie Ansprüche aus „einer rechtsgrundlosen Bereicherung der Masse" (§ 59 Abs. 1 Nr. 4 KO). Insoweit handelte es sich um „echte" Masseverbindlichkeiten.

b) Ausweitung der Masseverbindlichkeiten durch die Rechtsprechung

Eine Ausweitung der Masseverbindlichkeiten hat auch die Rechtsprechung des Bundesfinanzhofs bewirkt: Ertragsteuerforderungen aus Gewinnen aus der Verwertung der Konkursmasse wurden ebenso als Massekosten im Sinne des § 58 KO behandelt wie die aus der Verwertung von Sicherungsgut durch den Konkursverwalter entstandene Umsatzsteuer, obwohl der Verwertungserlös nicht der Konkursmasse zukam, sondern an die absonderungsberechtigten Sicherungsgläubiger auszukehren war und Erstattung der Umsatzsteuer von diesen nicht verlangt werden konnte[92].

c) „Unechte" Masseverbindlichkeiten

„Unechte" Masseverbindlichkeiten waren (und sind auch im heutigen Insolvenzverfahren) Forderungen, die der Definition nach eigentlich Konkursforderungen wären, durch gesetzgeberischen Willen jedoch in Masseschulden umgewandelt wurden[93].

Durch das Gesetz über das Konkursausfallgeld[94] wurden die Nrn. 3 a–d in § 59 Abs. 1 KO eingefügt. Nach diesen Regelungen wurden nunmehr rückständige Lohnforderungen und rückständige Ansprüche aus betrieblicher Altersvorsorge der Arbeitnehmer für die letzten sechs Monate vor Konkurseröffnung zu Masseschulden. Dieses Gesetz dürfte eine politische Reaktion auf die häufigen Ausfälle der Arbeitnehmer mit ihren Lohnansprüchen trotz Einordnung ihrer Forderungen in die erste Rangklasse der bevorrechtigten Forderungen nach § 61 Abs. 1 Nr. 1 KO gewesen sein[95]. Die Einordnung der genannten Forderungen als Masseschulden war systemwidrig[96], denn Rechtsgrund bzw. Entstehung der Arbeitnehmerforderungen

---

92 BGHZ 58, 257
93 Kilger/Schmidt, § 3 KO, Anm. 1 c
94 vom 17.07.1974, BGBl. I, 1481
95 Henckel in Jaeger, InsO, Einleitung Rn. 31
96 Hefermehl in Münchner Kommentar, § 55 Rn. 3

lagen nicht im Konkursverfahren, sondern in der Zeit vor Eröffnung des Verfahrens. Die systemwidrige Aufwertung der Forderungen hatte zum Ziel, den Arbeitnehmern in nicht massearmen Verfahren Zahlungen vorab zu gewähren, ohne dass sie ihre Forderungen zur Tabelle feststellen lassen und mit der Zahlung bis zur Verteilung an die Konkursgläubiger warten mussten[97]. Dennoch bedeutete die Einordnung der Forderungen als Masseschulden eine eindeutige insoweitige Bevorzugung der Arbeitnehmer gegenüber den Konkursgläubigern. Eine vergleichbare Regelung fand sich in § 13 Abs. 1 Nr. 3 a GesO.

Durch das Sozialgesetzbuch, gemeinsame Vorschriften für die Sozialversicherung[98] wurde Buchstabe e in § 59 Abs. 1 Nr. 3 KO eingefügt, wonach – ebenfalls systemwidrig[99] – die für die letzten sechs Monate vor Konkurseröffnung rückständigen Ansprüche der Sozialversicherungsträger und der Bundesanstalt für Arbeit auf Beiträge einschließlich Säumniszuschläge und auf Umlagen Masseschulden wurden.

Bei den vorgenannten „unechten" Masseverbindlichkeiten handelte es sich um Privilegien, die nicht auf vorkonkurslich wirksam erworbenen Rechtspositionen beruhten, sondern durch das Konkursrecht gesondert gewährt wurden. Dies hatten sie mit den allgemeinen Konkursvorrechten[100] gemeinsam.

2. Gläubigervorrechte

In der KO und in der GesO gab es zahlreiche Vorrechte zugunsten bestimmter (Gruppen von) Konkurs- bzw. Gesamtvollstreckungsgläubigern, geregelt als Rangordnung für die Reihenfolge der Befriedigung der Konkursgläubiger in § 61 KO und der Gesamtvollstreckungsgläubiger in § 17 Abs. 3 GesO und in einigen Nebengesetzen.

a) Wesen und allgemeine Begründung, Geltendmachung und Wirkungsweise der allgemeinen Vorrechte

Die Konkursvorrechte hatten ihren Rechtsgrund nicht in besonderen, vorkonkurslich wirksam erworbenen Rechtspositionen der Gläubiger, sondern wurden durch das Konkursrecht für die Befriedigung im Konkursverfahren gesondert gewährt. Sie beruhten grundsätzlich auf dem Entstehungsgrund der Forderung und hafteten der Forderung und nicht der Person, zu deren Gunsten sie geschaffen wurden, als der Forderung innewohnende Kraft an[101]. Die Vorrechte waren somit eine bloße Qualifikation der Forderung im Konkurs, nicht etwa neben der Forderung bestehende, zu ihr akzessorisch hinzutretende Rechte[102]. Da die Vorrechte der Forderung

---

97 Henckel a.a.O.
98 vom 23.12.1976, BGBl. I, 3868
99 Hefermehl in Münchner Kommentar, § 55 Rn. 3
100 siehe sogleich unten 2.
101 Kilger/Schmidt, Insolvenzgesetze, § 61 KO, Anm. 1
102 Oetker, § 17, S. 483

zustanden[103], konnten sie auch vom Rechtsnachfolger des Gläubigers geltend gemacht werden, § 401 Abs. 2 BGB[104]. Hingegen gingen die Vorrechte bei der Schuldübernahme im Konkurs des Schuldübernehmers unter, § 418 Abs. 2 BGB.

Das Vorrecht war ein qualifizierter Konkursteilnahmeanspruch[105] und musste im Konkurs zusätzlich zur Anmeldung der Forderung angemeldet werden[106]. Nachträgliche Anmeldung des Vorrechts war solange möglich, bis die Forderung als nicht bevorrechtigt zur Tabelle festgestellt war[107]; danach war die Vorrechtsbehauptung präkludiert[108]. Die Feststellung einer bevorrechtigten Forderung schloss zwei Entscheidungen mit ein: Die Entscheidung über die Existenz der Forderung und die Entscheidung über die Existenz des Vorrechts[109]. Dabei konnte die Feststellung des Vorrechts der Feststellung der Forderung nachfolgen[110].

Entsprechend konnte und musste das Vorrecht auch gesondert bestritten werden; das Bestreiten der Forderung schloss das Bestreiten des Vorrechts nicht notwendigerweise mit ein, denn es war denkbar, dass bei Bestehen der bestrittenen Forderung das Vorrecht seinerseits unstreitig war[111]. Auch ein bevorrechtigter Gläubiger hatte das Recht, Forderung und (nachrangiges) Vorrecht eines anderen Gläubigers zu bestreiten, da es insoweit um den Einfluss des Gläubigers mit der bestrittenen Forderung auf das Konkursverfahren insgesamt ging, etwa das Gewicht seiner Stimme in der Gläubigerversammlung.

Die gesetzliche Vorrechtsordnung konnte nicht durch Vereinbarung oder durch Nichtbestreiten eines vom Gläubiger willkürlich aufgestellten Vorrechts[112] und auch nicht durch die Rechtsprechung[113] abgeändert oder ergänzt werden. Nur das Gesetz konnte Vorrechte schaffen. Das Bundesarbeitsgericht hatte ein Konkursvorrecht für Sozialplanforderungen mit dem Rang vor § 61 Abs. 1 Nr. 1 KO schaffen wollen[114]. Dies hat das Bundesverfassungsgericht für verfassungswidrig erklärt[115].

Die Wirkung eines zur Konkurstabelle festgestellten Vorrechts äußerte sich in der Verteilung der Konkursmasse unter den Konkursgläubigern. Der bevorrechtigte Gläubiger hatte Anspruch auf vollständige Befriedigung seiner Forderung, bevor an einen im Rang nachfolgenden Gläubiger etwas ausgekehrt werden durfte[116]. Reichte die zur Verteilung stehende Masse nicht für alle Gläubiger einer Rangklasse

---

103 v. Sarwey/Bossert, § 61, Anm. 4
104 Lent in Jaeger, KO, 8. Aufl., § 61, Anm. 11
105 Oetker, § 17 S. 477
106 v. Sarwey/Bossert, § 61 Anm. 5: Keine Berücksichtigung von Amts wegen
107 v. Sarwey/Bossert, § 61 Anm. 5
108 Oetker, § 17, S. 479
109 Oetker, § 17, S. 481
110 Oetker, § 17, S. 477
111 Oetker, § 17, S. 484
112 Oetker, § 17, S. 178
113 Kilger/Schmidt, § 61 KO, Anm. 3 b
114 BAG NJW 1979, 774
115 BVerfG NJW 1984, 475
116 Oetker, § 17 S. 492

aus, so wurden die gleichrangigen Konkursforderungen nach dem Verhältnis ihrer Beträge berichtigt, § 61 Abs. 2 S. 2 KO.

Da sich der Gesetzgeber der KO von dem Grundsatz leiten ließ, alle Vorrechte möglichst zu beseitigen, weil sie als „Übel" ausgemacht waren[117], bedurfte die mit der Rangordnung des § 61 KO gemachte Ausnahme vom Grundsatz der Gläubigergleichbehandlung einer besonderen Begründung. Sie fand sich für die Rangklassen in Nrn. 1–3 des § 61 KO in der Rücksicht auf das öffentliche Wohl und für die Nrn. 4 und 5 des § 61 KO in der besonderen Schutzbedürftigkeit der dort genannten Gläubiger[118].

b) *Die allgemeinen Vorrechte im Einzelnen*

(1) Arbeitnehmervorrechte – § 61 Abs. 1 Nr. 1 KO

In die erste Rangklasse wurden ursprünglich die Forderungen des häuslichen oder betrieblichen Dienstpersonals des späteren Gemeinschuldners wegen der für das letzte Jahr vor Konkurseröffnung rückständigen Forderungen auf Lohn oder andere Dienstbezüge eingeordnet. Dieses, den „natürlichen Verhältnissen" entsprechende[119] Vorrecht fand seine Begründung einerseits in der besonderen Schutzbedürftigkeit der Dienstverpflichteten, da sie nicht in der Lage seien, ihre Forderungen zu sichern und bei Ausbleiben einer Lohnzahlung in der Regel auch nicht sofort den Dienst verlassen könnten[120]. Andererseits wurde zur Begründung darauf verwiesen, dass das Vorrecht weder allgemeinem Recht noch den Rechten anderer Gläubiger widerspreche, da jedermann wisse, dass das erforderliche Personal gehalten werden müsse und somit das Vorrecht für die anderen Gläubiger erkennbar sei[121]. Außerdem wurden wirtschaftliche Abwägungen herangezogen: Das Vorrecht falle für die übrigen Gläubiger kaum ins Gewicht, sei für die Dienstpersonen jedoch von „äußerster Erheblichkeit"[122]. Schließlich rechtfertige sich das Vorrecht aus dem Gesichtspunkt einer nützlichen Verwendung, da die Dienstleistung dem Geschäft bzw. dem Vermögen des Schuldners und somit über die Konkursmasse den übrigen Gläubigern zum Nutzen gereicht habe[123].

(2) Fiskusvorrecht – § 61 Abs. 1 Nr. 2 KO

In die zweite Rangklasse wurden die Steuer- und Abgabenforderungen für den Zeitraum des letzten Jahres vor Konkurseröffnung aufgenommen. Zur Begründung wurde lediglich darauf verwiesen, dass dieses Vorrecht in der Gesetzgebung aller Staaten (!) anerkannt und im Übrigen durch das öffentliche Interesse geboten sei[124].

---

117 v. Sarwey/Bossert, § 61, Anm. 1 und 3
118 v. Sarwey/Bossert, § 61 Anm. 3
119 v. Sarwey/Bossert, § 61 Anm. 6; Hahn, Motive/Begründung des Entwurfs der KO, S. 248
120 v. Sarwey/Bossert, a.a.O.; Hahn a.a.O.
121 v. Sarwey/Bossert, a.a.O.; Hahn a.a.O.
122 v. Sarwey/Bossert, a.a.O.; Hahn a.a.O.
123 v. Sarwey/Bossert, a.a.O.; Hahn a.a.O.
124 v. Sarwey/Bossert, § 61 Anm. 11

Vorbedingung jeder Sicherheit des Eigentums und des Verkehrs sei der Schutz, den der Staat gewähre. Seine Geldquellen müssten daher vorzugsweise sichergestellt werden[125].

(3) Vorrecht der Kirchen, Schulen, öffentlichen Verbände und Anstalten, öffentlichen Versicherungsanstalten – § 61 Abs. 1 Nr. 3 KO

In die dritte Rangklasse wurden die Forderungen der Kirchen, Schulen, öffentlichen Verbände und Anstalten, öffentlichen Versicherungsanstalten wegen ihrer auf öffentlichem Recht beruhender Forderungen aus dem letzten Jahr vor Konkurseröffnung aufgenommen. Zur Begründung des Kirchenvorrechts wurde darauf hingewiesen, dass schon im römischen Recht eine Gleichstellung der Kirche mit den Begünstigungen des Staates anerkannt gewesen sei. Außerdem liege das Kirchenvorrecht im öffentlichen Interesse[126].

Zur Begründung des Schulvorrechts wurde ausgeführt, dieses folge schon naturgemäß aus dem Fiskusvorrecht, da es keinen Unterschied machen könne, ob die Schullasten durch die politischen Gemeinden oder durch besondere Schulverbände bestritten werden. Außerdem wurde wiederum das öffentliche Interesse bemüht[127].

Dieselbe Begründung wurde für das Vorrecht der öffentlichen Verbände und Anstalten gegeben, derer sich der Staat zur Erfüllung seiner Aufgabe der öffentlichen Daseinsvorsorge bedient[128].

Das Vorrecht der öffentlichen Feuerversicherungsanstalt schließlich wurde mit dem Umstand begründet, dass diese zur Annahme der Versicherung verpflichtet war – nur insoweit stand ihr das Vorrecht auch zu[129].

(4) Vorrecht der Ärzte, Wundärzte, Tierärzte, Apotheker, Hebammen und Krankenpfleger – § 61 Abs. 1 Nr. 4 KO

In die vierte Rangklasse wurden die Ärzte, Wundärzte, Tierärzte, Apotheker, Hebammen und Krankenpfleger wegen ihrer Forderungen aus dem letzten Jahr vor Konkurseröffnung aufgenommen. Zur Begründung wurden allgemeine Erwägungen der Billigkeit und Sittlichkeit herangezogen und es wurde auf den Umstand verwiesen, dass den genannten Personen durch Sitte und Menschlichkeit verwehrt sei, ihre Hilfeleistung davon abhängig zu machen, dass sie sofort bezahlt werden. Außerdem sei das Vorrecht für die anderen Gläubiger erkennbar, da jedermann wisse, dass Krankheiten vorkommen. Schließlich sei das Vorrecht für die Bevorrechtigten von großer wirtschaftlicher Bedeutung, während es für die übrigen, zurückgesetzten Gläubiger kaum ins Gewicht falle[130].

---

125 Hahn, Motive/Begründung des Entwurfs der KO, S. 239
126 v. Sarwey/Bossert, § 61 Anm. 14
127 v. Sarwey/Bossert, § 61 Rn. 15; Hahn, Motive/Begründung des Entwurfs der KO, S. 240, 241
128 v. Sarwey/Bossert, § 61 Rn. 16
129 v. Sarwey/Bossert, § 61 Rn. 17
130 v. Sarwey/Bossert, § 61 Rn. 21; Kohler, S. 33

(5) Vorrecht der Kinder und Mündel, Betreuten und Pflegebefohlenen des Gemeinschuldners – § 61 Abs. 1 Nr. 5 KO

In die fünfte Rangklasse wurden die Forderungen der Kinder und Mündel, der Betreuten und Pflegebefohlenen des Gemeinschuldners „in Ansehung" ihres gesetzlich der Verwaltung des Gemeinschuldners unterworfenen Vermögens aufgenommen. Zur Begründung dieses Vorrechts wurde ausgeführt, dass das Vermögen der genannten Gläubiger ohne ihr Zutun von rechts wegen in die Hände des Gemeinschuldners gelangt und dass das Gesetz nicht ausreichend imstande sei, eine gute Verwaltung zu sichern, weshalb dies mit dem Vorrecht kompensiert werden müsse[131]. Nur der Vollständigkeit halber ist zu erwähnen, dass das Vorrecht nur die Ansprüche umfasste, die aus Anlass der Verwaltung geltend gemacht werden können; daneben bestehende Aus- oder Absonderungsrechte blieben unberührt[132].

(6) Landesrechtliche Konkursvorrechte

In §§ 12, 13 und 17 EGKO wurden die Landesgesetzgeber ermächtigt, zugunsten der dort genannten Personen bzw. Rechtsinhaber für ihre Rechte Konkursvorrecht einzuräumen. Dies betraf einige Pfand- und Vorzugsrechte, die durch Inkrafttreten der KO ihre Wirksamkeit verloren.

c) Erweiterung des Vorrechtskatalogs durch den Bundesgesetzgeber

Obwohl nach dem Willen des damaligen Gesetzgebers die Vorrechtsordnung in § 61 KO ausschließlich maßgebend sein sollte[133], abgesehen von den Regelungsvorbehalten durch Landesgesetze in §§ 12, 13 und 17 EGKO, hat der Bundesgesetzgeber den Vorrechtskatalog wiederholt erweitert.

(1) Arbeitsrechtliche Vorrechte

(a) Durch das Gesetz über das Konkursausfallgeld[134] wurden die Vorrechte in § 61 Abs. 1 Nr. 1 KO neu gefasst. Die „Entlastung" der ersten Rangklasse um die Lohnforderungen der Arbeitnehmer, die ja für das letzte halbe Jahr vor Konkurseröffnung zu Masseschulden geworden waren[135], trat insoweit nicht ein, als der Arbeitnehmer Konkursausfallgeld für die rückständigen Arbeitsbezüge der letzten drei Monate vor Konkurseröffnung geltend machte. Mit Leistung des Konkursausfallgeldes gingen die rückständigen Lohnforderungen auf die Bundesanstalt für Arbeit über und wurden nach § 59 Abs. 2 KO (wieder) zu bevorrechtigten Forderungen in der Rangklasse des § 61 Abs. 1 Nr. 1 KO.

---

131 v. Sarwey/Bossert, § 61 Anm. 22
132 Kilger/Schmidt, Insolvenzgesetze, § 61 KO, Anm. 8 b
133 v. Sarwey/Bossert, § 61 Anm. 2
134 vom 17.07.1974, BGBl. I, 1481, dieses geändert durch das EGStRG vom 21.12.1974, BGBl. I, 3656
135 § 59 Abs. 1 Nr. 3a KO; s.o. 1.c

Für rückständige Arbeitsbezüge ergab sich also folgende Reihenfolge:

- Monate 1–3 vor Konkurseröffnung in der Hand der Arbeitnehmer: Masseschulden nach § 59 Abs. 1 Nr. 3 a KO; nach Übergang auf die Bundesanstalt für Arbeit: bevorrechtigte Forderungen nach §§ 59 Abs. 2, 61 Abs. 1 Nr. 1 KO
- Monate 4–6 vor Konkurseröffnung: Masseschulden nach § 59 Abs. 1 Nr. 3 KO
- Monate 7–12 vor Konkurseröffnung: Bevorrechtigte Forderungen nach § 61 Abs. 1 Nr. 1 KO
- Älter als 12 Monate vor Konkurseröffnung: Nicht bevorrechtigte Forderungen nach § 61 Abs. 1 Nr. 6 KO.

Außerdem wurde durch das Gesetz über das Konkursausfallgeld das Vorrecht des § 61 Abs. 1 Nr. 1 KO auf die Ansprüche der Berechtigten auf Leistungen aus einer betrieblichen Altersvorsorge gegen den Gemeinschuldner wegen der Rückstände für das letzte Jahr vor Konkurseröffnung erweitert[136]. Nach dem Gesetz zur Verbesserung der betrieblichen Altersvorsorge[137] wurden die rückständigen Forderungen der Arbeitnehmer aus der betrieblichen Altersvorsorge für die letzten 6 Monate vor Konkurseröffnung durch Zahlung des Pensionssicherungsvereins befriedigt, § 14 Abs. 1 BetrAVG. Der Erstattungsanspruch des Pensionssicherungsvereins war dann wiederum Masseforderung nach § 59 Abs. 1 Nr. 3 KO[138]. Somit wurde das Vorrecht für die Ansprüche aus betrieblicher Altersvorsorge nur für die Rückstände der Monate 7–12 vor Konkurseröffnung relevant[139].

(b) Durch das Sozialgesetzbuch, gemeinsame Vorschriften für die Sozialversicherung[140] wurde Buchst. e in § 61 Abs. 1 Nr. 1 KO eingefügt, der den Sozialversicherungsträgern und der Bundesanstalt für Arbeit für die aus den Monaten 7–12 vor Konkurseröffnung rückständigen Ansprüche auf Beiträge einschließlich Säumniszuschläge und auf Umlagen ein Vorrecht im ersten Rang gewährte[141].

(c) Durch das Gesetz über den Sozialplan im Konkurs- und Vergleichsverfahren[142] wurde für – die volumenmäßig nach §§ 2 und 4 S. 2 des vorgenannten Gesetzes begrenzten – Forderungen aus einem Sozialplan, der im Konkursverfahren oder bis zu drei Monaten vor Eröffnung des Konkursverfahrens aufgestellt wurde, das Vorrecht in der Rangklasse des § 61 Abs. 1 Nr. 1 KO begründet, § 4 S. 1 des genannten Gesetzes.

---

136 Die Ansprüche für die letzten 6 Monate vor Konkurseröffnung waren Masseforderungen, s.o. 2.
137 vom 19.12.1974, BGBl. I, 3610
138 BGHZ 78, 72 ff.; BVerfG BB 1981, 1276; BAG ZIP 1989, 531 ff.
139 Gassert-Schumacher, S. 152 Fn. 723
140 vom 23.12.1976, BGBl. I 3868
141 Beitragsrückstände für die letzten 6 Monate vor Konkurseröffnung waren nach dem genannten Gesetz Masseforderungen, s.o. 2.
142 vom 20.02.1985, BGBl. I 369
143 vom 25.07.1957, BGBl. I 756

(d) Durch § 27 Abs. 2 Arbeitnehmererfindungsgesetz a. F.[143] wurde für Ansprüche der Arbeitnehmer auf Vergütungen für die unbeschränkte Inanspruchnahme einer Diensterfindung, für das Nutzungsrecht an einer Erfindung oder für die Verwertung eines technischen Verbesserungsvorschlages im Konkurs des Arbeitgebers ein Vorrecht im Rang nach § 61 Nr. 1 KO aber vor allen anderen Konkursforderungen begründet.

(2) Versicherungsrechtliches Vorrecht

Durch § 80 VAG a.F.[144] wurde für Ansprüche aus Versicherungsverträgen auf Beitragsrückgewähr nach Ende des Versicherungsverhältnisses und auf Ersatz von vor Konkurseröffnung eingetretenen Schäden gegen Versicherungen, die keine Deckungsrücklage zu bilden hatten (hauptsächlich Schadensversicherungen) im Konkurs dieser Versicherungen neue Vorrechte geschaffen, die – wiederum in der dort genannten Reihenfolge – nach der Rangklasse des § 61 Abs. 1 Nr. 5 KO folgten und den nicht bevorrechtigten Gläubigern nach § 61 Abs. 1 Nr. 6 KO vorgingen[145].

(3) Vorrecht für die Umlagen auf die Erzeugung von Kohle und Stahl

Durch das Gesetz zur Schaffung eines Vorrechts für die Umlagen auf die Erzeugung von Kohle und Stahl[146] wurde diese Umlage in den Rang des Fiskusvorrechts des § 61 Abs. 1 Nr. 2 KO gehoben.

IV. Auf Sondermassen gerichtete, gegenständlich begrenzte spezielle Vorrechte

Während der Geltung der KO wurden durch den Gesetzgeber in Konkursverfahren über das Vermögen bestimmter Schuldner spezielle Vorrechte zugunsten bestimmter Gläubiger(-gruppen) für deren jeweils gesondert genannte Ansprüche an bestimmten, jeweils definierten, von der übrigen Konkursmasse getrennten Sondermassen[147] der Gemeinschuldner geschaffen. Als Beispiel sei § 35 Abs. 1 des früheren HBG[148] genannt, welcher anderen Regelungen, z.B. in § 32 DepotG und § 77 Abs. 4 VAG als Vorbild diente[149]: „Ist über das Vermögen der Hypothekenbank der Konkurs eröffnet, so gehen in Ansehung der Befriedigung aus den im Hypothekenregister eingetragenen Werten die Forderungen der Pfandbriefgläubiger einschließlich ihrer seit Eröffnung des Verfahrens laufenden Zinsforderungen den Forderungen der anderen Konkursgläubiger vor.“

---

144 Gesetz über die privaten Versicherungsunternehmungen vom 12.05.1901, RGBl. 139, Bekanntmachung der Neufassung des VAG vom 17.12.1992, BGBl. 1993 I, 3
145 im Einzelnen siehe Lipowski in Prölss VAG, 11. Aufl., § 80
146 vom 1.3.1989, BGBl. I, 326
147 § 32 Abs. 3 DepotG verwendet diesen Begriff ausdrücklich
148 Bekanntmachung der Neufassung vom 19.12.1990, BGBl. I, 2898
149 Hopt, BB 1975, 397, 401

Vergleichbare Regelungen fanden sich

- in § 32 DepotG[150] für die bevorrechtigte Befriedigung der Ansprüche der Kommittenten, Verpfänder von Wertpapieren oder Hinterlegern aus der zu bildenden Sondermasse im Konkurs eines Verwahrers, Pfandgläubigers, Kommissionärs oder Eigenhändlers,
- in § 6 des früheren PfandbriefG[151] für die bevorrechtigte Befriedigung der Ansprüche der Pfandbriefgläubiger aus den in das Hypothekenregister eingetragenen Werten im Konkurs der öffentlich-rechtlichen Kreditanstalt,
- in § 16 Abs. 2 DG-BankG a. F.[152] für die bevorrechtigte Befriedigung der Forderungen der Inhaber der Schuldverschreibungen aus der nach § 14 Abs. 4 des Gesetzes gebildeten Deckungsmasse im Konkurs der Deutschen Genossenschaftsbank,
- in § 15 Abs. 2 LwRentenBkG a. F.[153] für die bevorrechtigte Befriedigung der Ansprüche der Inhaber der Schuldverschreibungen bei der Befriedigung aus den Renten, die der landwirtschaftlichen Rentenbank durch die Kreditgewährung aus dem Erlös der Schuldverschreibungen zustehen, und bei der Befriedigung aus der nach § 18 Abs. 1 des Gesetzes bestellten Deckung im Konkurs der landwirtschaftlichen Rentenbank,
- in § 1 IndKredBkG[154] für die bevorrechtigte Befriedigung der Ansprüche der Inhaber von von der Industriekreditbank AG ausgegebenen Schuldverschreibungen aus der gesondert gebildeten Deckungsmasse in der Insolvenz der Industriekreditbank AG,
- in § 36 des früheren SchiffsBkG[155] für die bevorrechtigte Befriedigung der Ansprüche der Schiffspfandbriefgläubiger aus den im Deckungsregister eingetragenen Werten im Konkurs einer Schiffsbank,
- in §§ 77 Abs. 4, 79 VAG a. F. für die bevorzugte Befriedigung der Forderungen der Versicherten auf die zu bildende Deckungsrückstellung aus den Deckungsstockwerten in der Insolvenz eines Lebens-, Kranken- oder Unfallversicherungsunternehmens.

Den genannten Gläubigern wurde also das Vorrecht gewährt, vor allen anderen Konkursgläubigern befriedigt zu werden, somit auch vor den durch die allgemeinen Vorrechte des § 61 KO bevorrechtigten Gläubigern[156]. Dabei bezog sich dieses Vorrecht nicht auf die allgemeine Konkursmasse des jeweiligen Gemeinschuldners, sondern nur auf die von der Konkursmasse getrennt zu betrachtenden, in den genannten Gesetzen jeweils definierten Sondermassen, auf die alle anderen Konkursgläubiger keinen Zugriff hatten[157]. Untereinander hatten die an der Sondermasse bevorrechtigten Gläubiger den selben Rang (z. B. §§ 35 Abs. 1 S. 2 des früheren HBG,

150 Bekanntmachung der Neufassung vom 11.1.1995, BGBl. I, 34
151 Bekanntmachung der Neufassung vom 8.5.1963, BGBl. I, 312
152 vom 22.12.1975, BGBl. I, 3171
153 vom 11.5.1949, Bekanntmachung der Neufassung vom 14.9.1953, BGBl. I, 1330
154 vom 15.7.1951, BGBl. I, 447
155 Bekanntmachung der Neufassung vom 8.5.1963, BGBl. I, 301
156 Lent in Jaeger, KO, 8. Aufl., § 61, Anm. 1
157 Henckel in Festschrift für Uhlenbruck, S. 19, 22

77 Abs. 4 S. 2 VAG a.F.) und wurden, wenn die Sondermasse zur Befriedigung aller an ihr bevorrechtigter Gläubiger nicht ausreichte, nach dem Verhältnis ihrer Forderungsbeträge befriedigt (z.B. § 32 Abs. 3 S. 3 DepotG a.F.). Soweit die bevorrechtigten Gläubiger nicht aus den Sondermassen befriedigt wurden, galten für ihre Befriedigung aus dem sonstigen Vermögen der Gemeinschuldner die Regelungen über die Absonderungsberechtigten in §§ 64, 153, 155, 156, 168 Nr. 3 KO entsprechend (z.B. §§ 35 Abs. 2 des früheren HBG, 32 Abs. 4 S. 2 DepotG a.F., 77 Abs. 4 S. 3 VAG a.F.), sie nahmen insoweit als nicht bevorrechtigte Konkursgläubiger am Konkursverfahren teil. Damit nahmen diese Vorrechte in gewisser Weise eine Sonderstellung ein, deren Rechtsnatur umstritten war[158].

V. Funktionsverlust der Konkursordnung – Massearmut

1. Die Negativentwicklung und ihre Ursachen

Obwohl die KO bis auf die kurze Zeit der Weltwirtschaftskrise in den zwanziger Jahren des vergangenen Jahrhunderts noch keine wirtschaftliche Bewährungsprobe zu bestehen hatte, wurden bereits in den fünfziger Jahren des letzten Jahrhunderts in der Literatur mehrfach Stimmen laut, die einen Funktionsverlust der Konkursordnung beklagten[159]. Münzel stellte fest, dass die besitzlosen Mobiliarsicherheiten Eigentumsvorbehalt und Sicherungsübereignung dafür verantwortlich seien, dass häufig die Konkursmasse aufgezehrt wurde, so dass selbst die im ersten Rang bevorrechtigten Arbeitnehmer mit ihren Forderungen ausfielen, und hielt dies für einen untragbaren Zustand[160]. Berges stellte für die Insolvenzgerichte in Köln eine weitgehende Quotenlosigkeit, eine Entleerung der Konkursverfahren durch Aus- und Absonderungsrechte und durch die Vorrechte fest und sah darin eine Vernichtung des Gläubiger-Gleichbehandlungsgrundsatzes[161]. Weber stellte fest, durch die Aus- und Absonderungsrechte der Kreditwirtschaft, der Großgläubiger und der Lieferanten einerseits und das Vorrecht des Steuerfiskus als eines weiteren Großgläubigers andererseits bleibe für die anderen Gläubiger regelmäßig nichts übrig, wodurch der „Lebensnerv“ des Konkurses betroffen sei und der Konkurs mehr und mehr seine Bedeutung als sinnvolles Institut des Privatrechts verliere[162].

Die Kritik riss auch im Folgenden nicht ab. Stoldt führte aus, dass sich im Konkurs regelmäßig nur drei Gläubigergruppen das Vermögen des Schuldners aufteilten: durch Sicherungsübereignung und Sicherungsabtretung gesicherte Banken und durch (verlängerten/erweiterten) Eigentumsvorbehalt gesicherte Warenlieferanten als aus- und absonderungsberechtigte Gläubiger, sodann Massegläubiger und

---

158 Bellinger/Kerl, HBG § 35 Rn. 5; Stürner in Festschrift für H.F. Gaul, S. 739 ff.; zur Rechtsnatur s.u. F.IV.
159 Münzel, MDR 1951, 129 ff.; Berges, KTS 1959, 53 f.; Weber, KTS 1959, 80 ff.
160 Münzel, MDR 1951, 134
161 Berges, KTS 1959, 53, 54
162 Weber, KTS 1959, 84

schließlich bevorrechtigte Gläubiger. Für den Rest der Gläubiger bleibe regelmäßig nichts mehr übrig. Damit bewehre sich die Grundkonzeption der Konkursordnung nicht mehr[163].

Die Situation hat sich sodann infolge der Wirtschaftskrise Anfang der siebziger Jahre des letzten Jahrhunderts mit erstmals stark steigenden Konkurszahlen noch verschärft. Die Quote der mangels Masse abgewiesenen Anträge stieg auf ca. 80 %, die durchschnittliche Befriedigungsquote der bevorrechtigten Gläubiger sank auf ca. 25 %, diejenige der nicht bevorrechtigten Gläubiger auf ca. 3,5–7 %[164]. Kilger stellte fest, dass über zwei Drittel der Konkursverfahren masseunzulänglich waren und identifizierte als die wesentliche, am stärksten masseentreichernd wirkende Ursache die „hypertrophe“ Entwicklung der vertraglich begründeten, anonymen Mobiliarsicherungsrechte, diesen nachfolgend die „krebsartige Wucherung“ der Masseverbindlichkeiten und schließlich das Fiskusvorrecht[165]. Er sprach vom „Konkurs des Konkurses“[166]. Uhlenbruck sah angesichts der überwiegenden Zahl der Abweisung der Konkursanträge mangels Masse und des weiteren Umstandes, dass die Mehrzahl der eröffneten Konkursverfahren mangels Masse wieder eingestellt werden mussten, und angesichts einer durchschnittlichen Befriedigungsquote der nicht bevorrechtigten Gläubiger im Jahr 1972 von 3,2 %, für welche Entwicklungen er die „Ausplünderung“ der Masse durch konkursfeste Sicherheiten einerseits und die Sozial- und Fiskallastigkeit des Konkursverfahrens andererseits als Ursachen identifizierte, eine „Bankrotterklärung des Konkurses“[167]. Zugleich konstatierte er eine gravierende Verletzung des Gläubiger-Gleichbehandlungs-grundsatzes, die zugleich das Ende des Insolvenzrechts bedeute[168].

In ihrer umfangreichen Untersuchung der Praxis der Konkursabwicklung aus dem Jahr 1978 stellten Gessner pp. fest, dass mit weitem Abstand der wichtigste Grund für die Massearmut der Konkursverfahren die Aushöhlung der Masse durch die Sicherungsrechte der Geld- und Warenkreditgeber und die Belastung der Masse mit den Kosten der Feststellung der Sicherungsrechte war[169]. Sie belegten, dass die Konkursverfahren in der Regel nur noch der Durchsetzung der Ansprüche der aus- und absonderungsberechtigten Sicherungsgläubiger dienten[170] und dass die Konkursordnung eine gleichmäßige Befriedigung der Gläubiger nicht mehr leisten konnte, sondern nur noch die gesicherten Gläubiger und den Fiskus (über vom Konkursverwalter zu leistende Umsatz- und Ertragsteuern) bevorzugte[171]. Über das Insolvenzrecht finde kein gerechter Ausgleich zwischen den Gläubigern mehr statt[172]. Diesen

---

163 Stoldt, KTS 1967, 193 ff.
164 Stürner in Münchner Kommentar, Einl. Rn. 33
165 Kilger, KTS 1972, 142 ff.
166 Kilger a.a.O.
167 Uhlenbruck, NJW 1975, 897 ff.
168 Uhlenbruck, NJW 1975, 897 ff.
169 Gessner/Rhode/Strate/Ziegert, S. 111, 112
170 Gessner pp. S. 118
171 Gessner pp. S. 114
172 Gessner pp. S. 561

Aussagen lag die Untersuchung und Auswertung von 520 eröffneten Konkursverfahren zugrunde[173]. In diesen erhielten die aus- und absonderungsberechtigten Banken 79 %, die aus- und absonderungsberechtigten Warenlieferanten 63 % Befriedigungsquote aus ihren Sicherungen. Unter Einbeziehung der nach § 204 KO wegen Massearmut wieder eingestellten Verfahren erzielten von den bevorrechtigten Gläubigern die Arbeitnehmer und die Sozialversicherungen durchschnittliche Befriedigungsquoten von jeweils 42 %, die Arbeitsämter von 28 % und die Finanzämter von 14 %.

Die nicht bevorrechtigten „einfachen" Konkursgläubiger nach § 61 Abs. 1 Nr. 6 KO erzielten durchschnittliche Befriedigungsquoten von 2 %[174]. Wenn nun noch in Betracht gezogen wird, dass ca. 80 % der beantragten Konkursverfahren mangels Masse gar nicht erst eröffnet wurden[175], so ist der Verlust der Funktion des Insolvenzrechts, eine gemeinschaftliche[176] und möglichst gleichmäßige[177] Befriedigung der Gläubiger herbeizuführen, unter Geltung der Konkursordnung deutlich erkennbar.

2. Lösungsvorschläge in der Literatur im Rahmen der Reformdiskussion

Zur Beseitigung der Missstände wurde eine weite Palette von Lösungsvorschlägen unterbreitet, denen gemeinsam das Bestreben war, dem Grundsatz der Gläubigergleichbehandlung im Konkurs wieder (mehr) Geltung zu verschaffen.

Am weitesten ging Münzel, der vorschlug, den besitzlosen Mobiliarsicherheiten, insbesondere Eigentumsvorbehalt und Sicherungsübereignung das Aus- bzw. Absonderungsrecht überhaupt zu nehmen[178]. Diese radikale Lösung wurde überwiegend abgelehnt[179]. Doehring allerdings schlug vor, wegen der Sicherheiten kein Aus- oder Absonderungsrecht zu gewähren, sondern die Sicherheiten in das Konkursverfahren einzubeziehen, das Verwertungsrecht auf den Verwalter zu übertragen, den Sicherungsgläubigern die Kosten der Feststellung und Verwertung des Sicherungsgutes aufzuerlegen und sie schließlich als bevorrechtigte Gläubiger zu befriedigen[180].

Teilweise wurde vorgeschlagen, die Rechtsprechung sollte bei der Beurteilung der Sicherheiten als wegen Kredittäuschung und Gläubigergefährdung sittenwidrig nach § 138 BGB künftig für Eigentumsvorbehalte und Sicherungsübereignung noch wesentlich restriktiver werden und die Sicherungsgläubiger mit den Feststel-

173 Gessner pp. S. 154
174 Gessner pp. S. 44, 45
175 Balz, ZIP 1988, 273, 280; Stürner in Münchner Kommentar Einleitung Rn. 33
176 § 3 Abs. 1 KO; Schultze, S. 10
177 par condicio creditorum, Oetker S. 476
178 Münzel, MDR 1951, 134
179 z. B. Böhle-Stamschräder, KTS 1959, 66 ff., 71; Doehring, KTS 1983, 369 ff., 383; Weber, KTS 1959, 80 ff., 85
180 Doehring, KTS 1983, 369 ff., 383

lungskosten belasten[181]. Andere Vorschläge gingen dahin, den Sicherungsrechten nur dann das Aus- oder Absonderungsrecht beizulegen, wenn dem nicht ein Vertrauensschutz der übrigen Gläubiger entgegensteht, also wenn es sich um erkennbare Kommissionsware oder üblicherweise um unter Eigentumsvorbehalt gelieferte Ware handelt oder wenn der Sicherungseigentumserwerber das Sicherungseigentum registrieren lässt[182].

Weber wies darauf hin, dass jegliche Einschränkung der Aus- und Absonderungsrechte wegen der Mobiliarsicherheiten Hand in Hand gehen müsse mit der Abschaffung der Konkursvorrechte, insbesondere desjenigen des Fiskus und der Sozialversicherungen, da es nicht angehen könne, die gesicherten Gläubiger aus ihrer Position zugunsten des Fiskus oder der Sozialversicherungsträger zu verdrängen[183].

Berges schlug hinsichtlich der Vorrechte vor, einen bestimmten Bruchteil der freien Aktivmasse für die Vorrechte aller Klassen zu reservieren, damit nicht ein Vorrecht andere Gläubiger gänzlich verdrängen könne[184].

3. Vorschläge der Kommission für Insolvenzrecht

Im Jahr 1978 setzte der Bundesjustizminister eine Kommission für Insolvenzrecht ein. Unter anderen waren vom Bundesjustizminister formulierte Zielstellungen für die Kommission bei der Konzeption des künftigen Insolvenzrechts, der vielbeklagten Masselosigkeit der Insolvenzen entgegenzuwirken und die Durchlöcherung des Grundsatzes der Gleichbehandlung aller Gläubiger, der zum Wesen des Konkurses gehöre, rückgängig zu machen. In diesem Zusammenhang gelte es auch, die Fragen zu lösen, ob und ggf. wie sich die Ausweitung der Mobiliarsicherheiten im Konkurs zurückdrängen ließe, ohne die volkswirtschaftlich notwendige Versorgung der Wirtschaft mit Krediten zu gefährden[185]. Die Kommission unterbreitete ihre Reformvorschläge in ihrem ersten Bericht 1985[186] und in ihrem zweiten Bericht 1986[187]. Zur Masseanreicherung und damit zur insoweitigen Wiederherstellung der Funktionsfähigkeit des Konkursverfahrens schlug die Kommission vor, dass der Konzernvorbehalt abgeschafft wird und die besitzlosen Mobiliarsicherungsrechte einschließlich des (einfachen) Eigentumsvorbehalts nicht mehr zur Aus- oder Absonderung des Sicherungsguts berechtigen sollen. Statt dessen solle der Konkursverwalter zur Verwertung (bzw. Nutzung bei Fortführung des Unternehmens) be-

---

181 Kilger, KTS 1975, 142 ff., 160, 161
182 Weber, KTS 1959, 80 ff., 85; ähnlich Stoldt, KTS 1967, 193 ff., 198: Aus- oder Absonderungsrecht für Mobiliarsicherheiten nur, wenn die Sicherheiten in geeigneter Weise publiziert sind
183 Weber, KTS 1959, 80 ff., 85
184 Berges, KTS 1959, 53, 54
185 Erster Bericht der Kommission für Insolvenzrechts 1985, S. 6 f.; Henckel in Jaeger, InsO, Einleitung Rn. 34
186 Erster Bericht der Kommission für Insolvenzrecht, 1985
187 Zweiter Bericht der Kommission für Insolvenzrecht, 1986

rechtigt sein und die Sicherungsgläubiger sollten einen Verfahrenskostenbeitrag bis zu 25 % des Verwertungserlöses zu leisten haben[188]. Zudem sollte für die konkursfeste Begründung dinglicher Mobiliarsicherheiten Schriftform erforderlich sein[189]. Außerdem empfahl die Kommission die Abschaffung aller Vorrechte der KO und des Vorrechts nach § 80 VAG a. F.[190], eine Beschränkung der Sozialplanansprüche auf absolut eineinhalb Bruttomonatsverdienste und auf relativ 25 % der freien Teilungsmasse[191] und eine Verschärfung des Konkursanfechtungsrechts[192].

4. Vorschläge des Gravenbrucher Kreises

Dass es keineswegs Konsens über den Weg zur Erreichung des Ziels, die Funktionslosigkeit des Konkursrechts zu beseitigen, gab, zeigt der Alternativentwurf des Gravenbrucher Kreises zum Regierungsentwurf einer Insolvenzordnung. Hier wird die Notwendigkeit einer umfassenden Neugestaltung geleugnet, die Abschaffung der Vorrechte nur insoweit befürwortet, als diejenigen für Arbeitnehmer und Sozialplanansprüche nicht betroffen sind (die also bestehen bleiben sollten) und eine Änderung der Rechtsstellung der gesicherten Gläubiger abgelehnt[193].

---

188 Erster Bericht der Kommission Ls. 3.2.4.; 3.3.1.; 3.3.2.; Henckel in Jaeger, InsO, Einleitung Rn. 38; Stürner in Münchener Kommentar, Einleitung Rn. 36
189 Erster Bericht der Kommission für Insolvenzrecht, Ls. 3.2.1. und 3.2.2., S. 308 u. 310
190 Erster Bericht der Kommission für Insolvenzrecht, Ls. 3.8.1–3.8.4; Henckel a.a.O.; Stürner a.a.O.
191 Erster Bericht der Kommission für Insolvenzrecht, Ls. 4.1.3 und 4.1.4.; Henckel a.a.O.
192 Erster Bericht der Kommission für Insolvenzrecht, Ls. 5.2.1. ff.; Henckel a.a.O.
193 Gravenbrucher Kreis, ZIP 1993, 625 ff.

D. Überblick über die Gläubigerprivilegien unter Geltung der InsO

Zwar sind mit Inkrafttreten der InsO die allgemeinen Vorrechte in Form der Rangordnung der §§ 61 Abs. 1 KO und 17 Abs. 3 GesO und auch der §§ 80 VAG a. F. und 27 ArbNErfG a. F. abgeschafft worden[194], jedoch ist hierdurch der „klassenlose Konkurs"[195] keineswegs verwirklicht worden[196]. Auch unter Geltung der InsO besteht ein differenziertes System von Privilegierungen und Zurücksetzungen verschiedener Gläubiger[197], so dass gesagt werden kann, dass auch die InsO das Problem der Privilegierungen nicht endgültig gelöst hat[198]. Die Privilegierungen von Gläubigern unter aktueller Geltung der InsO lassen sich in drei große Gruppen einteilen: dinglich gesicherte Gläubiger einschließlich Gläubiger mit Befugnis zur Insolvenzaufrechnung, Gläubiger mit Vorrangrechten an Sondermassen und Massegläubiger. Somit ergibt sich folgende grobe Befriedigungsrangordnung:

- Absonderungsrechte nach §§ 49–52 InsO, versicherungsrechtliche Absonderungsrechte §§ 77, 157 VVG, Absonderungsrecht des Arbeitnehmer-Erfinders nach § 27 Nr. 2 ArbNErfG, Absicherung von Gläubigern im Insolvenzeröffnungsverfahren durch Einrichtung eines (Doppel-)Treuhandkontos;
- Insolvenzaufrechnung nach §§ 94–96 InsO einschließlich besonderer Aufrechnungsmöglichkeit des Fiskus durch die Bauabzugssteuer nach §§ 48, 48a EStG und Verrechnungsmöglichkeiten für Sozialleistungsträger nach §§ 52 SGB I und 28 Nr. 1 SGB IX;
- Gegenständlich begrenzte Vorrangrechte auf Befriedigung aus Sondermassen nach § 32 DepotG, § 1 IndKredBkG, § 77a VAG und landesrechtliche Vorrechte von Inhabern von Schuldverschreibungen, die vor dem 1.1.1963 von anderen Kreditinstituten als Hypothekenbanken ausgegeben wurden, bei der Befriedigung aus Hypotheken, Reallasten oder Darlehen der Kreditinstitute nach Art. 109 EGInsO;
- Massekosten und Massegläubiger nach §§ 53–55 InsO einschließlich Sozialplanansprüchen nach § 123 Abs. 2 InsO und Ansprüchen aus § 27 Nr. 3 ArbNErfG;
- Insolvenzgläubiger, § 38 InsO;
- nachrangige Insolvenzgläubiger in der Reihenfolge des § 39 InsO.

Daneben bestehen Privilegien des Fiskus und des Finanzsektors[199].

---

194 Smid, BB 1999, 1, 5; Smid, InsO, § 1, Rn. 11 u. 58; Schmidt-Räntsch, Teil 1, Einführung Rn. 30; Eckardt in Kölner Schrift, S. 747

195 Der Begriff wurde in der Reformdiskussion zur InsO geprägt, Stürner, NZI 2005, 597

196 Schmidt-Räntsch, Teil 1 Einleitung, Rn. 35

197 Ehricke in Münchener Kommentar, § 39 Rn. 2; Bähr, InVo 1998, 205, 206

198 Gassert-Schumacher, S. 183

199 s.u. I.3. u. 4.

I. Privilegien aufgrund vorinsolvenzlich erworbener Rechtspositionen

Vor- bzw. außerinsolvenzlich bestehende Rechtspositionen sind solche, die nicht erst durch das Insolvenzrecht für die Durchführung des Insolvenzverfahrens geschaffen bzw. gewährt werden. Für sie hat das Insolvenzrecht zu regeln, ob und in welcher Weise sie im Insolvenzverfahren anerkannt werden, also zu privilegierter Befriedigung ihrer Inhaber führen.

1. Absonderungsrechte, §§ 49–52 InsO

a) *Begriff und Wirkung; Änderung der Rechtsstellung absonderungsberechtigter Gläubiger durch die InsO*

Absonderung, genauer: abgesonderte Befriedigung ist die bevorzugte Befriedigung eines Gläubigers aus einem bestimmten Massegegenstand[200]. Das Recht auf abgesonderte Befriedigung ermöglicht dem Berechtigten die Befriedigung seiner Forderung in voller Höhe – und nicht nur in Höhe der Insolvenzquote – aus dem Verwertungserlös des von seinem Absonderungsrecht umfassten Massegegenstandes[201]. Der Absonderungsberechtigte muss seine Forderung nicht zur Insolvenztabelle anmelden und feststellen lassen[202]. Nur wenn der Erlös aus der Verwertung des Absonderungsgutes zur Befriedigung der Forderung des Berechtigten nicht ausreicht und der Gemeinschuldner auch persönlicher Schuldner des absonderungsberechtigten Gläubigers ist, kann dieser mit seiner restlichen Forderung am Insolvenzverfahren als Insolvenzgläubiger teilnehmen, § 52 InsO. Liegt der Erlös aus der Verwertung des Absonderungsgutes über der Höhe der persönlichen Forderung des absonderungsberechtigten Gläubigers, steht der Übererlös der Masse zu, worin sich zeigt, dass das Absonderungsgut dem insolvenzrechtlichen Haftungsverbund unterfällt[203], wodurch es sich vom Aussonderungsrecht grundsätzlich unterscheidet[204].

Anders als nach der KO (dort § 4 Abs. 2) nehmen die absonderungsberechtigten Gläubiger am Insolvenzverfahren teil[205]. In ihre Rechtsstellung kann durch Insolvenzplan (§ 222 Abs. 1 Nr. 1 InsO) oder durch Schuldenbereinigungsplan (§ 305 Abs. 1 Nr. 4 InsO) eingegriffen werden.

Zwar spricht das Gesetz sowohl hinsichtlich der Sicherungsgläubiger, die das Sicherungsgut in Besitz haben bzw. deren Sicherungsrecht sonst mit Publizität ausgestaltet ist, z.B. in §§ 50 Abs. 1, 51 Nrn. 2 u. 3 InsO, als auch hinsichtlich der besitz- und publizitätslosen Mobiliarsicherheiten – Sicherungseigentum, verlängerter und er-

200 Ganter in Münchener Kommentar, vor §§ 49–52, Rn. 1; Gottwald in Gottwald, § 42 Rn. 1
201 Braun, InsO, vor §§ 49–52, Rn. 1
202 Braun a.a.O.
203 Ganter in Münchener Kommentar, § 47 Rn. 12
204 Braun a.a.O.
205 Smid, Kreditsicherheiten in der Insolvenz des Sicherungsgebers, S. 86, Rn. 18

weiterter Eigentumsvorbehalt, Sicherungszession, Vermieterpfandrecht, Sicherungsgut für Zoll- und Steuerforderungen (vor Beschlagnahme) – in §§ 51 Nrn. 1 u. 4, 50 Abs. 2 InsO nach wie vor einheitlich von abgesonderter Befriedigung der Sicherungsgläubiger, jedoch ist nicht zu verkennen, dass sich die Rechtsstellungen der verschiedenen Sicherungsgläubiger wesentlich unterscheiden. Während die Sicherungsgläubiger, die im Besitz des Sicherungsgutes sind, übrigens ebenso wie die Inhaber von dinglichen Immobiliarsicherheiten, ihr Sicherungsgut außerhalb des Insolvenzverfahrens nach eigenen Veranlassungen und nach den jeweils für das Sicherungsgut einschlägigen Regelungen selbst verwerten[206], §§ 173, 49 InsO, ist dies den Inhabern der besitz- und publizitätslosen Mobiliarsicherheiten verwehrt, so dass der Begriff der abgesonderten Befriedigung im früheren Wortsinne auf letztere nicht mehr passt. Diese Sicherungsgläubiger können sich nicht mehr, wie früher in § 4 Abs. 2 KO geregelt, außerhalb des Konkurs-/Insolvenzverfahrens abgesondert etwa durch eigene Verwertung des Sicherungsgutes befriedigen. Für mobiles Absonderungsgut, das er in Besitz hat, und für zur Sicherheit abgetretene Forderungen steht nämlich dem Insolvenzverwalter das Verwertungsrecht zu, § 166 Abs. 1 u. 2 InsO, und die betreffenden Sicherungsgläubiger haben einen Beitrag zu den Kosten der Feststellung ihrer Rechte in Höhe von pauschal 4 % und zu den Kosten der Verwertung des Sicherungsgutes in Höhe von pauschal 5 % des Verwertungserlöses zu leisten und die eventuell bei der Verwertung des Sicherungsguts entstehende Umsatzsteuer zu erstatten, § 171 InsO; diese Beiträge werden aus dem Verwertungserlös des Sicherungsgutes vorweg für die Insolvenzmasse entnommen, § 170 Abs. 1 InsO. Die betreffenden Sicherungsgläubiger genießen (nur noch) das Recht, aus dem aus der Verwertung des Sicherungsgutes durch den Insolvenzverwalter erzielten Erlös nach Abzug der Pauschalen und evtl. der Umsatzsteuer bevorzugt befriedigt zu werden, § 170 Abs. 1 S. 2 InsO. Damit sind diese Sicherungsgläubiger zwar nicht in eine Vorrechts- oder Rangordnung mit den übrigen Gläubigern eingeordnet[207], die im Übrigen abgeschafft wurde. Jedoch ist durch die beschriebene Einbeziehung der besitzlosen Mobiliarsicherungsgläubiger in das Insolvenzverfahren eine materiellrechtlich begründete Vorrechtsordnung geschaffen worden, die dem jeweils dinglich berechtigten Sicherungsgläubiger bevorrechtigte Befriedigung aus dem aus der Verwertung „seines" Sicherungsgutes erzielten Erlös (nach Abzug der Beträge nach §§ 170 Abs. 1 S. 1, 171 InsO) vor den einfachen Insolvenzgläubigern gewährt[208].

b) *Die einzelnen Absonderungsrechte*

Die Absonderungsrechte sind gesetzlich abschießend geregelt[209]. Zur abgesonderten Befriedigung berechtigen[210]:

---

206 Braun, InsO, § 49, Rn. 20
207 Henckel, Festschrift für Weber, S. 237, 250, 252 hatte dies vorgeschlagen
208 Smid, Kreditsicherheiten in der Insolvenz des Sicherungsgebers, S. 86, Rn. 18, S. 87 Rn. 22. Smid spricht vom Vorrechtscharakter von Absonderungsrechten, a.a.O. S. 91, Rn. 43
209 Braun, InsO, vor §§ 49–52, Rn. 4
210 Aufzählung siehe auch bei Ganter in Münchener Kommentar, vor §§ 49–52, Rn. 16

(1) Rechtsgeschäftliche besitz- und publizitätslose Mobiliarsicherheiten

Nach § 51 Abs. 1 Nr. 1 InsO berechtigen Sicherungseigentum und Sicherungszession nach Eintritt des Sicherungsfalles sowie verlängerter und erweiterter Eigentumsvorbehalt nach Eintritt des Erweiterungsfalles den Sicherungsgläubiger zur abgesonderten Befriedigung aus dem Gegenstand bzw. der Forderung[211].

(2) Gesetzliche besitz- und publizitätslose Mobiliarsicherheiten

Das Vermieter- bzw. Verpächterpfandrecht gewährt nach § 50 InsO i.V.m. §§ 562 ff., 581 Abs. 2 BGB dem Vermieter bzw. Verpächter an den ihrem Pfandrecht unterliegenden Gegenständen ein Recht auf abgesonderte Befriedigung wegen ihrer Forderungen aus dem Miet- bzw. Pachtverhältnis, für Miete oder Pacht jedoch nur für den Zeitraum bis zu 12 Monaten vor der Eröffnung des Insolvenzverfahrens über das Vermögen des Mieters bzw. Pächters, § 50 Abs. 2 InsO.

Nach § 51 Abs. 1 Nr. 4 InsO i.V.m. § 76 AO haben Bund, Länder, Gemeinden und Gemeindeverbände bereits vor Beschlagnahme ein Recht auf abgesonderte Befriedigung an den der Sachhaftung nach § 76 Abs. 1 und 2 AO unterliegenden Gegenständen wegen der auf die Gegenstände bezogenen Zölle und Verbrauchssteuern[212].

(3) Rechtsgeschäftliche, gesetzliche und Pfändungspfandrechte an Mobilien

Nach § 50 Abs. 1 InsO gewähren rechtsgeschäftliche, gesetzliche und Pfändungspfandrechte an Mobilien dem Pfandgläubiger das Recht auf abgesonderte Befriedigung aus dem Pfandgut. Hier sind auch zu nennen das Pächterpfandrecht am mitgepachteten Inventar nach § 583 BGB wegen der Ansprüche gegen den Verpächter und das Pfandrecht des Kommissionärs an dem Kommissionsgut nach § 398 HGB wegen der Ansprüche aus § 397 HGB.

(4) Zurückbehaltungsrechte

Nach § 51 Nr. 2 InsO haben die Gläubiger, denen ein Zurückbehaltungsrecht an einer Sache zusteht, weil sie etwas zum Nutzen der Sache verwendet haben, ein Absonderungsrecht, soweit ihre Forderung aus der Verwendung den noch vorhandenen Vorteil nicht übersteigt.

Nach § 51 Nr. 3 InsO haben Gläubiger, denen ein kaufmännisches Zurückbehaltungsrecht nach §§ 369 ff. HGB zusteht, ebenfalls ein Absonderungsrecht.

(5) Ansprüche aus einer Gemeinschaft oder Gesellschaft

Ist der Schuldner Mitglied einer Gemeinschaft oder Gesellschaft, erfolgt die Teilung oder Auseinandersetzung außerhalb des Insolvenzverfahrens. Die anderen Mitglieder der Gemeinschaft oder Gesellschaft haben nach § 84 Abs. 1 S. 2 InsO an dem

211 Ganter in Münchener Kommentar, vor §§ 49–52, Rn. 16
212 Smid, Kreditsicherheiten in der Insolvenz des Sicherungsgebers, S. 90, Rn. 35

Teilungs- oder Auseinandersetzungsguthaben des Schuldners das Recht auf abgesonderte Befriedigung wegen ihrer Ansprüche aus dem Gemeinschafts- oder Gesellschaftsrechtsverhältnis.

(6) Versicherungsrechtlich begründete Absonderungsrechte

Bei der Versicherung für fremde Rechnung nach §§ 74 ff. VVG kann der Versicherungsnehmer in der Insolvenz des Versicherten nach § 77 S. 2 VVG abgesonderte Befriedigung aus der Entschädigungsforderung des Versicherten gegen die Versicherung wegen seiner Ansprüche gegen den Versicherten in Bezug auf die versicherte Sache verlangen. Eine vergleichbare Regelung ist in § 888 HGB für die Seeversicherung für fremde Rechnung enthalten. Streitig, jedoch für die Zwecke dieser Untersuchung nicht klärungsbedürftig ist, ob Voraussetzung für das Absonderungsrecht ist, dass die Entschädigung von der Versicherung an den Versicherten nicht bereits vor Eröffnung des Insolvenzverfahrens über dessen Vermögen ausgezahlt wurde, da durch die Auszahlung die Entschädigungsforderung erlischt und damit der Gegenstand der abgesonderten Befriedigung entfällt[213] oder ob sich das Absonderungsrecht etwa im Wege einer „Ersatzabsonderung" analog § 48 S. 2 InsO an der in das Vermögen des Schuldners/Versicherten gelangten und dort ggf. noch vorhandenen Entschädigungsleistung fortsetzt[214].

Bei der Haftpflichtversicherung nach §§ 149 ff. VVG hat der Geschädigte im Insolvenzverfahren über das Vermögen des Schädigers/Versicherungsnehmers nach § 157 VVG das Recht auf abgesonderte Befriedigung aus der Entschädigungsforderung des Schädigers/Versicherungsnehmers/Gemeinschuldners gegen die Versicherung wegen der ihm gegen diesen zustehenden Schadensersatzansprüche.

(7) Absonderungsrechte des Arbeitnehmers wegen Diensterfindung

Dem Absonderungsrecht vergleichbar ausgestaltet ist eines der Rechte des Arbeitnehmers hinsichtlich seiner Diensterfindung. Nach § 27 Nr. 2 S. 4 ArbNErfG erhält der Arbeitnehmer eine angemessene Abfindung aus dem Veräußerungserlös, wenn im Insolvenzverfahren über das Vermögen des Arbeitgebers der Insolvenzverwalter die Erfindung ohne den Geschäftsbetrieb veräußert, der Arbeitnehmer sein Vorkaufsrecht nicht ausübt und der Insolvenzverwalter mit dem Erwerber nicht vereinbart, dass dieser sich verpflichtet, dem Arbeitnehmer eine angemessene Vergütung für die weitere Verwendung der Diensterfindung zu zahlen.

(8) Abgesonderte Befriedigung aus unbeweglichen Gegenständen

Nach § 49 InsO sind die Grundpfandrechtsgläubiger nach Maßgabe des ZVG zur abgesonderten Befriedigung aus dem Grundstück wegen ihrer gesicherten Rechte berechtigt. Zu beachten ist in diesem Zusammenhang der sog. Hypothekenhaftungs-

---

213 so Smid, Kreditsicherheiten in der Insolvenz des Sicherungsgebers, S. 93, Rn. 43; Uhlenbruck in Uhlenbruck, InsO, § 51, Rn. 41
214 so Ganter in Münchner Kommentar, § 51, Rn. 233

verband nach §§ 1120 ff. BGB, durch welchen sich das Absonderungsrecht auch auf Erzeugnisse und Zubehör des Grundstücks erstreckt. Ebenso haben ein Recht auf abgesonderte Befriedigung an dem Grundstück die Gläubiger nach §§ 10 Abs. 1 Nr. 5, 11 Abs. 2 ZVG nach Anordnung der Zwangsversteigerung oder Zwangsverwaltung[215].

(9) Treuhandkonto im Insolvenzeröffnungsverfahren mit schwachem vorläufigem Verwalter

Eine in der Praxis regelmäßig praktizierte Form der Begründung einer dem Absonderungsrecht vergleichbaren Rechtsposition[216] ist die Einrichtung einer (Doppel-) Treuhand durch den schwachen vorläufigen Insolvenzverwalter zugunsten von Lieferanten im Insolvenzeröffnungsverfahren mit dem Ziel, die Zahlungsansprüche der Lieferanten sicherzustellen. Dabei vereinbart der Schuldner mit Zustimmung des schwachen vorläufigen Insolvenzverwalters mit dem Lieferanten als Gegenleistung für dessen Warenlieferungen, dass die aus den Verkäufen erwachsenden Forderungen des Schuldners zur Sicherheit an einen Treuhänder abgetreten werden und dass die Zahlungen der Kunden des Schuldners auf ein vom Treuhänder zu führendes Treuhandkonto zu erfolgen haben. Der Treuhänder hat das Treugut (die abgetretenen Forderungen bzw. die auf dem Treuhandkonto eingehenden Beträge) für die Lieferanten als Treugeber zu verwalten und bei Eintritt des Sicherungsfalles (Nichtzahlung des Schuldners) an die Lieferanten auszukehren. Gegenüber dem Schuldner ist der Treuhänder Sicherungstreuhänder (daher Doppeltreuhand). Die Zulässigkeit dieses Modells ist nicht unumstritten[217], da wirtschaftlich eine Art Sondermasse gebildet wird, wofür die Rechtsgrundlage zweifelhaft ist[218].

2. Aufrechnung, Verrechnung

a) *Insolvenzaufrechnung, §§ 94–96 InsO*

Nach § 94 InsO behält eine bei Eröffnung des Insolvenzverfahrens bestehende Aufrechnungslage ihre Wirksamkeit im Insolvenzverfahren. Der aufrechnungsberechtigte Gläubiger bleibt also weiterhin zur Aufrechnung durch Erklärung im Insolvenzverfahren berechtigt. Hinsichtlich der Sicherungsfunktion der Aufrechnungslage und der Befriedigungsfunktion der Aufrechnung wirkt die Aufrechnungsbefugnis in der Insolvenz nach wohl herrschender Meinung wie das Recht auf abgesonderte Befriedigung an der Gegenforderung des Gemeinschuldners[219]. Da

---

215 Ganter in Münchener Kommentar, vor §§ 49–52, Rn. 16

216 Marotzke regt über die bestehende Praxis hinaus eine „Verdinglichung" der Treuhandabrede, die Verpfändung der Auszahlungsansprüche an, ZInsO 2005, 561, 567

217 Amtsgericht Hamburg, ZIP 2003, 1809: unzulässig; Pape/Uhlenbruck, ZIP 2005, 417, 419 f.: Selektive Ungleichbehandlung der Gläubiger ist krasser Verstoß gegen den insolvenzrechtlichen Gleichbehandlungsgrundsatz; Bork, Gläubigersicherung im vorläufigen Insolvenzverfahren, ZIP 2003, 1421 ff. und Marotzke, ZInsO 2005, 561, 566: zulässig

218 Kier, Festschrift für Greiner, 117, 123

219 BGH NJW 1995, 1966, 1967; Brandes in Münchener Kommentar, § 94 Rn. 3

aber der aufrechnende Gläubiger nicht am Insolvenzverfahren teilnimmt und auch – anders als sonstige Sicherungszessionare – keine Feststellungs- oder Verwertungskostenbeiträge nach § 171 InsO zu leisten hat[220], hat die Aufrechnung auch Merkmale der Aussonderung.

b) Verbesserte Aufrechnungsmöglichkeit des Fiskus nach §§ 48, 48 a EStG

Verbesserte Auf- bzw. Verrechnungspositionen verschaffen dem Fiskus die Regelungen zur sogenannten Bauabzugssteuer. Nach §§ 48 Abs. 1, 48a Abs. 1 S. 2, Abs. 3 EStG ist der Empfänger einer Bauleistung, sofern er Unternehmer ist, verpflichtet, von dem Werklohn zuzüglich Umsatzsteuer einen Steuerabzug in Höhe von 15 % vorzunehmen, für Rechnung des Bauunternehmers einzubehalten und an das Finanzamt abzuführen. Die abgeführte Steuer wird nach § 48c Abs. 1 EStG auf Steuerschulden des Bauunternehmers, z.B. Lohnsteuer, Einkommensteuer oder Körperschaftsteuer angerechnet.

In einer Insolvenz des Bauunternehmers kann das Finanzamt die vor dem Insolvenzantrag aus der Bauabzugssteuer erhaltenen Beträge mit Steuerforderungen gegen den Bauunternehmer verrechnen, sofern die Aufrechnungslage nicht ihrerseits anfechtbar erlangt wurde[221], und sich auf diese Weise hinsichtlich der Steuerforderungen besser als zur Insolvenzquote befriedigen.

c) Aufrechnungsmöglichkeit des Arbeitnehmers wegen Diensterfindung nach § 27 Nr. 2 S. 2 und Nr. 4 S. 2 ArbNErfG

Nach den genannten Vorschriften hat der Arbeitnehmer das Recht, mit seinem Anspruch auf Vergütung für die unbeschränkte Inanspruchnahme seiner Diensterfindung gegen den Kaufpreisanspruch des Insolvenzverwalters aufzurechnen, wenn der Insolvenzverwalter die Diensterfindung ohne den gesamten Geschäftsbetrieb verkauft und der Arbeitnehmer das Vorkaufsrecht nicht ausgeübt hat, bzw. gegen den Anspruch des Insolvenzverwalters auf Erstattung der Kosten der Übertragung aufzurechnen, wenn der Arbeitnehmer sich die Diensterfindung übertragen lässt.

d) Verrechnungsmöglichkeit der Sozialversicherungsträger nach § 52 SGB I und § 28 Nr. 1 SGB IV

Zugunsten eines Leistungsträgers in der Sozialversicherung besteht nach § 52 SGB I die Möglichkeit, mit Ermächtigung eines anderen Leistungsträgers in der Sozialversicherung dessen Ansprüche gegen den Berechtigten mit eigenen Geldleistungsverpflichtungen zu verrechnen. Dies gilt nach einer Entscheidung des Bundessozialgerichts auch in der Insolvenz des Berechtigten[222].

---

220 Häsemeyer in Kölner Schrift, S. 650, Rn. 11
221 Kroth, NZI 2004, 345, 347
222 BSG ZIP 2004, 1327; zeitlich begrenzt auf den 2-Jahres-Zeitraum des § 114 Abs. 2 InsO

Nach § 28 Nr. 1 SGB IV kann der für die Beitragserstattung zuständige Leistungsträger mit Ermächtigung eines anderen Leistungsträgers dessen Ansprüche gegen den Berechtigten mit dem ihm obliegenden Erstattungsbetrag verrechnen.

3. Privilegien zugunsten des Fiskus

Der Gesetzgeber hat nach Inkrafttreten der InsO, durch welche u.a. das Fiskusvorrecht in § 61 Abs. 1 Nr. 2 KO beseitigt wurde, verschiedene steuerrechtliche Regelungen erlassen, die den Fiskus hinsichtlich der Steuerforderungen in Insolvenzverfahren über das Vermögen der Steuerschuldner faktisch privilegieren, so dass in der Literatur teilweise bereits von einer Wiedereinführung des Fiskusprivilegs „durch die Hintertür" gesprochen wird[223].

a) Bauabzugssteuer, §§ 48, 48 a–c EStG

Die Regelungen zur Bauabzugssteuer in den §§ 48, 48 a–c EStG sind durch das Gesetz zur Eindämmung illegaler Betätigung im Baugewerbe[224] in das EStG eingefügt worden. Sie bewirken verbesserte Aufrechnungsmöglichkeiten des Fiskus[225].

b) Wechsel der Umsatzsteuer-Schuldnerschaft, § 13 b Abs. 1 Nrn. 3 und 4, Abs. 2 UStG

Durch das Haushaltsbegleitgesetz 2004[226] und das Steuersenkungsgesetz 2003[227] wurde § 13b Abs. 1 UStG in Nr. 3 geändert und um die Nr. 4 ergänzt, wonach zusammen mit der Neufassung des § 13 b Abs. 2 UStG Schuldner der Umsatzsteuer bei Grundstückslieferungen, auch im Wege der Zwangsvollstreckung[228], bzw. bei Bauleistungen der Leistungsempfänger ist, wenn er Unternehmer oder eine juristische Person des öffentlichen Rechts ist. In einer Insolvenz des Leistenden bewirkt der Wechsel der Steuerschuldnerschaft, dass der Fiskus die vor der Insolvenz entstandene Umsatzsteuer vom Leistungsempfänger in voller Höhe erhält und nicht nur als Insolvenzgläubiger in Höhe der Quote. Außerdem sind für insolvenznahe Zahlungen Anfechtungen nach §§ 129 ff. InsO ausgeschlossen, da ja nicht der insolvente Gemeinschuldner die Zahlung erbracht hat[229].

Hat der Insolvenzverwalter die Bauleistung oder die Grundstückslieferung (mit Option zur Umsatzsteuer nach § 9 Abs. 3 UStG) erbracht, führt der Wechsel der Steuerschuldnerschaft bei Massearmut nicht nur zu einer Bevorzugung des Fiskus, sondern auch zu einer Benachteiligung der anderen sonstigen Massegläubiger. Ohne den Wechsel der Steuerschuldnerschaft würde der Insolvenzverwalter die Umsatz-

223 Kroth, NZI 2004, 345, 346; Uhlenbruck, ZInsO 2005, 505, 506
224 vom 30.08.2001, BGBl. I, 2267; Bekanntmachung der Neufassung des EStG vom 19.10. 2002, BGBl. I, 4210
225 s.o. II. 2.b
226 vom 29.12.2003, BGBl. I, 3076
227 vom 15.12.2003, BGBl. I, 2645
228 wenn Umsatzsteuer wegen Optierung nach § 9 Abs. 3 UStG entsteht
229 Kroth, NZI 2004, 345, 349

steuer vereinnahmen mit der Folge, dass eine sonstige Masseverbindlichkeit nach § 50 Abs. 1 Nr. 1 InsO entstünde. In masseunzulänglichen Verfahren würden die übrigen Massegläubiger nach § 209 Abs. 1 Nr. 3 InsO quotal befriedigt. Dadurch, dass der Insolvenzverwalter in den Fällen des § 13 b Abs. 1 Nrn. 3 und 4, Abs. 2 UStG die Umsatzsteuer nicht mehr vereinnahmt, verringert sich die Quote der (sonstigen) Massegläubiger[230]. Durch den Wechsel der Steuerschuldnerschaft wird der Fiskus aus der Gemeinschaft der (Masse-) Gläubiger herausgenommen und ihm wird ein privilegierender Sonderstatus verschafft[231]. Dieses Privileg dürfte angesichts der Krisenanfälligkeit der Bauwirtschaft einerseits und der in Insolvenzverfahren regelmäßig erfolgenden (Zwangs-) Verwertung von Grundstücken andererseits eine erhebliche wirtschaftliche Bedeutung haben.

c) *Gesamtschuldnerschaft für Umsatzsteuer, § 13 c UStG*

Durch den durch das Steueränderungsgesetz 2003[232] gemäß Empfehlung des Bundesrechnungshofs in seinem Bericht vom 3.9.2003 nach § 99 BHO[233] eingeführten § 13c Abs. 1 S. 1 UStG wird ein umsatzsteuerlicher Haftungstatbestand zu Lasten des Empfängers einer abgetretenen Forderung begründet[234]. Danach haftet der Zessionar unter folgender Voraussetzung als Gesamtschuldner für die Umsatzsteuer: Eine Forderung auf die Gegenleistung aus dem steuerpflichtigen Umsatzgeschäft im Sinne des § 1 Abs. 1 Nr. 1 UStG wird abgetreten, der Zedent ist leistender Unternehmer im Sinne von § 2 UStG, der Abtretungsempfänger ist ebenfalls Unternehmer, die Umsatzsteuerschuld des Zedenten, bei deren Berechnung dieser Umsatz berücksichtigt worden ist, ist festgesetzt, fällig und nicht oder nur teilweise bezahlt, der Zessionar vereinnahmt die Gegenleistung bzw. es besteht die gesetzliche Fiktion der Vereinnahmung bei weiterer Abtretung der Forderung auf die Gegenleistung an einen Dritten nach § 13c Abs. 1 S. 3 UStG. Entsprechendes gilt bei Verpfändung oder Pfändung von Forderungen, § 13c Abs. 3 UStG.

In Fällen, in welchen der Zessionar die abgetretene Forderung vor Eröffnung des Insolvenzverfahrens über das Vermögen des Zedenten noch einzieht und der Erlös zur Befriedigung der Forderungen des Zessionars gegen den Zedenten insgesamt nicht ausreicht, ergibt sich eine deutliche Bevorzugung des Fiskus: Der Zessionar muss die Umsatzsteuer an den Fiskus abführen und nimmt mit dem – so erhöhten – Forderungsausfall als Insolvenzgläubiger am Insolvenzverfahren teil und erhält hierauf die Quote. Der Fiskus erhält auf seine Umsatzsteuerforderung die volle Befriedigung anstelle der sonst nur als Insolvenzgläubiger erzielbaren Quote. Weitere Folge ist, dass die Sicherheiten, die zur Sicherheit abgetretenen Forderungen in entsprechend höherem Umfang zugunsten des Zessionars als Sicherungsgläubiger verhaftet bleiben, während sie vor Inkrafttreten der Regelung unter Umständen der Insol-

230 Maus, ZIP 2004, 1580, 1582, 1586
231 Maus, a.a.O.; Uhlenbruck, ZInsO 2005, 505, 506
232 vom 15.12.2003, BGBl. I, 2645
233 BT-Drucksache 15/1495, S. 13–15
234 Leonard in Bunjes/Geist, UStG § 13 c, Rn. 2

venzmasse zur Befriedigung der Massegläubiger und sonstigen Insolvenzgläubiger wieder zur Verfügung standen (bei unterstellter vollständiger Befriedigung des Sicherungsgläubigers)[235].

4. Privilegien des Finanzsektors

a) Umsetzung der Finanzsicherheitenrichtlinie in §§ 130 Abs. 2 S. 2, 166 Abs. 3, 96 Abs. 2 InsO

Durch das Gesetz zur Umsetzung der Richtlinie 2002/47/EG vom 06.06.2002 über Finanzsicherheiten und zur Änderung des Hypothekenbankgesetzes und anderer Gesetze[236] wurde § 130 Abs. 2 S. 2 InsO eingefügt, nach welchem § 130 Abs. 1 S. 1 InsO nicht gilt, soweit die Rechtshandlung auf einer Sicherungsvereinbarung beruht, die die Verpflichtung enthält, eine Finanzsicherheit, eine andere oder eine zusätzliche Finanzsicherheit im Sinne des § 1 Abs. 17 KWG zu bestellen, um das in der Sicherungsvereinbarung festgelegte Verhältnis zwischen dem Wert der gesicherten Verbindlichkeiten und dem Wert der geleisteten Sicherheiten wieder herzustellen (Margensicherheit). Außerdem wurde § 166 Abs. 3 InsO eingefügt, nach welchem die Absätze 1 und 2 des § 166 InsO keine Anwendung finden auf Gegenstände, an denen eine Sicherheit zugunsten des Teilnehmers eines Systems nach § 1 Abs. 16 KWG zur Sicherung seiner Ansprüche aus dem System besteht, auf Gegenstände, an denen eine Sicherheit zugunsten der Zentralbank eines Mitgliedsstaates der Europäischen Union oder Vertragsstaates des Europäischen Wirtschaftsraums oder zugunsten der Europäischen Zentralbank besteht und auf eine Finanzsicherheit im Sinne des § 1 Abs. 17 KWG.

Schließlich wurde § 96 Abs. 2 InsO eingefügt bzw. neu gefasst. Nach dieser Regelung ist die Aufrechnung entgegen § 96 Abs. 1 und § 95 Abs. 1 S. 3 InsO zulässig, wenn es sich um eine Verfügung über Sicherheiten im Sinne des § 1 Abs. 17 KWG oder um Verrechnungen in einem System im Sinne des § 1 Abs. 16 KWG unter den weiter genannten Voraussetzungen handelt.

In der Literatur wurden Befürchtungen laut, die vorgenannten Regelungen stellten den Grundsatz der Gläubigergleichbehandlung in Frage und bedeuteten das Ende der Gläubigergleichbehandlung im Insolvenzverfahren[237]. Die par condicio creditorum, der Gläubiger-Gleichbehandlungsgrundsatz werde ohne rechtfertigenden Grund aus den Angeln gehoben und es würden Banken gegenüber anderen Gläubigern übermäßig bevorzugt[238].

Diese sehr weitgehende Kritik scheint jedoch auf einem Missverständnis des Begriffs der Finanzsicherheiten zu beruhen[239]. Tatsächlich dürften die geänderten

---

235 Kroth, NZI 2004, 345, 350
236 vom 05.04.2004, BGBl. I, 502 ff.
237 Uhlenbruck, ZInsO 2005, 505, 507
238 Hölzle, ZIP 2003, 2144, 2148
239 vgl. nur Obermüller, ZIP 2003, 2336, 2337, 2338

Regelungen, die objektiv allerdings eine Privilegierung zugunsten des Finanzsektors bedeuten, in den allermeisten Insolvenzverfahren keine praktische Auswirkungen haben[240].

b) *Refinanzierungsregister, §§ 22 a ff. KWG*

Durch das Gesetz zur Neuorganisation der Bundesverwaltung und zur Schaffung eines Refinanzierungsregisters[241], hervorgegangen aus Teilen des Referentenentwurfs eines Gesetzes zur Änderung der InsO, des KWG und anderer Gesetze vom September 2004[242], sind die §§ 22 a ff. in das KWG eingefügt worden. Die Regelungen dienen der Verbesserung der (Re-) Finanzierungsmöglichkeiten in Deutschland[243] insbesondere durch Beseitigung von insolvenzrechtlichen Hindernissen, die für sogenannte asset-backed-securities-Transaktionen noch bestanden. In §§ 22 a ff. KWG ist hierzu die Einrichtung eines Refinanzierungsregisters vorgesehen, welches vom Refinanzierungsunternehmen (einem Kreditinstitut) geführt wird und in welches Gegenstände eingetragen werden, auf die eine sogenannte Zweckgesellschaft Anspruch hat, die den Erwerb der Refinanzierungsgegenstände des sich refinanzierenden Unternehmens (Kreditinstitut) finanziert und sich die hierzu erforderlichen Mittel durch Ausgabe von Schuldscheinen oder Schuldverschreibungen auf dem Kapitalmarkt beschafft hat. In § 22 i KWG, der Kernvorschrift zur Verbesserung der Finanzierungsmöglichkeiten[244], ist geregelt, dass die im Refinanzierungsregister eingetragenen Gegenstände im Fall der Insolvenz des Inhabers, also der Insolvenz des Refinanzierungsunternehmens (des Kreditinstituts) als Gegenstände des Übertragungsberechtigten, also der Zweckgesellschaft gelten, mithin diese ein Aussonderungsrecht nach § 47 InsO hat. Durch diese Regelungen wurde die Insolvenzfestigkeit international üblicher Treuhandorganisationen insbesondere bei der Refinanzierung durch Verkäufe und Verbriefung von Kreditforderungen entgegen dem ansonsten bei der Gründung von Treuhandverhältnissen geltenden Unmittelbarkeitsprinzip herbeigeführt[245].

II. Privilegien und Nachrang durch das Insolvenzrecht

1. Massegläubiger

Nach § 53 InsO sind Masseverbindlichkeiten die Kosten des Insolvenzverfahrens und die sonstigen Masseverbindlichkeiten.

---

240 Meyer/Rein, NZI 2004, 367, 370
241 vom 22.09.2005, BGBl. I, 2809
242 s.o. B. III.
243 Begründung zum Referentenentwurf S. 10, 11 und zu Art. 8, S. 40 ff.
244 Begründung zum Referentenentwurf zu § 22 i KWG, S. 49, 50
245 Obermüller, ZInsO 2005, 1079, 1080

a) *Verfahrenskosten und „echte" Masseverbindlichkeiten*

Verfahrenskosten sind nach § 54 InsO die Gerichtskosten für das Insolvenzverfahren und die Vergütung und die Auslagen des vorläufigen Insolvenzverwalters, des Insolvenzverwalters und der Mitglieder des Gläubigerausschusses.

Sonstige „echte" Masseverbindlichkeiten sind nach § 55 Abs. 1 InsO die Verbindlichkeiten, die durch Handlungen des Insolvenzverwalters oder in anderer Weise durch die Verwaltung, Verwertung und Verteilung der Insolvenzmasse begründet werden, ohne zu den Kosten des Insolvenzverfahrens gehören (Nr. 1), und die Verbindlichkeiten aus gegenseitigen Verträgen, soweit deren Erfüllung zur Insolvenzmasse verlangt wird oder für die Zeit nach der Eröffnung des Insolvenzverfahrens erfolgen muss (Nr. 2), und die Verbindlichkeiten aus einer ungerechtfertigten Bereicherung der Masse und nach § 55 Abs. 2 InsO die durch einen vorläufigen Insolvenzverwalter mit Verfügungsbefugnis (sog. „starker" vorläufiger Verwalter) begründeten Verbindlichkeiten.

Die Qualifizierung als Masseverbindlichkeit hat ihre Begründung für die notwendigerweise mit der Sicherung, Aufbewahrung und Verwertung der Masse verbundenen Verfahrenskosten und die aufgezwungenen, also nicht vermeidbaren Verbindlichkeiten aus zwei- oder gegenseitigen Verträgen darin, dass die Insolvenzmasse wirtschaftlich bereits bei Insolvenzeröffnung latent mit diesen Verbindlichkeiten belastet ist, diese Verbindlichkeiten also wirtschaftlich nicht erst zusätzlich nachträglich entstehen. Die Begründung für die Privilegierung der gewillkürten „echten" Masseverbindlichkeiten, die durch Rechtsgeschäfte und Handlungen des Insolvenzverwalters entstehen, ist darin zu sehen, dass hierdurch die Insolvenzgläubiger nicht belastet werden, denn der Insolvenzverwalter darf nur Geschäfte im Interesse der Masse durchführen, also nur solche Geschäfte, die per Saldo nach Abzug der Kosten und der durch sie begründeten Verbindlichkeiten die Masse mehren[246].

Im Bereich der Verfahrenskosten und der „echten" Masseverbindlichkeiten liegt der wesentliche Unterschied der Regelungen der InsO gegenüber denen der KO in der Qualifizierung der durch den „starken" vorläufigen Insolvenzverwalter begründeten Verbindlichkeiten als Masseverbindlichkeiten durch § 55 Abs. 2 InsO. Der Sequester im Konkurseröffnungsverfahren konnte Masseverbindlichkeiten nicht begründen[247].

b) *„Unechte" Masseverbindlichkeiten*

Als „unechte" Masseverbindlichkeiten werden solche bezeichnet, die vor Insolvenzeröffnung entstanden sind und damit eigentlich Insolvenzforderungen wären, jedoch durch gesetzliche Regelung oder die Rechtsprechung zu Masseverbindlichkeiten erhoben werden[248]. Beispiele waren die frühere Regelung in § 59 Abs. 1 Nr. 3 KO für bestimmte rückständige Arbeitsentgeltforderungen der Arbeitnehmer und

246 Hefermehl in Münchener Kommentar, § 53 Rn. 7
247 BGH ZIP 1997, 1551
248 Heilmann/Smid, § 4, Rn. 87

Sozialversicherungsbeiträge[249]. Diese vorgenannten „unechten" Masseverbindlichkeiten wurden durch die InsO abgeschafft[250]. Jedoch werden durch § 123 Abs. 2 S. 1 InsO Verbindlichkeiten aus einem Sozialplan, der nach Eröffnung des Insolvenzverfahrens aufgestellt wird, als Masseverbindlichkeiten eingestuft, obwohl der Grund ihrer Entstehung in den Arbeitsverhältnissen vor Insolvenzeröffnung liegt. Folglich wären diese Ansprüche eigentlich Insolvenzforderungen nach § 38 InsO[251], so dass in der Privilegierung dieser Verbindlichkeiten durch Aufwertung zu Masseverbindlichkeiten ein Systembruch zu sehen ist[252]. Diese nach § 123 Abs. 1 und Abs. 2 InsO auf zweieinhalb Monatsverdienste der Arbeitnehmer und insgesamt auf ein Drittel der den Insolvenzgläubigern ohne Sozialplan zur Verfügung stehenden Masse begrenzten Masseverbindlichkeiten können als neue „unechte" Masseverbindlichkeiten bezeichnet werden[253]. Als Begründung für diesen Systembruch wird ausgeführt, dass die Betriebsverfassung auch im Insolvenzverfahren anwendbar bleiben soll und damit der besonderen Schutzbedürftigkeit der Arbeitnehmer im Insolvenzverfahren über das Vermögen ihres Arbeitgebers Rechnung getragen werde[254]. Außerdem wird als Verfahrensargument angeführt, dass diese Einordnung der Sozialplangläubiger den praktischen Vorteil habe, dass eine Anmeldung und Feststellung der Sozialplanforderungen entfällt[255]. So sind für die Regelung die sozialpolitischen Erwägungen ursächlich, die bereits hinter dem früheren Gesetz über den Sozialplan im Konkurs- und Vergleichsverfahren[256] standen[257]. Durch die Regelung des § 123 Abs. 2 InsO wird die Position der Sozialplangläubiger gegenüber der früheren Regelung in § 61 Abs. 1 Nr. 1 KO, nach der die Sozialplanansprüche in Rang 1 bevorrechtigte Konkursforderungen waren, also erst nach den Masseverbindlichkeiten befriedigt wurden, sogar noch verbessert[258].

Weitere unechte Masseverbindlichkeiten sind nach Art. 56 EGInsO, § 27 Nr. 3 ArbNErfG die Ansprüche der Arbeitnehmer auf eine angemessene Vergütung, wenn der Insolvenzverwalter in der Insolvenz des Arbeitgebers die Diensterfindung im Unternehmen des Schuldners verwertet.

Nach der Rechtsprechung des BAG sind zusätzlich Urlaubs- und Urlaubsabgeltungsansprüche, auch soweit sie aus Kalenderjahren vor Eröffnung des Insolvenzverfahrens stammen, Masseforderungen[259]. Begründet wird dies mit § 108 Abs. 2

---

249 s.o. C. III. 1.c)
250 Smid, BB 1999, 1, 5
251 Hefermehl in Münchener Kommentar, § 53 Rn. 10
252 Pape in Kübler/Prütting, InsO, § 53 Rn. 9
253 Hefermehl im Münchener Kommentar, § 55 Rn. 3
254 Kübler/Prütting, RWS-Dokumentation, S. 120; Allg. Begr. zum RegE-InsO A.3.g.dd., BT-Drucksache 12/2443, S. 97
255 Kübler/Prütting, RWS-Dokumentation, S. 325; Beg. zu § 141 RegE-InsO, BT-Drucksache 12/2443, S. 154
256 vom 20.02.1985, BGBl. I, 369
257 Heilmann/Smid, § 4 Rn. 83 a.E. u. 86
258 Kübler/Prütting, RWS-Dokumentation, S. 11, Ziff. 3.2.3 u. S. 324; Begr. zu § 141 RegE-InsO, BT-Drucksache 12/2443, S. 154
259 BAG NZA 2005, 1124, 1126 und NZA 2004, 654, 656

InsO: Urlaubsansprüche seien nicht für die Zeit vor Eröffnung des Insolvenzverfahrens verdient, sondern es handele sich um Ansprüche auf Freistellung von der Arbeitsleistung, die nicht von einer Arbeitsleistung im Kalenderjahr abhängig, nicht monatlich verdient würden und die, soweit sie noch nicht zeitlich nach § 7 Abs. 1 BUrlG festgelegt sind, keinem bestimmten Zeitraum im Jahr zugeordnet werden könnten.

c) *Wirkung des Massegläubigerprivilegs*

Die Qualifizierung einer Forderung als Masseforderung bewirkt nach § 53 InsO, dass sie vorweg, d.h. zwar nach den Absonderungsrechten[260] bzw. besser: nicht aus dem von Absonderungsrechten umfassten Vermögen und auch nicht aus den unter III.1. beschriebenen Sondermassen, jedoch vor den Insolvenzgläubigern zu befriedigen ist.

Grundsätzlich sind alle Masseforderungen gleichrangig, was sich auch darin zeigt, dass sie außerhalb des Insolvenzverfahrens mit der Leistungsklage gegen den Insolvenzverwalter geltend gemacht und erforderlichenfalls vollstreckt werden können[261]. Reicht jedoch die Masse für die vollständige Befriedigung aller Massegläubiger nicht aus, ist für die Befriedigung die Rangordnung in § 209 InsO vorgegeben. Von den Masseforderungen sind zunächst die Kosten des Insolvenzverfahrens, dann die sonstigen Masseforderungen und schließlich die Sozialplanforderungen zu befriedigen. Die insoweitige Nachrangigkeit der Sozialplanforderungen folgt aus der Beschränkung nach § 123 Abs. 2 S. 2 InsO.

2. Insolvenzgläubiger

Nach § 38 InsO sind Insolvenzgläubiger alle persönlichen Gläubiger, die zur Zeit der Eröffnung des Insolvenzverfahrens gegen den Schuldner einen begründeten Vermögensanspruch haben. Zu ihrer Befriedigung dient die Insolvenzmasse. Für die Insolvenzgläubiger wirkt sich die Abschaffung der Vorrechte des § 61 KO unmittelbar dahingehend aus, dass sie nun nicht mehr in einer Rangordnung zueinander stehen, sondern quotal gleichmäßige Befriedigung erhalten.

3. Nachrangige Insolvenzgläubiger

§ 39 InsO ordnet die dort genannten Forderungen in Nachrangklassen ein. Dies ist zunächst gegenüber § 63 KO eine Veränderung der Rechtsstellung für die betreffenden Gläubiger, da sie nach § 63 KO am Konkursverfahren überhaupt nicht teilnahmen, nun aber in das Insolvenzverfahren als Insolvenzgläubiger, wenn auch

---

260 Hefermehl in Münchener Kommentar, § 53 Rn. 12
261 arg. e § 210 InsO

nachrangig, eingebunden sind[262]. Ihre Rechtsstellung ist jedoch gegenüber den anderen Insolvenzgläubigern rechtlich geschwächt[263] und ihre Befriedigungsaussicht ist eher theoretischer Natur[264].

III. Vorrangrechte, Sondervermögen

1. Gegenständlich begrenzte Vorrangrechte auf Sondermassen

Die postulierte Abschaffung der Konkursvorrechte im Rahmen der Insolvenzrechtsreform umfasste zwar die allgemeinen Vorrechte in § 61 KO und dasjenige in § 80 VAG a.F., nicht aber die speziellen Vorrechte. Bis heute bestehen geblieben sind die speziellen Vorrechte in §§ 32, 33 DepotG[265], § 1 IndKredBkG[266] und §§ 77a und b VAG[267]. Zur begrifflichen Abgrenzung gegenüber den speziellen Vorrechten unter Geltung der KO spricht der Gesetzgeber in §§ 32 DepotG und 77a VAG nunmehr vom Vorrang der Gläubiger, so dass diese Rechte als Vorrangrechte bezeichnet werden[268], ohne dass damit jedoch eine Änderung der Rechtsstellung der Gläubiger verbunden wäre.

Nach § 32 DepotG haben im Insolvenzverfahren über das Vermögen eines Verwahrers, Pfandgläubigers, Kommissionärs oder Eigenhändlers die Kommittenten, Hinterleger oder Verpfänder wegen ihrer jeweils bezeichneten Ansprüche das Recht, vor allen anderen Insolvenzgläubigern aus der in § 32 Abs. 3 DepotG definierten Sondermasse befriedigt zu werden. § 32 DepotG regelt:

„§ 32
Vorrangige Gläubiger

(1) Im Insolvenzverfahren über das Vermögen eines der in den §§ 1, 17 und 18 bezeichneten Verwahrer, Pfandgläubiger oder Kommissionäre haben Vorrang nach den Absätzen 3 und 4:

262 Ehricke in Münchener Kommentar, § 39 Rn. 2. Bspw. kann der Gläubiger einer kapitalersetzenden Darlehensforderung diese nunmehr als (letzte) nachrangige Forderung geltend machen, §§ 32 a Abs. 1 GmbHG, 39 Abs. 1 Nr. 5 InsO
263 siehe im Einzelnen Ehricke a.a.O., Rn. 7; bspw. haben sie in der Gläubigerversammlung kein Stimmrecht, § 77 Abs. 1 S. 2 InsO
264 Smid, InsO § 39 Rn. 1 u. 2; Ehricke, a.a.O., Rn. 6
265 Bekanntmachung der Neufassung des Gesetzes über die Verwahrung und Anschaffung von Wertpapieren – DepotG vom 11.01.1995, BGBl. I, 34; Art. 56 EG InsO
266 Gesetz betreffend die Industriekreditbank Aktiengesellschaft vom 15.07.1951, BGBl. I, 447 in der Fassung des Art. 84 EG InsO
267 Gesetz über die Beaufsichtigung von Versicherungsunternehmen – Versicherungsaufsichtsgesetz, Bekanntmachung der Neufassung vom 17.12.1992, BGBl. I 1993, 2, in der Fassung des Gesetzes vom 22.9.2005, BGBl. I, 2802
268 Uhlenbruck in Uhlenbruck, InsO, § 51, Rn. 44; Begründung zu Art. 49 RegE EGInsO, Balz/Landfermann, S. 600

1. Kommittenten, die bei Eröffnung des Insolvenzverfahrens das Eigentum oder Miteigentum an Wertpapieren noch nicht erlangt, aber Ihre Verpflichtungen aus dem Geschäft über diese Wertpapiere dem Kommissionär gegenüber vollständig erfüllt haben; dies gilt auch dann, wenn im Zeitpunkt der Eröffnung des Insolvenzverfahrens der Kommissionär die Wertpapiere noch nicht angeschafft hat;
2. Hinterleger, Verpfänder und Kommittenten, deren Eigentum oder Miteigentum an Wertpapieren durch eine rechtswidrige Verfügung des Verwahrers, Pfandgläubigers oder Kommissionärs oder ihrer Leute verletzt worden ist, wenn sie bei Eröffnung des Insolvenzverfahrens ihre Verpflichtungen aus dem Geschäft über diese Wertpapiere dem Schuldner gegenüber vollständig erfüllt haben;
3. die Gläubiger der Nummern 1 und 2, wenn der nichterfüllte Teil ihrer dort bezeichneten Verpflichtungen bei Eröffnung des Insolvenzverfahrens zehn vom Hundert des Wertes ihres Wertpapierlieferungsanspruchs nicht überschreitet und wenn sie binnen einer Woche nach Aufforderung des Insolvenzverwalters diese Verpflichtungen vollständig erfüllt haben.

(2) Entsprechendes gilt im Insolvenzverfahren über das Vermögen eines Eigenhändlers, bei dem jemand Wertpapiere gekauft oder erworben hat, und im Insolvenzverfahren über das Vermögen eines Kommissionärs, der den Auftrag zum Einkauf oder zum Umtausch von Wertpapieren im Wege des Selbsteintritts ausgeführt hat (§ 31).

(3) Die nach den Absätzen 1 und 2 vorrangigen Forderungen werden vor den Forderungen aller anderen Insolvenzgläubiger aus einer Sondermasse beglichen; diese wird gebildet aus den in der Masse vorhandenen Wertpapieren derselben Art und aus den Ansprüchen auf Lieferung solcher Wertpapiere. Die vorrangigen Forderungen werden durch Lieferung der vorhandenen Wertpapiere beglichen, soweit diese nach dem Verhältnis der Forderungsbeträge an alle vorrangigen Gläubiger verteilt werden können. Soweit eine solche Verteilung nicht möglich ist, wird der volle Erlös der nichtverteilten Wertpapiere unter die vorrangigen Gläubiger im Verhältnis ihrer Forderungsbeträge verteilt.

(4) Die Gläubiger der Absätze 1 und 2 haben den beanspruchten Vorrang bei der Anmeldung der Forderung nach § 174 der Insolvenzordnung anzugeben. Sie können aus dem sonstigen Vermögen des Schuldners nur unter entsprechender Anwendung der für die Absonderungsberechtigten geltenden Vorschriften der §§ 52, 190 und 192 der Insolvenzordnung Befriedigung erlangen. Im übrigen bewendet es für sie bei den Vorschriften der Insolvenzordnung über Insolvenzgläubiger.

(5) Das Insolvenzgericht hat, wenn es nach Lage des Falles erforderlich ist, den vorrangigen Gläubigem zur Wahrung der ihnen zustehenden Rechte einen Pfleger zu bestellen. Für die Pflegschaft tritt an die Stelle des Vormundschaftsgerichts das Insolvenzgericht. § 78 Abs. 2 bis 5 des Versicherungsaufsichtsgesetzes ist sinngemäß anzuwenden."

Nach § 33 DepotG findet im Insolvenzverfahren über das Vermögen eines Verwahrers, dessen Pfandgläubiger die ihm nach § 12 Abs. 2 DepotG verpfändeten Wertpapiere oder Sammelbestandteile ganz oder zum Teil zu seiner Befriedigung verwertet hat, unter den Hinterlegern, die die dem Pfandgläubiger verpfändeten Wertpapiere oder Sammelbestandteile dem Verwahrer anvertraut haben, ein Ausgleichsverfahren statt mit dem Ziel der gleichmäßigen Befriedigung. Die Befriedigung der am Ausgleichsverfahren teilnehmenden Hinterleger erfolgt aus einer Sondermasse, die gemäß der genauen Regelung in § 33 Abs. 2 S. 2 DepotG aus Bestandteilen des Vermögens des Gemeinschuldners gebildet wird. Die Sondermasse wird an die beteiligten Hinterleger nach dem Verhältnis des Wertes der von ihnen dem Verwahrer anvertrauten Wertpapieren oder Sammelbestandteilen verteilt; ein eventuell nach vollständiger Befriedigung der beteiligten Hinterleger verbleibender Überschuss der Sondermasse ist an die Insolvenzmasse abzuführen. Gemäß Verweis auf § 32 Abs. 4 DepotG erhalten die beteiligten Hinterleger wegen ihrer aus der Sondermasse nicht befriedigten Forderungsteile aus dem sonstigen Vermögen des Gemeinschuldners Befriedigung nur unter entsprechender Anwendung der für die Absonderungsberechtigten geltenden Vorschriften der §§ 52, 190 und 192 InsO.

Nach § 1 IndKredBkG gehen im Insolvenzverfahren über das Vermögen der Industriekreditbank Aktiengesellschaft dann, wenn sie Schuldverschreibungen auf den Inhaber ausgegeben und für eine bestimmte Gattung von Schuldverschreibungen eine gesonderte Deckungsmasse gebildet hat, in Ansehung der Befriedigung aus der gesonderten Deckungsmasse die Ansprüche der Inhaber der Schuldverschreibungen, für die die gesonderte Deckungsmasse gebildet ist, einschließlich ihrer seit Eröffnung des Insolvenzverfahrens laufenden Zinsforderungen den Forderungen aller anderer Insolvenzgläubiger vor.

Nach § 77a VAG haben bei der Befriedigung aus den Werten des Sicherungsvermögens (§ 66 Abs. 6 und 6a VAG) die Forderungen der Versicherten, Versicherungsnehmer, Begünstigten oder geschädigten Dritten, die einen Direktanspruch gegen das Versicherungsunternehmen haben (§ 77a Abs. 1 Nr. 1 VAG), und bestimmte Prämienrückzahlungsansprüche (§ 77a Abs. 1 Nr. 2 VAG) in Höhe des Anteils am Sicherungsvermögen nach § 66 Abs. 1a VAG Vorrang vor den Forderungen aller übriger Insolvenzgläubiger.

Nach § 77 b VAG erlöschen u.a. Lebensversicherungen, bestimmte Krankenversicherungen und private Pflegeversicherungen durch Eröffnung des Insolvenzverfahrens. Die Anspruchsberechtigten können den auf sie entfallenden Anteil am Mindestumfang des Sicherungsvermögens nach § 66 Abs. 1a VAG fordern.

Die im Zuge der Insolvenzrechtsreform 1994/1999 zunächst bestehen gebliebenen speziellen Vorrechte in § 35 des früheren HBG (Art. 85 EGInsO), § 6 des früheren PfandbriefG (Art. 54 EGInsO), § 35 des früheren SchiffsbkG (Art. 38 EGInsO), § 16 DG-BankG a. F. (Art. 81 EGInsO) und § 15 LwRentenBkG a. F. (Art. 82 EGInsO) sind zum heutigen Tage sämtlich abgeschafft und durch die nachfolgend kurz zu beschreibenden Regelungen ersetzt. In dem über das Vermögen der Pfandbriefbank, der DG-Bank bzw. der landwirtschaftlichen Rentenbank eröffneten Insolvenzverfahren fallen die in den zu führenden Deckungsregistern eingetragenen Werte nach § 30 Abs. 1 S. 1 des neuen PfandBG[269], § 11 Abs. 2 DG-Bank-Umwandlungsgesetz[270] bzw. § 14 Abs. 2 S. 1 LwRentenbkG n.F.[271] nicht in die Insolvenzmasse. Aus den in den Deckungsregistern eingetragenen Werten sind die Forderungen der Pfandbriefgläubiger bzw. der Gläubiger der gedeckten Schuldverschreibungen voll zu befriedigen und werden von der Eröffnung des Insolvenzverfahrens über das Vermögen der Bank nicht berührt[272]. Ist die Deckungsmasse zahlungsunfähig oder überschuldet, findet über sie auf Antrag der Bundesanstalt für Finanzdienstleistungsaufsicht ein gesondertes Insolvenzverfahren statt[273]. Nur wenn die Pfandbriefgläubiger bzw. die Gläubiger der gedeckten Schuldverschreibungen in diesen Sonderinsolvenzverfahren einen Ausfall erleiden, können sie ihre Forderungen im Insolvenzverfahren über das übrige Vermögen der Bank als Insolvenzgläubiger geltend machen[274].

2. Vorrechte nach Art 109 EGInsO

Nach Art. 109 EGInsO sind die Vorrechte für Inhaber von Schuldverschreibungen, die vor dem 1.1.1963 von anderen Kreditinstituten als Hypothekenbanken ausgegeben worden sind und die nach Vorschriften des Landesrechts i.V.m. § 17 Abs. 1 EGKO ein Vorrecht aus der Befriedigung aus Hypotheken, Reallasten oder Darlehen des Kreditinstituts gewähren, auch im Insolvenzverfahren zu beachten.

3. Sondervermögen nach KAGG[275]

Nach § 6 KAGG wird in der Kapitalanlagegesellschaft ein Sondervermögen gebildet aus bei der Kapitalanlagegesellschaft gegen Ausgabe von Anteilsscheinen eingelegtem Geld und den damit angeschafften Vermögensgegenständen. In Ansehung dieses Sondervermögens bilden die Anteilsinhaber eine Gemeinschaft, § 11 KAGG. Das Sondervermögen gehört nach § 13 Abs. 3 S. 2 KAGG nicht zur Insolvenzmasse der Kapitalanlagegesellschaft. Mit Eröffnung des Insolvenzverfahrens über ihr Vermö-

---

269 vom 22.05.2005, BGBl. I, 1373; durch das Gesetz zur Neuordnung des Pfandbriefrechts (PfandBG) sind das Hypothekenbankgesetz, das Schiffsbankgesetz und das Gesetz über die Pfandbriefe und verwandten Schuldverschreibungen öffentlich-rechtlicher Kreditanstalten aufgehoben worden

270 vom 13.08.1998, BGBl. I, 2102 in der Fassung des PfandBG

271 Bekanntmachung der Neufassung vom 04.09.2002, BGBl. I, 3646 in der Fassung des PfandBG

272 §§ 30 Abs. 1 S. 2 PfandBG, 11 Abs. 2 DG-Bank-Umwandlungsgesetz, 14 Abs. 2 S. 2 LwRentenBkG

273 §§ 30 Abs. 6 S. 2 PfandBG, 11 Abs. 2 DG-Bank Umwandlungsgesetz, 14 Abs. 3 S. 1 LwRentenBkG

274 §§ 30 Abs. 6 S. 3 PfandBG, 11 Abs. 2 DG-Bank Umwandlungsgesetz, 14 Abs. 3 S. 2 LwRentenBkG

275 Gesetz über Kapitalanlagegesellschaften, Bekanntmachung der Neufassung v. 9.9.1998, BGBl. I, 2726

gen verliert die Kapitalanlagegesellschaft nach § 13 Abs. 3 S. 1 KAGG das Recht zur Verwaltung des Sondervermögens und das Sondervermögen (wenn es im Eigentum der Kapitalanlagegesellschaft steht) bzw. das Verfügungsrecht über das Sondervermögen (wenn das Sondervermögen im Miteigentum der Anteilsinhaber steht) geht nach § 14 Abs. 1 KAGG auf die Depotbank über, die es nach § 14 Abs. 2 KAGG abzuwickeln hat.

Weil also das Sondervermögen nicht zur Insolvenzmasse gehört und die an ihm berechtigten Gläubiger nicht am Insolvenzverfahren über das Vermögen der Kapitalanlagegesellschaft teilnehmen, ist der Rechtscharakter der vorbeschriebenen Regelungen der Aussonderung vergleichbar.

IV. Gläubigerprivilegien in deutschen grenzüberschreitenden Insolvenzverfahren

1. Fragestellung

Ein in Deutschland eröffnetes Insolvenzverfahren ist grenzüberschreitend, wenn entweder der Insolvenzschuldner Vermögen im Ausland oder Verbindlichkeiten gegenüber Gläubigern mit Sitz im Ausland hat. Ferner liegt ein grenzüberschreitendes Insolvenzverfahren mit inländischem Bezug vor, wenn der Schuldner, über dessen Vermögen im Ausland das Insolvenzverfahren eröffnet ist, Vermögen im Inland oder Verbindlichkeiten gegenüber Gläubigern mit Sitz im Inland hat[276]. Die sich aus solchen Konstellationen ergebenden Rechtsfragen werden vom internationalen Insolvenzrecht umfasst[277].

Im Rahmen dieser Untersuchung soll auf die in Deutschland geltenden Regelungen des internationalen Insolvenzrechts für die Teilnahme der Gläubiger an und die Verteilung des Vermögens in in Deutschland eröffneten grenzüberschreitenden Insolvenzverfahren im Hinblick auf die Gläubigerprivilegien eingegangen werden. Die zu betrachtenden Regelungen sind im Wesentlichen die nach Art. 249 Abs. 2 EGV in Deutschland unmittelbar geltende, am 31.05.2002 in Kraft getretene Verordnung (EG) Nr. 1346/2000 des Rates vom 29.05.2000 über Insolvenzverfahren[278] für Insolvenzverfahren mit Bezug nur zu Mitgliedsstaaten der EU und die Regelungen des deutschen autonomen internationalen Insolvenzrechts in §§ 335–358 InsO für Insolvenzverfahren mit Bezug zu Drittstaaten außerhalb der EU.

---

276 vgl. Smid, Deutsches und europäisches internationales Insolvenzrecht, Einleitung, Rn. 1 u. 7
277 Reinhard in Münchner Kommentar, vor Art. 102 EG InsO, Rn. 1
278 Amtsblatt der Europäischen Gemeinschaften DE L 160/1 vom 30.06.2000, EUInsVO

2. Absonderungsrechte, insbesondere aufgrund dinglicher Rechte

a) *Grenzüberschreitendes Hauptinsolvenzverfahren mit Auswirkungen im Verhältnis zu Mitgliedsstaaten der EU*

Nach Art. 4 Abs. 1 EUInsVO gilt für das Insolvenzverfahren und seine Wirkungen grundsätzlich das Insolvenzrecht des Mitgliedsstaates, in dem das Insolvenzverfahren eröffnet wird, Staat der Verfahrenseröffnung, die sogenannte lex fori concursus[279]. Nach Art. 4 Abs. 2 EUInsVO regelt die lex fori concursus insbesondere, welche Vermögenswerte zur Masse gehören (Buchst. b), welche Forderungen als Insolvenzforderungen anzumelden sind und wie die Forderungen zu behandeln sind, die nach Eröffnung des Insolvenzverfahrens entstehen (Buchst. g), und die Verteilung des Erlöses aus der Verwertung des Vermögens, den Rang der Forderungen und die Rechte der Gläubiger, die nach Eröffnung des Insolvenzverfahrens aufgrund eines dinglichen Rechts oder infolge Aufrechnung teilweise befriedigt wurden (Buchst. i). Nach Art. 4 EUInsVO gelten also in deutschen grenzüberschreitenden Insolvenzverfahren grundsätzlich die unter D. I. genannten Absonderungsrechte. Nach §§ 1 S. 1, 35 InsO umfasst das deutsche Insolvenzverfahren das gesamte Vermögen, das dem Schuldner zur Zeit der Eröffnung des Insolvenzverfahrens gehört, und somit auch das Auslandsvermögen[280]. Entsprechend hat ein nach Art. 3 Abs. 1 EUInsVO eröffnetes Hauptinsolvenzverfahren universale Geltung, umfasst also das Gesamtvermögen des Schuldners[281], und zwar unabhängig von dem Staat, in dem es belegen ist[282].

Für dingliche Rechte von Gläubigern oder Dritten an körperlichen oder unkörperlichen, beweglichen oder unbeweglichen Gegenständen des Schuldners, die sich zum Zeitpunkt der Eröffnung des Insolvenzverfahrens im Gebiet eines anderen Mitgliedsstaates als dem Staat der Verfahrenseröffnung befinden, regelt Art. 5 Abs. 1 EUInsVO, dass diese dinglichen Rechte von der Eröffnung des Verfahrens nicht berührt werden. Beispiele für von der Regelung erfasste dingliche Rechte sind in Art. 5 Abs. 2 EUInsVO genannt – es handelt sich um dingliche Rechte, die an die Sache, die Gegenstand des dinglichen Rechts ist, direkt und unmittelbar gebunden sind und die gegenüber jedermann geltend gemacht werden können[283], etwa Grundpfandrechte, Sicherungseigentum, Pfandrechte an Forderungen oder Sicherungszession[284]. Eine verbindliche Definition der erfassten dinglichen Rechte ent-

---

279 Reinhard in Münchner Kommentar, Art. 4 EUInsVO, Rn. 1

280 Universalitätsprinzip, Lwowski in Münchner Kommentar, § 35, Rn. 36; Uhlenbruck in Uhlenbruck, InsO, § 35, Rn. 9; Canaris, ZIP 1983, 647 f.; BGHZ 88, 147 ff.

281 12. Erwägungsgrund

282 Virgos/Schmit, Ziff. 95; Das Europäische Übereinkommen über Insolvenzverfahren vom 23.11.1995 – EuIÜ – ist mit der EUInsVO nahezu deckungsgleich, Reinhard in Münchner Kommentar, vor Art. 1 EUInsVO, Rn 1, so dass der erläuternde Bericht von Virgos/Schmit zum EuIÜ auch zur Auslegung der EUInsVO heranzuziehen ist, Smid, Deutsches und europäisches internationales Insolvenzrecht, vor Art. 1 EUInsVO, Rn. 14; Bork, ZIP 2002, 690, 693

283 Virgos/Schmit, Ziff. 103

284 Smid, Deutsches und europäisches internationales Insolvenzrecht, Art. 5 EUInsVO, Rn. 29, 30 hält Art. 5 EUInsVO nicht. Umstritten ist in der Literatur, nach dem Recht welches Staates die Einstufung eines Rechts als dingliches Recht sowie die Begründung, Gültigkeit und Tragweite des dinglichen Rechts zu beurteilen sind. Es stehen sich der kollisionsrechtliche Ansatz und der einheitsrechtliche Sachnorm-Ansatz gegenüber[285]. Handelt es sich bei Art. 5 EUInsVO um eine Kollisionsnorm, so sind die vorstehenden Fragen grundsätzlich nach dem Insolvenzrecht des Belegenheitsstaates, also der lex rei sitae zu beantworten[286]. Handelt es sich bei Art. 5 EUInsVO um eine einheitsrechtliche Sachnorm, so richten sich die vorstehenden Fragen nach dem Recht, auf das die üblichen, dem IPR unterliegenden, vor Eröffnung des Insolvenzverfahrens für die dinglichen Rechte geltenden Kollisionsnormen des Staates der Verfahrenseröffnung verweisen[287]. Dies ist in der Regel, so auch in Deutschland die lex rei sitae[288].

Letzterer Auffassung ist der Vorzug zu geben, da Art. 5 EUInsVO seinem Wortlaut nach gerade nicht regelt, welches Insolvenzrecht auf die ausländischen dinglichen Rechte zur Anwendung kommen soll, sondern lediglich bestimmt, dass die ausländischen dinglichen Rechte von der Eröffnung des Insolvenzverfahrens nicht berührt werden[289]. Außerdem wurde bei Fassung des wortgleichen Artikel 5 Abs. 1 EuIÜ der Vorschlag, Sicherungsrechte an Auslandsvermögen grundsätzlich dem Insolvenzrecht des Belegenheitsstaates zu unterwerfen, abgelehnt[290]. Folglich richten sich Entstehung, Gültigkeit und Tragweite des dinglichen Rechts nach dem allgemeinen IPR des Staates der Verfahrenseröffnung.

Erfasst werden ferner nur dingliche Rechte, die zur Zeit der Eröffnung des Insolvenzverfahrens schon wirksam begründet waren[291] und die nicht – wiederum nach der lex fori concursus gem. Art. 5 Abs. 4 und Art. 4 Abs. 2 Buchst. m EUInsVO – wegen Benachteiligung der Gläubigergesamtheit nichtig, anfechtbar oder relativ unwirksam sind.

Art. 5 Abs. 1 EUInsVO ist eine erhebliche Privilegierung der Inhaber dinglicher Rechte an in einem anderen Mitgliedsstaat als dem Staat der Verfahrenseröffnung belegenen Gegenständen. Sie können nämlich – anders als dies etwa nach §§ 165 ff. InsO der Fall wäre – ihre Rechte außerhalb des (für sie ausländischen) Insolvenzverfahrens durchsetzen[292]. Der Streit, ob es sich bei Art. 5 EUInsVO um eine Kollisions-

285 Smid, Deutsches und europäisches internationales Insolvenzrecht, Art. 5 EUInsVO, Rn. 6 u. 7
286 z. B. Kemper, ZIP 2001, 1616; auch die Formulierung im 25. Erwägungsgrund „Gültigkeit und Tragweite eines solchen dinglichen Rechts sollen sich ... regelmäßig nach dem Recht des Belegenheitsortes bestimmen" könnte dies nahe legen
287 Duursma-Kepplinger in Duursma-Kepplinger/Duursma/Chalupsky, Art. 5, Rn. 44 u. 45 und Fn. 130; Reinhard in Münchner Kommentar, Art. 5 EUInsVO, Rn. 5; Virgos/Schmit, Ziff. 100
288 Pannen in Runkel, § 16, Rn. 172
289 Reinhard in Münchner Kommentar, Art. 5 EUInsVO, Rn. 1
290 Balz, ZIP 1996, 950
291 Duursma-Kepplinger in Duursma-Kepplinger/Duursma/Chalupsky, Art. 5, Rn. 6; Virgos/Schmit, Ziff. 96
292 Kemper, ZIP 2001, 1609, 1616; Virgos/Schmit, Ziff. 95

norm oder um eine einheitsrechtliche Sachnorm handelt, ist auch für die Frage von Bedeutung, nach welchen Regeln der Inhaber sein dingliches Recht durchsetzen kann. Folge des kollisionsrechtlichen Ansatzes ist, dass der Inhaber der im Ausland belegenen Sicherheit bei der Verwertung nunmehr den dortigen insolvenzrechtlichen Regelungen unterliegt[293]. Ist Art. 5 EUInsVO hingegen eine einheitsrechtliche Sachnorm, hat dies zur Folge, dass die Geltendmachung und Durchsetzung des dinglichen Rechts weder den insolvenzrechtlichen Beschränkungen des Staates der Verfahrenseröffnung noch denen des Belegenheitsstaates unterliegt, sondern die Ausübung durch die Eröffnung des Insolvenzverfahrens in keiner Weise eingeschränkt wird[294].

Aus den bereits erörterten Gründen ist der letztgenannten Auffassung zu folgen. Somit ist ein insolvenzverfahrensrechtlicher Zugriff auf Sicherungsrechte an Auslandsvermögen nur möglich, wenn über dieses ein Sekundärinsolvenzverfahren eröffnet wird. Dies setzt nach Art. 3 Abs. 2 EUInsVO jedoch das Bestehen einer Niederlassung des Schuldners im Sinne des Art. 2 Buchst. h EUInsVO voraus und richtet sich dann gem. Art. 4 EUInsVO wiederum nach der lex fori concursus des Staates der Eröffnung des Sekundärinsolvenzverfahrens. Kommt es nicht zur Eröffnung eines Sekundärinsolvenzverfahrens und erzielt der Sicherungsgläubiger bzw. Inhaber des dinglichen Rechts bei der Verwertung des Gegenstandes einen Überschuss über seine Forderung, so folgt aus dem Umstand, dass der von dem dinglichen Recht umfasste Gegenstand zur Insolvenzmasse des Schuldners gehört, dass der Sicherungsgläubiger den Überschuss an den Insolvenzverwalter des Hauptinsolvenzverfahrens herauszugeben hat[295]. Aus diesem Grunde ist dem Insolvenzverwalter des Hauptinsolvenzverfahrens auch das Recht einzuräumen, die durch das dingliche Recht gesicherte Forderung zu befriedigen und so den Gegenstand zur Masse zu ziehen[296].

b) *Grenzüberschreitendes Hauptinsolvenzverfahren mit Auswirkungen im Verhältnis zu Drittstaaten*

In in Deutschland eröffneten Insolvenzverfahren im Verhältnis zu Nicht-EU-Staaten (Drittstaaten) entfaltet die EUInsVO keine Wirkungen[297]. Vielmehr gilt hier das deutsche autonome internationale Insolvenzrecht. Nach § 335 InsO unterliegen das Insolvenzverfahren und seine Wirkungen dem Recht des Staates der Verfahrenseröffnung, ein in Deutschland eröffnetes Insolvenzverfahren also deutschem Insolvenzrecht. Das deutsche autonome internationale Insolvenzrecht beruht auf dem Grundsatz der Universalität, so dass, wie es auch in § 35 InsO geregelt ist, das in Deutschland eröffnete Hauptinsolvenzverfahren auch das in einem Drittstaat be-

---

293 so beispielsweise Kemper, ZIP 2001, 1616
294 so Reinhard in Münchner Kommentar, Art. 5 EUInsVO, Rn. 1; Duursma-Kepplinger in Duursma-Kepplinger/Duursma/Chalupsky, Art. 5, Rn. 44 u. 45
295 Duursma-Kepplinger in Duursma-Kepplinger/Duursma/Chalupsky, Art. 5, Rn. 47; 25. Erwägungsgrund
296 Duursma-Kepplinger a.a.O., Rn. 48; Virgos/Schmit, Ziff. 99
297 Smid, Deutsches und europäisches internationales Insolvenzrecht, Art. 1 EUInsVO, Rn. 6 u. 8

legene Vermögen des Schuldners umfasst[298]. Eine Art. 5 EUInsVO vergleichbare Regelung, die dingliche Rechte von Gläubigern oder Dritten an Gegenständen des Schuldnervermögens, die sich zur Zeit der Eröffnung des Insolvenzverfahrens in einem Drittstaat befinden, gegen die Wirkungen des Insolvenzverfahrens immunisiert[299], fehlt im deutschen autonomen internationalen Insolvenzrecht, so dass es grundsätzlich bei der Regelung des § 335 InsO verbleibt. Jedoch ist darauf hinzuweisen, dass keineswegs gewährleistet ist, dass der Drittstaat das in Deutschland eröffnete Insolvenzverfahren anerkennt und somit die Auswirkungen des inländischen Insolvenzverfahrens auch durchsetzbar sind[300]. Auch die UNCITRAL-Modellbestimmungen über grenzüberschreibende Insolvenzverfahren[301] sehen die „automatische" Anerkennung ausländischer Insolvenzverfahren im Unterschied zu Art. 16 EUInsVO nicht vor[302], sondern empfehlen den Staaten für ihre nationalen gesetzlichen Regelungen lediglich, ein auf Antrag des Insolvenzverwalters einzuleitendes Verfahren zur Anerkennung des ausländischen Insolvenzverfahrens vorzusehen[303]. Selbst eine nach Durchlaufen eines Anerkennungsverfahrens oder eine gesetzlich geregelte Anerkennung hätte nicht zwingend die Wirkung, dass nunmehr für die dinglichen Rechte an im Drittstaat belegenem Schuldnervermögen deutsches Insolvenzrecht zur Anwendung kommt, wie die den umgekehrten Fall regelnden Vorschriften des deutschen autonomen internationalen Insolvenzrechts in §§ 343 und 351 InsO zeigen. In Deutschland wird ein im Ausland eröffnetes Insolvenzverfahren nach § 343 InsO grundsätzlich anerkannt, sofern es nicht durch ein unzuständiges Gericht eröffnet wurde und nicht gegen den ordre public verstößt. Dennoch werden nach § 351 InsO die Rechte von Dritten an Gegenständen der Insolvenzmasse, die zur Zeit der Eröffnung des ausländischen Insolvenzverfahrens im Inland belegen waren und die nach inländischem Recht Ansprüche auf Aus- oder Absonderung gewähren, von der Eröffnung des ausländischen Insolvenzverfahrens nicht berührt.

c) *Partikular- und Sekundärinsolvenzverfahren*

Hat ein Schuldner in einem anderen Mitgliedsstaat der EU oder in einem Drittstaat den Mittelpunkt seiner hauptsächlichen Interessen oder seinen Hauptsitz und befindet sich Vermögen dieses Schuldners in Deutschland, so ist sowohl nach Art. 3 Abs. 2 und 4 EUInsVO als auch nach §§ 354 und 356 InsO die Eröffnung eines Partikular- bzw. eines Sekundärinsolvenzverfahrens in Deutschland über das inländische Vermögen des ausländischen Schuldners möglich[304]. Auf diese Verfahren ist

---

298 Gottwald in Gottwald, § 128, Rn. 1

299 von Immunisierung spricht Duursma-Kepplinger in Duursma-Kepplinger/Duursma/Chalupsky, Art. 5, Rn. 5

300 Pannen in Runkel, § 16, Rn. 516

301 United Nations Commission on International Trade Law vom 15.12.1997, ZIP 1997, 2224

302 Pannen in Runkel, § 16, Rn. 542, 543

303 Wimmer, ZIP 1997, 2220, 2222

304 von Partikularverfahren wird gesprochen, wenn ein ausländisches Hauptinsolvenzverfahren noch nicht eröffnet ist, Art. 3 Abs. 4 EUInsVO, § 354 InsO; von Sekundärinsolvenzverfahren nach Art. 4 EUInsVO bzw. § 335 InsO deutsches Recht anzuwenden. Betreffend die Absonderungsrechte gelten keine Besonderheiten[305].

d) *Teilnahme der dinglich gesicherten Gläubiger an grenzüberschreitenden Insolvenzverfahren*

Ist der dinglich gesicherte Gläubiger zugleich persönlicher Gläubiger des Schuldners, so richtet sich die Teilnahme des Gläubigers am Insolvenzverfahren mit seiner persönlichen Forderung und deren Befriedigung im in Deutschland eröffneten grenzüberschreibenden Insolvenzverfahren im Verhältnis zu Mitgliedsstaaten der EU gem. Art. 4, Abs. 2 Ziff. 2 i EUInsVO und im Verhältnis zu Drittstaaten gem. § 335 InsO nach der lex fori concursus, mithin nach den Regelungen der InsO, u.a. § 52 InsO[306]. Durch § 52 InsO wird dabei, worauf gem. dem Grundsatz der par condicio creditorum zu achten ist[307], sichergestellt, dass der gesicherte Gläubiger aus der Verwertung der Sicherheit und der Teilnahme am Insolvenzverfahren zusammen genommen nicht mehr als den Nominalbetrag seiner Forderung, zu deren Sicherung die Sicherheit bestellt wurde, erhält.

3. Aufrechnung

a) *Grenzüberschreitendes Insolvenzverfahren mit Auswirkungen im Verhältnis zu Mitgliedsstaaten der EU*

Die Zulässigkeit der Aufrechnung nach Beginn eines EU grenzüberschreitenden Insolvenzverfahrens ist in Art. 4 Abs. 2 Ziff. 2 d und in Art. 6 EUInsVO geregelt. Nach Art. 4 Abs. 1 EUInsVO gilt für das Insolvenzverfahren und seine Wirkungen das Insolvenzrecht des Staates der Verfahrenseröffnung, die lex fori concursus[308]. Nach Art. 4 Abs. 2 Ziff. 2 d EUInsVO regelt die lex fori concursus insbesondere die Voraussetzungen für die Wirksamkeit einer Aufrechnung. Art. 6 Abs. 1 EUInsVO bestimmt, dass die Befugnis eines Gläubigers, mit seiner Forderung aufzurechnen, von der Eröffnung des Insolvenzverfahrens nicht berührt wird, wenn die Aufrechnung nach dem auf die Forderung des insolventen Schuldners maßgeblichen Recht zulässig ist. In der Literatur ist umstritten, welche Rechtsfragen im Zusammenhang mit der Aufrechnung von Art. 4 EUInsVO geregelt werden. Einerseits wird vertreten, nach Art. 4 Abs. 2 Ziff. 2 d EUInsVO regele die lex fori concursus sowohl die insolvenzrechtliche Zulässigkeit als auch die materiell-rechtlichen Wirksamkeitsvoraussetzungen der Aufrechnung[309]. Dagegen vertritt die differenzierende Auffas-

---

wird gesprochen, wenn ein ausländisches Hauptinsolvenzverfahren bereits eröffnet ist, Art. 3 Abs. 3 EUInsVO, § 356 InsO

305 Reinhard in Münchner Kommentar, Art. 102 EG InsO, Rn, 242

306 Smid, Deutsches und europäisches internationales Insolvenzrecht, Art. 4 EUInsVO, Rn. 19 und § 335 InsO, Rn. 10

307 Smid a.a.O.

308 s.o. 2. a

309 Duursma-Kepplinger in Duursma-Kepplinger/Duursma/Chalupsky, Art. 4, Rn. 16 und Art. 6, Rn. 3; Jeremias, S. 255

sung, nach Art. 4 Abs. 2 Ziff. 2 d EUInsVO entscheide die lex fori concursus lediglich über die insolvenzrechtliche Zulässigkeit der Aufrechnung[310], während sich die materiell-zivilrechtliche Frage, ob dem Gläubiger überhaupt ein Recht zur Aufrechnung gegenüber der Forderung des Schuldners zusteht, nach den allgemeinen Kollisionsregelungen des IPR richte, in Deutschland also nach dem Recht der Hauptforderung[311]. Dieser Streit muss für die Zwecke dieser Untersuchung nicht entschieden werden, da nach Art. 6 Abs. 1 EUInsVO die Zulässigkeit der Aufrechnung von der Eröffnung des Insolvenzverfahrens nicht berührt wird, wenn sie nach dem für die Hauptforderung maßgeblichen Recht zulässig ist, mithin die Aufrechnung in diesem Falle selbst dann zulässig bleibt, wenn nach Art. 4 Abs. 2 Ziff. 2 d EUInsVO gem. der erstgenannten Auffassung die materiell-rechtliche Aufrechnungsbefugnis nach der lex fori concursus zu beurteilen wäre und es nach diesem Recht bereits an einer materiell-rechtlichen Aufrechnungsbefugnis fehlte[312]. Fallen also Aufrechnungs- und Konkursstatut auseinander, richtet sich die Insolvenzaufrechnung nach Art. 6 EUInsVO (Aufrechnungsstatut)[313], wobei Einigkeit besteht, dass nicht nur die materiell-rechtlichen Aufrechnungsvoraussetzungen, sondern auch die insolvenzrechtlichen Aufrechnungsschranken des Aufrechnungsstatuts zu berücksichtigen sind[314]. Mit dieser mit dem für dingliche Rechte geltenden Art. 5 EUInsVO vergleichbaren[315] Regelung setzt sich also immer das aufrechnungsfreundlichere Recht durch[316]. Wenn auch Art. 6 EUInsVO nur für die Aufrechnung mit und gegen Forderungen gilt, die vor der Eröffnung des Insolvenzverfahrens entstanden sind[317], so liegt in dieser Meistbegünstigungsregelung[318] eine erhebliche Privilegierung der Gläubiger mit aufrechenbaren Gegenforderungen gegenüber den einfachen Insolvenzgläubigern.

b) *Grenzüberschreitendes Insolvenzverfahren mit Auswirkungen im Verhältnis zu Drittstaaten*

In grenzüberschreitenden Insolvenzverfahren im Verhältnis zu Nicht-EU-Staaten (Drittstaaten) entfaltet die EUInsVO keine Wirkung[319], so dass Art. 6 EUInsVO unabwendbar ist, wenn entweder das Insolvenzverfahren in einem Drittstaat eröffnet

---

310 Reinhard in Münchner Kommentar, Art. 4 EUInsVO, Rn. 6; Bork, ZIP 2002, 690, 693; von Wilmowsky, KTS 1998, 343, 358, 360

311 siehe vorherige Fußnote; diese Unterscheidung war in Deutschland durch eine Entscheidung des BGH im Jahr 1985 begründet worden, BGH ZIP 1985, 944, 950; als Hauptforderung wird dabei entgegen dem Begriffsgebrauch in Ziff. 108 des erläuternden Berichts von Virgos/Schmit die Forderung des Schuldners bezeichnet, gegen die der Gläubiger aufrechnet

312 Bork, ZIP 2002, 690, 694

313 Duursma-Kepplinger in Duursma-Kepplinger/Duursma/Chalupsky, Art. 6, Rn. 13

314 Bork, ZIP 2002, 690, 694

315 Virgos/Schmit, Ziff. 107

316 Bork, ZIP 2002, 690, 694; von Wilmowsky, KTS 1998, 343, 361

317 Virgos/Schmit, Ziff. 110; Gruber in Haß/Huber/Gruber/Heiderhoff, Art. 6 EUInsVO, Rn. 11; Reinhard in Münchner Kommentar, Art. 6 EUInsVO, Rn. 3; Smid, Deutsches und europäisches internationales Insolvenzrecht, Art. 6 EUInsVO, Rn. 7

318 Smid, a.a.O., Rn. 5; Jeremias, S. 263; von Wilmowsky, KTS 1998, 343, 361

319 Smid, Deutsches und europäisches internationales Insolvenzrecht, Art. 1 EUInsVO, Rn. 6 u. 8

wurde[320] oder die Hauptforderung dem Recht eines Drittstaates unterliegt[321]. Dies bedeutet aber nicht, dass nunmehr für die Aufrechungsmöglichkeit entsprechend Art. 4 Abs. 2 Ziff. 2 d EUInsVO stets auf die lex fori concursus zurückzugreifen ist[322]. Vielmehr gilt dann das deutsche autonome internationale Insolvenzrecht. Zwar enthält auch dieses in § 335 InsO die Regelung, dass das Insolvenzverfahren und seine Wirkungen dem Recht des Staates der Verfahrenseröffnung unterliegen. Jedoch ist in § 338 InsO eine mit Art. 6 Abs. 1 EUInsVO identische Regelung gegeben. Die Aufrechnung bleibt also zulässig, wenn sie nach dem für die Forderung des Schuldners (Hauptforderung) maßgeblichen Recht zulässig ist. Welches Recht dies ist, richtet sich nach den allgemeinen Kollisionsregelungen des IPR[323]. Somit gilt nach deutschem autonomen internationalen Insolvenzrecht auch in in Deutschland eröffneten grenzüberschreitenden Insolvenzverfahren im Verhältnis zu Drittstaaten dieselbe Privilegierung der Aufrechnungsgläubiger wie im Verfahren nach der EUInsVO.

4. Massegläubiger

a) *Grenzüberschreitendes Insolvenzverfahren mit Auswirkungen im Verhältnis zu Mitgliedsstaaten der EU*

Nach Art. 4 Abs. 2 Ziff. 2 g EUInsVO bestimmt ausschließlich das Recht des Staates der Verfahrenseröffnung, wie Forderungen zu behandeln sind, die nach Eröffnung des Insolvenzverfahrens entstehen. Gemeint sind hiermit die sogenannten Masseverbindlichkeiten[324]. Somit richten sich Qualifikation und Befriedigung von Masseverbindlichkeiten für in Deutschland eröffnete grenzüberschreitende Insolvenzverfahren nach §§ 53–55 InsO. Es ergeben sich also keine Unterschiede zu rein nationalen Insolvenzverfahren, so dass auf die Ausführungen unter D. II. 1. verwiesen werden kann.

b) *Grenzüberschreitendes Insolvenzverfahren mit Auswirkungen im Verhältnis zu Drittstaaten*

Das deutsche autonome internationale Insolvenzrecht enthält in § 335 InsO eine dem Art. 4 Abs. 1 EUInsVO vergleichbare Regelung. Nach § 335 InsO unterliegen das Insolvenzverfahren und seine Wirkungen, soweit nichts Anderes bestimmt ist, dem Recht des Staates der Verfahrenseröffnung. Diese Regelung umfasst auch die

---

320 dies ist, soweit ersichtlich, unstreitig

321 h. M., Gruber in Haß/Huber/Gruber/Heiderhoff, Art. 6, Rn. 12; Duursma-Kepplinger in Duursma-Kepplinger/Duursma/Chalupsky, Art. 6, Rn. 22; Smid, Deutsches und europäisches internationales Insolvenzrecht, Art. 6 EUInsVO, Rn. 4; Bork, ZIP 2002, 690, 695; a. A. Reinhard in Münchner Kommentar, Art. 6 EUInsVO, Rn. 2

322 Virgos/Schmit, Ziff. 93; Gruber in Haß/Huber/Gruber/Heiderhoff, Art. 6, Rn. 13

323 Smid, Deutsches und europäisches internationales Insolvenzrecht, § 338, InsO, Rn. 4

324 Virgos/Schmit, Ziff. 91g; Smid, Deutsches und europäisches internationales Insolvenzrecht, Art. 4 EUInsVO, Rn. 17; Haß/Herweg in Haß/Huber/Gruber/Heiderhoff, Art. 4, Rn. 39

sogenannten Masseverbindlichkeiten[325]. Somit richten sich für in Deutschland eröffnete, die EU-Grenzen überschreitende Insolvenzverfahren die Qualifizierung und Befriedigung von Masseverbindlichkeiten ebenfalls nach §§ 53–55 InsO.

5. Vorrechte

a) *Grenzüberschreitendes Insolvenzverfahren mit Auswirkungen im Verhältnis zu Mitgliedsstaaten der EU*

Nach Art. 4 Abs. 2 Ziff. 2 i EUInsVO bestimmt ausschließlich die lex fori concursus den Rang der Forderungen. Gemeint sind hiermit u.a. Vorrechte im engeren Sinne[326], so dass die Vorrechtsordnung des Staates der Verfahrenseröffnung zur Anwendung kommt[327]. Für in Deutschland eröffnete grenzüberschreitende Insolvenzverfahren ergeben sich also keine Unterschiede zu rein nationalen Insolvenzverfahren, so dass auf die Ausführungen zu D. IV. verwiesen werden kann.

b) *Grenzüberschreitendes Insolvenzverfahren mit Auswirkungen im Verhältnis zu Drittstaaten*

Die im deutschen autonomen internationalen Insolvenzrecht geltende Vorschrift des § 335 InsO bestimmt auch für die Vorrechte im engeren Sinne die Anwendbarkeit der lex fori concursus[328], so dass sich auch für in Deutschland eröffnete, die EU-Grenzen überschreitende Insolvenzverfahren bezüglich der Vorrechte keine Unterschiede zu rein nationalen Insolvenzverfahren ergeben.

6. Insolvenzgläubiger

a) *Grenzüberschreitendes Insolvenzverfahren mit Auswirkungen im Verhältnis zu Mitgliedsstaaten der EU*

Nach Art. 4 Abs. 2 Ziff. 2g EUInsVO bestimmt sich die Qualifikation einer Forderung als Insolvenzforderung nach der lex fori concursus[329], so dass sich insoweit für in Deutschland eröffnete grenzüberschreitende Insolvenzverfahren keine Unterschiede zu rein nationalen Insolvenzverfahren ergeben. Bemerkenswert ist in diesem Zusammenhang lediglich, dass gem. dem 21. Erwägungsgrund und Art. 39 EUInsVO das jedem in einem Mitgliedsstaat der EU ansässigen Gläubiger wegen des Verbots der Diskriminierung ausländischer Gläubiger selbstverständlich[330] zu-

---

325 Smid, Deutsches und europäisches internationales Insolvenzrecht, § 335 InsO; Pannen in Runkel, § 16, Rn. 368
326 Virgos/Schmit, Ziff. 91 i
327 Smid, Deutsches und europäisches internationales Insolvenzrecht, Art. 4 EUInsVO, Rn. 19
328 Pannen in Runkel, § 16, Rn. 368
329 Virgos/Schmit, Ziff. 91g; Smid, Deutsches und europäisches internationales Insolvenzrecht, § 4 EUInsVO, Rn. 17; Haß/Herweg in Haß/Huber/Gruber/Heiderhoff, § 4, Rn. 39
330 Balz, ZIP 1996, 948, 955

stehende Recht zur Forderungsanmeldung[331] ausdrücklich auch auf ausländische Sozialversicherungsträger und ausländische Steuerbehörden erstreckt wird. Eine Zurückweisung ausländischer Steuerforderungen etwa mit der Begründung, die ausländischen Steuerbehörden seien nach nationalem Recht nicht zugelassen, wäre somit als Verstoß gegen Art. 39 EUInsVO unzulässig[332]. Nach Virgos/Schmit handelt es sich insoweit lediglich um eine Klarstellung[333]. Vor Inkrafttreten der EUInsVO zur Geltungszeit des damals das deutsche internationale Insolvenzrecht regelnden Art. 102 EG InsO a.F. wurde jedoch durchaus vertreten, dass ausländische Steuer- und Sozialversicherungsforderungen in inländischen Insolvenzverfahren nicht geltend gemacht werden können, da Voraussetzung der Berücksichtigung einer Forderung im Insolvenzverfahren sei, dass sie klagbar und mittels Zwangsvollstreckung verfolgbar sein und es bei den genannten öffentlich-rechtlichen Forderungen daran fehle[334]. Mit dem Recht der ausländischen Sozialversicherungsträger und Steuerbehörden zur Anmeldung ihrer Forderungen im inländischen Insolvenzverfahren nach Art. 39 EUInsVO ist jedoch keineswegs der Erhalt etwa nach ihrem Heimatrecht gewährter Privilegierungen dieser Forderungen verbunden[335]. Vielmehr richtet sich der Rang der Forderungen nach Art. 4 Abs. 2 Ziff. 2 g und i EUInsVO nach der lex fori concursus. In in Deutschland eröffneten Insolvenzverfahren haben also die EU-ausländischen Steuer- und Sozialversicherungsforderungen den Rang einfacher Insolvenzforderungen nach § 38 InsO.

b) Grenzüberschreitendes Insolvenzverfahren mit Auswirkungen im Verhältnis zu Drittstaaten

Nach § 341 Abs. 1 InsO kann jeder Gläubiger seine Forderungen im in Deutschland eröffneten Haupt- und in jedem Sekundärinsolvenzverfahren anmelden. Zwar verzichtet diese Vorschrift auf eine ausdrückliche Nennung der ausländischen Steuerbehörden oder Sozialversicherungsträger und lehnt sich somit wortgleich an Art. 32 Abs. 1 EUInsVO an[336]. Aufgrund des eindeutigen Wortlauts dürfte zweifelsfrei sein, dass durch diese Regelung auch Steuerbehörden und Sozialversicherungsträger von Drittstaaten im inländischen Insolvenzverfahren das Recht zur Anmeldung ihrer Forderungen zusteht[337]. Eventuelle nach dem jeweiligen Heimatrecht des Drittstaates für diese Forderungen gewährte Privilegierungen im Insolvenzverfahren setzen sich im in Deutschland eröffneten Insolvenzverfahren nicht durch, da insoweit nach § 335 InsO die lex fori concursus gilt. Mit § 341 InsO hat der deutsche Gesetzgeber von der in Art. 14 Abs. 2 der UNCITRAL-Modellbestimmungen vorgesehenen Mög-

331 siehe auch § 32 EUInsVO
332 Kemper, ZIP 2001, 1609, 1619
333 Virgos/Schmit, Ziff. 265
334 Reinhard in Münchner Kommentar, Art. 102 EG InsO a.F., Rn. 69 statt vieler
335 Duursma in Duursma-Kepplinger/Duursma/Chalupsky, Art. 39, Rn. 1
336 Smid, Deutsches und europäisches internationales Insolvenzrecht, § 341 InsO, Rn. 3
337 wohl so zu verstehen Smid, Deutsches und europäisches internationales Insolvenzrecht, § 341 InsO, Rn. 3; für den wortgleichen § 32 Abs. 1 EUInsVO wird ebenfalls vertreten, dass er Sozialversicherungsträger und Steuerbehörden einschließt, Smid, Deutsches und europäisches internationales Insolvenzrecht, Art. 32 EUInsVO, Rn. 1

lichkeit, ausländische Steuer- und Sozialversicherungsforderungen vom Insolvenzverfahren auszuschließen oder mit niedrigerem Rang zu versehen[338], also keinen Gebrauch gemacht.

7. Nachrangige Insolvenzgläubiger

Wie bereits erläutert, richten sich die Qualifikation einer Forderung als Insolvenzforderung und ihr Rang in in Deutschland eröffneten Insolvenzverfahren für Forderungen von EU-ausländischen Gläubigern gem. Art. 4 Abs. 2 Ziff. 2 g und i EUInsVO und für Forderungen von Gläubigern aus Drittstaaten gem. § 335 InsO nach der lex fori concursus, mithin nach den Regelungen der InsO. Somit ist für die ausländischen Forderungen auch die Regelung über die Nachrangklassen in § 39 InsO maßgeblich. Nicht zugleich beantwortet ist damit jedoch die Frage, ob eine ausländische Forderung ihrerseits die Qualität für ihre Einordnung in die Nachrangordnung des § 39 InsO erfüllt. Diese Frage, etwa ob ein Gesellschafterdarlehen kapitalersetzenden Charakter hat und somit in den Nachrang des § 39 Abs. 1 Nr. 5 InsO einzuordnen ist, richtet sich nicht nach dem Insolvenzstatut, sondern nach dem auf das konkrete Gesellschaftsrechtsverhältnis anzuwendenden Recht[339].

---

338 Wimmer, ZIP 1997, 2220, 2222
339 Gesellschaftsstatut, Haß/Herweg in Haß/Huber/Gruber/Heiderhoff, Art. 4, Rn. 41

E. Der insolvenzrechtliche Grundsatz der Gläubigergleichbehandlung

I. Reformziele des Insolvenzgesetzgebers in Bezug auf die Gläubigerprivilegien

Angesichts des Funktionsverlusts des Insolvenzrechts[340] wurde als ein wesentliches Ziel der Insolvenzrechtsreform die Wiederherstellung der Funktionsfähigkeit des Insolvenzrechts[341], also die Beseitigung der Ursachen für den „Konkurs des Konkurses“[342] politisch[343] und rechtlich[344] formuliert:

- Erhöhung der Zahl eröffneter Insolvenzverfahren[345] und Überwindung der Massearmut[346] und
- Gewährleistung von mehr Verteilungsgerechtigkeit[347] durch Verbesserung der Gläubigergleichbehandlung[348].

Zur Erreichung dieser Ziele haben in die InsO Eingang gefunden Regelungen u.a. zur Entlastung der Insolvenzmasse von Masseverbindlichkeiten, zur Einbeziehung der gesicherten Gläubiger in das Insolvenzverfahren, zur Verschärfung des Insolvenzanfechtungsrechts und die Abschaffung der allgemeinen Konkursvorrechte[349].

Das erste Ziel, die Erhöhung der Zahl der eröffneten Insolvenzverfahren, hat sich ausweislich der Insolvenzstatistik realisieren lassen: Im Jahr 2004 wurden auf 39.213 Insolvenzanträge betreffend Unternehmen 23.897 Verfahren = 61 % eröffnet[350]. Unter Einbeziehung auch der Privatinsolvenzen, bei welchen sich natur-

---

340 s.o. C. V. 1.
341 Uhlenbruck, NJW 1975, 897, 902
342 Kilger, KTS 1975, 142, 143
343 Engelhard, ZIP 1986, 1287 ff.; verhaltener Graf Lambsdorff, ZIP 1987, 809 ff.
344 Smid, BB 1992, 501, 504; Balz, ZIP 1988, 273, 280, 281
345 Balz, ZIP 1988, 273, 281; Schmidt-Räntsch, S. 19, Rn. 38; Smid, Grundzüge des neuen Insolvenzrechts, § 1, Rn. 22; Kübler/Prütting, RWS-Dokumentation, S. 97; Allg. Begr. zum RegE-InsO, A.3.b., BT-Drucksache 12/2443, S. 80
346 Heilmann/Smid, § 14, Rn. 63
347 Heilmann/Smid a.a.O.; Schmidt-Räntsch a.a.O.; Kübler/Prütting, RWS-Dokumentation S. 98; Allg. Begr. zum RegE-InsO, A.3.c., BT-Drucksache 12/2443, S. 81
348 Smid, Grundzüge des neuen Insolvenzrechts, § 1, Rn. 22; Prütting spricht sogar von Wiederherstellung des Grundsatzes der gleichmäßigen Gläubigerbefriedigung als wesentlichem Ziel des neuen Insolvenzrechts; Prütting in Kübler/Prütting, § 5, Rn. 63
349 Kübler/Prütting, RWS-Dokumentation S. 102, 109 u. 110; Allg. Begr. zum RegE-InsO, A.4.b–d., BT-Drucksache 12/2443, S. 84–90
350 Veröffentlichung des Statistischen Bundesamtes vom 04.03.2005

gemäß die Regelungen über die Stundung der Verfahrenskosten in §§ 4 a ff. InsO stärker auswirken, ist die Eröffnungsquote mit ca. 80 %[351] noch höher.

Eine erhöhte Eröffnungsquote könnte ein erster Schritt zur Verbesserung oder Wiederherstellung der Gläubigergleichbehandlung sein[352]. Ob die Massearmut der Insolvenzverfahren hat beseitigt werden können und ob die durchschnittlichen Befriedigungsquoten der „einfachen", nicht privilegierten Insolvenzgläubiger nach § 38 InsO höher sind als diejenigen der „einfachen" Konkursgläubiger nach § 61 Abs. 1 Nr. 6 KO waren, kann empirisch (noch) nicht beurteilt werden, denn es liegen bislang Statistiken über die Ergebnisse für die Gläubiger in Verfahren nach der InsO noch nicht vor[353].

Eine empirische Beurteilung des unter D. dargestellten Privilegiensystems soll in dieser Arbeit auch gar nicht vorgenommen werden. Denn auch wenn das Befriedigungsniveau der „einfachen" Insolvenzgläubiger nach § 38 InsO über dem der „einfachen" Konkursgläubiger nach § 61 Abs. 1 Nr. 6 KO liegen sollte, so hat jede Privilegierung eines Gläubigers in der insolvenzspezifischen Unzulänglichkeit des Schuldnervermögens notwendigerweise eine Verringerung der Befriedigung anderer, nicht privilegierter Gläubiger zur Folge. Jedes Privileg ist somit eine Durchbrechung der Gläubigergleichbehandlung[354]. Eine Aussage zur rechtlichen Relevanz dieser vordergründigen Feststellung und damit die Antwort auf die Frage, ob und ggf. welcher rechtlicher Begründung ein Privileg eines Gläubigers im Insolvenzverfahren überhaupt bedarf, kann erst gegeben werden, wenn sich das Prinzip der Gläubigergleichbehandlung als rechtliches Gebot des Insolvenzverfahrens herausstellen sollte und sein Inhalt definiert ist. Ergäbe sich beispielsweise, dass das Insolvenzverfahren eine Gläubigergleichbehandlung schon im Grundsatz nicht gebietet, wäre der Umstand einer Durchbrechung oder Verletzung der Gleichbehandlung durch ein Gläubigerprivileg rechtlich irrelevant. Sollte sich die Gleichbehandlung der Gläubiger im Insolvenzverfahren als jedenfalls im Grundsatz rechtlich geboten darstellen, so hängt die rechtliche Beurteilung eines Gläubigerprivilegs weiterhin davon ab, ob es sich bei dem Gleichbehandlungsgrundsatz um ein absolutes, einschränkungslos gültiges Prinzip oder nur um ein Willkürverbot handelt, dem Gleichbehandlungsgrundsatz also gewisse Gläubigerprivilegien immanent sind, etwa weil Gleiches gleich und Ungleiches ungleich behandelt werden muss[355]. Letzterenfalls werden Privilegien an einer mit dem Gleichbehandlungsgrundsatz zu vereinbarenden Haftungsordnung zu messen sein.

---

351 95.035 eröffnete Insolvenzverfahren auf 118.274 Insolvenzanträge; Quelle: Veröffentlichung des Statistischen Bundesamtes vom 04.03.2005

352 Smid, BB 1992, 501, 507

353 Dies ist nach telefonischer Auskunft des Statistischen Bundesamtes vom 06.01.2006 leider noch immer nicht der Fall

354 BVerfG NJW 1984, 475; Kilger/Schmidt, § 61 KO, Anm. 3 b

355 vgl. in diese Richtung gehend Prütting in Kübler/Prütting, § 5 Rn. 65

II. Gebot der Gläubigergleichbehandlung im Insolvenzverfahren?

Das Insolvenzrecht greift tief in die Rechtspositionen der Gläubiger und auch des Schuldners ein, indem es den Gläubigern das Recht nimmt, ihre Rechte individuell durchzusetzen (§ 89 InsO) und dem Schuldner die Verfügungsbefugnis über sein Vermögen entzieht (§ 80 InsO). Diese Eingriffe werden mit der Funktion des Insolvenzverfahrens gerechtfertigt, die Gläubiger im Rahmen eines Gesamtvollstreckungsverfahrens gemeinschaftlich zu befriedigen, indem das Vermögen des Schuldners verwertet und der Erlös verteilt wird, § 1 S. 1, 1. Halbsatz InsO[356]. Zwar ist der Grundsatz der Gläubigergleichbehandlung in § 1 Abs. 1 InsO ebenso wie auch in den insoweit vergleichbaren Regelungen in §§ 1 Abs. 1 und 3 Abs. 1 KO nicht positivrechtlich verfestigt[357], sondern ergibt sich aus den Regelungen der InsO, etwa aus den §§ 88, 89 Abs. 1, 294, 187, 188, 195, 196 InsO nur indirekt. Dennoch wird der Grundsatz der gleichmäßigen Gläubigerbefriedigung, die par condicio creditorum[358], ganz überwiegend als tragender, beherrschender und oberster Grundsatz des Insolvenzrechts angesehen[359]. Dem ist auch die Rechtsprechung der obersten Bundesgerichte gefolgt[360]. Der BGH hat den Grundsatz der Gläubigergleichbehandlung im Insolvenzverfahren als Kernstück jedes Insolvenzverfahrens bezeichnet[361]. Das BAG hat ihn als das Konkursrecht prägend und beherrschend[362] angesehen und als Begründung für die teleologische Reduktion des § 613a BGB bei Betriebsübergang nach Eröffnung des Insolvenzverfahrens herangezogen. Danach haftet der Erwerber für solche Arbeitnehmeransprüche nicht, die vor Eröffnung des Insolvenzverfahrens entstanden sind, weil sich insoweit eine unangemessene Bevorzugung der Arbeitnehmer-Gläubiger ergebe, die für ihre rückständigen Ansprüche einen neuen zahlungsfähigen Schuldner erhielten; dieser Vorteil müsse von den anderen Insolvenzgläubigern finanziert werden, da der Betriebserwerber den an die Masse zu zahlenden Kaufpreis mit Rücksicht auf die zu übernehmende Haftung reduziere[363]. Auch das Bundesverfassungsgericht hat dem Grundsatz der Gläubigergleichbehandlung tragende Bedeutung beigemessen. So hat das BVerfG gegen das BAG entschieden, dass der Vorrechtskatalog des § 61 Abs. 1 KO nicht durch die Rechtsprechung, sondern allenfalls durch den Gesetzgeber er-

---

356 Heilmann/Smid, Grundzüge des Insolvenzrechts, § 2 Rn. 5; Kohler, S. 1; Oettker, S. 15 u. 20

357 Häsemeyer spricht daher von einem allgemeinen Postulat, KTS 1982, 507, 509

358 Vorzuziehen ist die Schreibweise mit „c“, condicio von condicere = gemeinsam vorausvereinbaren. Die im Schrifttum häufigere Schreibweise mit „t“, conditio hält Berges für eine irreführende Fehlschreibung, da sie Würzung, Eingemachtes oder Schöpfung bedeute, Berges, Festschrift 100 Jahre KO, S. 363, 373, dort auch Fn. 9

359 Stürner in Münchener Kommentar, Einleitung Rn. 62; Prütting in Kübler/Prütting, InsO, § 5, Rn. 60; Uhlenbruck, Festschrift 100 Jahre KO, S. 3 ff., 5: Pfeiler für das Grundgefüge des Konkurses; Berges, Festschrift 100 Jahre KO, S. 363, 372: Oberster Konkursgrundsatz

360 BGHZ 41, 98, 101; 88, 147, 153; 118, 151, 160; BAG NZA 2004, 654, 655

361 BGH ZIP 2000, 364, 365; BGHZ 41, 98, 101

362 BAG NJW 1980, 1124, 1125; NZA 1996, 432, 433; NZA 2004, 654, 656

363 BAG NJW 1980, 1124, 1125; NZA 2004, 654, 656

weitert werden könne, da jedes weitere Vorrecht die Befriedigungsaussichten der nachrangigen Gläubiger verringere und somit den Grundsatz der Gläubigergleichbehandlung durchbreche[364].

Auch im Rahmen der Reformdiskussion im Vorfeld der InsO ist der Grundsatz der gleichmäßigen Befriedigung der Konkursgläubiger weitgehend unangefochten geblieben[365]. Es wurden jedoch auch – gerade angesichts der Realität – Zweifel an der Gültigkeit des Grundsatzes laut. Flessner sprach angesichts der Realität insbesondere wegen der insolvenzrechtlichen Anerkennung der dinglichen Sicherheiten vom Insolvenzrecht als Rangordnungsrecht und in diesem Zusammenhang von der par condicio creditorum als „eigenartigem Prinzip“[366]. Uhlenbruck hat unter Bezugnahme auf die von Gessner/Rhode/Strate/Ziegert geführte rechtstatsächliche Untersuchung[367] ausgeführt, der „längst überholte“ Begriff der Gleichbehandlung müsse dann, wenn man das Insolvenzrecht im Hinblick auf das Reorganisationsverfahren als ordnungspolitisches Instrument verstehe, das ökonomischen Erfordernissen Rechnung trage, neu definiert werden[368]. Stürner hielt den Grundsatz der par condicio creditorum im Hinblick auf das zur kapitalistischen Wirtschaftsverfassung gehörende Kreditsicherungswesen, die Privilegierung der dinglich gesicherten Gläubiger, für „sehr anfechtbar“[369]. Der Zusammenhang des Kreditsicherungs- und rechtlichen Privilegiensystems mit den Grundlagen der Wirtschaftsverfassung sei ein Argument gegen die par condicio creditorum als höchste Form der Insolvenzgerechtigkeit[370].

Im Folgenden wird zu zeigen sein, dass die Realität der insolvenzrechtlichen Anerkennung dinglicher Sicherheiten nicht im Widerspruch zu dem Grundsatz der Gläubigergleichbehandlung in der Insolvenz steht und dass der Grundsatz ein insolvenzrechtliches Gebot ist, absolute Gleichbehandlung aller Gläubiger jedoch nicht verlangt.

Als eine logische Folge der par condicio creditorum[371] wird der Grundsatz der Universalität angesehen, dessen (nationale) Bedeutung darin liegt, dass alle persönlichen Gläubiger des Schuldners ohne Rücksicht auf Privilegien am Insolvenzverfahren teilnehmen und ihnen Befriedigung außerhalb des Insolvenzverfahrens versagt ist[372].

Im geltenden Recht, dem Privilegiensystem unter der InsO[373] sind beide Grundsätze nicht absolut verwirklicht: Ausnahmen vom Grundsatz der Gleichbehandlung

---

364 BVerfG NJW 1984, 475; Kilger/Schmidt, § 61 KO, Anm. 3 b
365 Weber in Jaeger, KO, 8. Aufl., Einleitung IV., I
366 Flessner, ZIP 1981, 112, 117
367 s.o. C.V.1.
368 Uhlenbruck, KTS 1981, 513, 568
369 Stürner, ZZP 1981, 263, 270
370 Stürner a.a.O., 271
371 Stürner in Münchener Kommentar, Einleitung Rn. 64
372 Stürner a.a.O.; Prütting in Kübler/Prütting, § 5 Rn. 70
373 s.o. D.

der obligatorisch Berechtigten liegen z.B. in der Anerkennung von insbesondere dinglichen Mobiliarsicherheiten als Absonderungsrechte, in den bestehen gebliebenen speziellen Vorrangrechten und in den „unechten" Masseverbindlichkeiten; Ausnahmen vom Universalitätsgrundsatz sind das Aussonderungsrecht sowie das Absonderungsrecht aus dinglichen Immobiliarsicherheiten.

1. Die materielle Gläubigergleichbehandlung im Insolvenzverfahren als rechtliches Gebot?

Der insolvenzrechtliche Gläubiger-Gleichbehandlungsgrundsatz hat in heutiger Zeit – wenn überhaupt – nur noch eine ganz untergeordnete Funktion als formales Ordnungsprinzip zur Streitvermeidung unter den Gläubigern dadurch, dass er das Prioritätsprinzip der Individualvollstreckung unanwendbar macht und so ein ungeordnetes Anstürmen der konkurrierenden Gläubiger verhindert[374]. Wären Schuldner nur natürliche Personen und gäbe es die Restschuldbefreiung nicht, so könnte diese Ordnungsfunktion zugleich eine taugliche Begründung der materiellen Gleichbehandlung der Gläubiger im Insolvenzverfahren sein, denn nach erfolgter Schlussverteilung und Aufhebung des Insolvenzverfahrens könnten die Gläubiger ihre Forderungen gegen den Schuldner (wieder) unbeschränkt geltend machen, § 201 Abs. 1 InsO. Dann hätte die Verteilung im Insolvenzverfahren nur vorläufigen, den Rechtsfrieden einstweilen sichernden Charakter ähnlich wie die possessorischen Ansprüche nach §§ 861ff. BGB[375]. Da aber einerseits heute Schuldner in großer Zahl juristische Personen des Privatrechts sind[376] und deren Existenz nach Beendigung eines Insolvenzverfahrens durch Löschung im Handelsregister endet (§ 141 a FGG) und andererseits natürliche Personen nach Durchführung eines Insolvenzverfahrens die Möglichkeit der Restschuldbefreiung nach §§ 286ff. InsO haben, hat die Verteilung und damit die Gleichbehandlung der Gläubiger im Insolvenzverfahren keineswegs nur vorläufigen Charakter, sondern ihr kommt endgültige, materielle Befriedigungsfunktion zu. Dann aber kann das formale Ordnungsprinzip mit dem Ziel der Streitvermeidung unter den konkurrierenden Gläubigern keine Begründung für ihre endgültige materielle Gleichbehandlung sein, denn das bloße Ziel der Streitvermeidung wäre auch durch eine allumfassende, nach der Art der Forderung und/oder der Person des Gläubigers unterscheidende Rangordnung erreichbar[377]. Es besteht also kein innerer Zusammenhang zwischen dem materiellen Gleichbehandlungsgrundsatz und der Ordnungs- bzw. Friedensfunktion des Insolvenzverfahrens[378].

---

374 Brehm, Festschrift für Jelinek, S. 15, 26; Häsemeyer, KTS 1982, 507, 513
375 Brehm, a.a.O.
376 im Jahr 2004 entfielen von den 39213 Unternehmensinsolvenzen mehr als 50% auf die GmbH, GmbH & CoKG und AG; Quelle: Insolvenzstatistik des statistischen Bundesamtes
377 Häsemeyer, KTS 1982, 507, 513
378 Häsemeyer, Insolvenzrecht, Rn. 2.17; Brehm, Festschrift für Jelinek, S. 15, 26

a) Gleichbehandlungsgebot in der Insolvenz aus Art. 3 GG als allgemeiner Grundsatz des Rechts?

Die zweite der rechtshistorischen Bedeutungen des Gleichbehandlungsgrundsatzes, sein unbestreitbarer Gerechtigkeitsgehalt, steht heute allein im Vordergrund[379]. So wird teilweise der Grundsatz der Gleichbehandlung der Insolvenzgläubiger aus dem in Art. 3 GG verkörperten Allgemeinen Gleichheitssatz hergeleitet[380], der als überpositiver, unmittelbar aus der Gerechtigkeitsidee zu entwickelnder Rechtssatz das gesamte öffentliche und private Recht beherrsche[381]. Nach Art. 3 GG ist wesentlich Gleiches gleich und wesentlich Ungleiches ungleich zu behandeln[382]. Dieser für den Gleichheitssatz typische Grundwiderspruch wohne auch dem insolvenzrechtlichen Grundsatz der Gläubigergleichbehandlung inne[383], so dass jegliche Privilegierung einzelner Gläubiger bzw. Forderungen im Insolvenzverfahren durch besondere Gründe sachlich gerechtfertigt sein müsse[384]. Dabei habe der Gesetzgeber im Spannungsfeld von formaler Gleichheit und Differenzierung einen gewissen Spielraum, inwieweit er sachlich begründete Vorrechte schaffen wolle[385]. Für die sachliche Rechtfertigung von Privilegierungen einzelner Gläubiger bzw. Forderungen im Insolvenzverfahren seien nicht nur rein zivilrechtliche Gründe heranzuziehen, sondern die sachliche Rechtfertigung könne sich auch aus wirtschafts-, sozial- oder finanzpolitischen Gründen ergeben, da die Funktion des Gleichheitssatzes geprägt sei durch den Zustand der sozialen Verfassung und die Zurückhaltung gegenüber Gestaltungsaufgaben nicht der Funktion des Privatrechts entspreche[386]. Daher bewegten sich sowohl die alte KO mit ihren allgemeinen Vorrechten als auch die InsO mit der Abschaffung der allgemeinen Vorrechte innerhalb des durch den allgemeinen Gleichheitssatz des Art. 3 GG vorgegebenen Rahmens[387].

Indessen können diese Überlegungen, in denen die Gerechtigkeitsidee des Gleichbehandlungsgrundsatzes und damit Fragen der Verteilungsgerechtigkeit zwischen den Gläubigern im Vordergrund stehen[388], nicht zielführend seien, denn bei dieser Herleitung und inhaltlichen Ausprägung des insolvenzrechtlichen Gläubiger-Gleichbehandlungsgrundsatzes wären im Wesentlichen maßgeblich die außerrechtlichen Beziehungen einzelner Gläubiger oder der Gläubigergesamtheit zum Schuldner bzw. zu der – nicht für alle Gläubiger ausreichenden – Haftungsmasse oder die außerrechtlichen Beziehungen der Gläubiger untereinander. Diese sind

379 Gassert-Schumacher, S. 324, 325
380 Gassert-Schumacher, S. 325, 326; Jeremias, S. 119
381 Gassert-Schumacher, S. 326
382 ständige Rechtsprechung des BVerfG, u.a. BVerfGE 1, 14, 52; 49, 148, 165; 86, 81, 87
383 Baur/Stürner, Insolvenzrecht, S. 41; Stürner in Münchner Kommentar, Einleitung, Rn. 62
384 Baur/Stürner, Insolvenzrecht, S. 41; Jeremias, S. 119; Erster Bericht der Kommission S. 302; Gassert-Schumacher, S. 327 u. 329
385 Stürner in Münchner Kommentar, Einleitung, Rn. 95
386 Gassert-Schumacher, S. 327, 328
387 Stürner in Münchner Kommentar, Einleitung, Rn. 95
388 Gassert-Schumacher, S. 325, 326

jedoch je nach Blickwinkel beinahe beliebig zu werten, denn es ließen sich annähernd für jeden Verteilungsmaßstab scheinbar objektive sachliche Gründe finden, etwa: Ziel ist die Sanierung des Schuldnerunternehmens, folglich haben die Gläubiger ihr Sicherungsgut wie Maschinen und Warenlager zu belassen, während die Arbeitnehmer auch in der Krise des Unternehmens vor Insolvenzeröffnung und über den Drei-Monatszeitraum des Insolvenzgeldes hinaus ihre Arbeitsleistung erbringen sollen und daher in der eröffneten Insolvenz mit besserem Rang zu befriedigen seien; oder: Verschiedene Gläubiger können Verluste wirtschaftlich unterschiedlich gut verkraften[389]. So betont auch Henckel, dass es eine rechtspolitische Frage der gerechten Verteilung von Chancen und Risiken sei, was als gleich und was als ungleich angesehen werde[390]. Der insolvenzrechtliche Gläubiger-Gleichbehandlungsgrundsatz verliert dadurch jedoch nahezu jegliche Kontur. Fast jede Privilegierung ließe sich sachlich rechtfertigen. Vor diesem Hintergrund ist auch die zentrale Kritik an den allgemeinen Gläubigervorrechten zu verstehen, dass letztlich jede Vorrechtsordnung willkürlich ist[391]. Auch in der allgemeinen Gesetzesbegründung zur InsO wurde zu Recht ausgeführt, dass die allgemeinen Konkursvorrechte auf keinem einleuchtenden Gedanken beruhen und dass durch ihre Abschaffung mehr Verteilungsgerechtigkeit erreicht würde[392]. Können nun aber Erwägungen zur Verteilungsgerechtigkeit im Rahmen des allgemeinen Gleichheitssatzes des Art. 3 GG gleichermaßen für die Begründung von allgemeinen Insolvenzvorrechten wie für ihre Abschaffung herangezogen werden, so zeigt sich, dass der allgemeine Gleichheitssatz des Art. 3 GG keine tragende Begründung für den Grundsatz der Gläubigergleichbehandlung im Insolvenzverfahren sein kann. Somit ist der Grundsatz der Gleichbehandlung der Gläubiger im Insolvenzverfahren nicht im Wesentlichen aus dem allgemeinen Gleichheitssatz des Art. 3 GG und damit nicht aus dem Verteilungsgedanken zu entnehmen und inhaltlich zu definieren[393].

b) *Gleichbehandlungsgebot in der Insolvenz als allgemeines privatrechtliches Gebot? – Der Umgang mit Mangelfällen außerhalb der Insolvenz*

Die Situation, dass Vorhandenes für die vollständige Befriedigung aller Anspruchsberechtigter nicht ausreicht, kommt nicht nur in der Insolvenz des Schuldners vor. Nach § 12 Abs. 2 StVG verringern sich die einzelnen Entschädigungen mehrerer Geschädigter in dem Verhältnis, in welchem ihr Gesamtbetrag zu dem Haftungshöchstbetrag des Ersatzpflichtigen steht, wenn die Entschädigungen, die mehreren Geschädigten aufgrund desselben Ereignisses zu leisten sind, insgesamt die in § 12 StVG bezeichneten Höchstbeträge übersteigen. Eine vergleichbare Regelung ist in § 156 Abs. 3 VVG enthalten für den Fall, dass die aus einem Schadensfall entstandenen Schadensersatzforderungen die Versicherungssumme der Schadensversicherung übersteigen. Nach § 660 Abs. 1 S. 1 BGB hat der Auslobende die Belohnung

---

389 siehe außerdem die Gründe für die Aufnahme der Vorrechte in die KO, oben C. III. 2. b.
390 Henckel, Festschrift für Uhlenbruck, S. 19, 30
391 Schmidt-Räntsch, S. 34, Rn. 99
392 Allg. Begr. zum RegE-InsO, A.3.d., BT-Drucksache 12/2443, S. 90
393 Häsemeyer, KTS 1982, 507, 515, 516

unter Berücksichtigung des Anteils eines Jeden an dem Erfolg nach billigem Ermessen unter alle, die zu dem Erfolg mitgewirkt haben, zu verteilen. Ferner kann die Summe der Gläubigeransprüche den Umfang der schuldnerischen Verpflichtung in den Fällen übersteigen, in denen der Schuldner bereicherungsrechtlich verpflichtet ist, einen auf Kosten mehrerer Gläubiger erlangten Vermögensvorteil herauszugeben[394]. Weitere Mangelfälle können etwa bei sogenannten beschränkten Gattungsschulden auftreten, also wenn der Schuldner sich mehreren Gläubigern gegenüber zur Lieferung von Waren einer Gattung aus einem bestimmten Vorrat verpflichtet hat und sich dieser Vorrat nachträglich (ohne Verschulden des Schuldners) verringert und für die volle Erfüllung aller Lieferverpflichtungen nicht mehr ausreicht.

All diesen Mangelfällen gemeinsam ist die wechselseitige Abhängigkeit der Gläubigerforderungen dahingehend, dass die vollständige Befriedigung einer Forderung, sei es im Wege freiwilligen Schuldnerhandelns oder im Wege der Zwangsvollstreckung, die Befriedigungsaussichten für die anderen Gläubiger verringert oder beseitigt. Die Situation ist also derjenigen der Insolvenz des Schuldners durchaus vergleichbar.

Auch für die nicht gesetzlich geregelten Fälle[395] wird in der Rechtsprechung[396] und der Literatur[397], wenn auch mit unterschiedlichen Begründungen, vertreten, dass die Ansprüche im Verhältnis ihrer Anteile zu kürzen sind und sich die Gläubiger eine gleichmäßige Befriedigung gefallen lassen müssen. Begründet wird dies zum Einen damit, dass in solchen Mangelfällen die Fortgeltung des Präventionsprinzips zu einem Wettlauf der Gläubiger und damit bestenfalls zu Zufallsergebnissen führen oder der Schuldnerwillkür oder Kollusion mit einzelnen Gläubigern Vorschub leisten würde[398]. Zum Anderen wird zur Begründung ausgeführt, dass die Gläubiger in den jeweiligen Mangelsituationen wegen der internen Abhängigkeit ihrer Forderungen eine Interessengemeinschaft bilden[399]. Das Bestehen einer solchen Interessengemeinschaft der Gläubiger scheint nahe zu liegen. Die beschriebenen Mangelsituationen können überhaupt nur als solche festgestellt werden, weil es die konkurrierenden Ansprüche der Gläubiger gibt. Aus der Sicht der Gemeinschaft selbst – nicht der Sicht eines einzelnen Mitglieds – wäre die vollständige Befriedigung eines Mitglieds zu Lasten der anderen Mitglieder nicht hinzunehmen. Somit kommt aus der Sicht der aus rein wirtschaftlichen Gründen bestehenden Gemeinschaft nur eine dem anteiligen Forderungsvolumen entsprechende anteilige Befriedigung der einzelnen Gläubiger in Betracht. Die Gleichbehandlung ist nach dem Grad der wirtschaftlichen Beteiligung zu messen[400].

---

394 Beispiele siehe bei Wüst, S. 88, 89, dort Fn. 9 u. 1

395 §§ 12 Abs. 2 StVG, 156 Abs. 3 VVG, 660 Abs. 1 S. 1 BGB

396 siehe grundlegend RGZ 84, 125

397 de Boor, S. 142, 143: Der Verteilungsgrundsatz ist eine höchst wertvolle und zukunftsreiche Fortentwicklung der Rechtsordnung; Hueck, S. 141; Wüst, S. 89, 90

398 Wüst, S. 89

399 Hueck, S. 141; Wüst, S. 89; RGZ 84, 125, 128

400 Hueck, S. 210

Wollte man hieraus – aus der Annahme der beschriebenen wirtschaftlichen Interessengemeinschaft der Gläubiger – nun aber einen allgemeinen Grundsatz der Gläubigergleichbehandlung im Privatrecht konstruieren, der dann gleichfalls im Insolvenzverfahren Gültigkeit haben soll, so ist dieser Versuch zum Scheitern verurteilt. Es darf nämlich bei dieser Argumentation nicht übersehen werden, dass sie letztlich ein Zirkelschluss ist: Die Existenz einer Interessengemeinschaft der Gläubiger kann nur vor dem Hintergrund angenommen werden, dass das Präventionsprinzip – vollständige Befriedigung der zuerst ihre Forderungen durchsetzenden Gläubiger „solange der Vorrat reicht" – in den Mangelfällen keine Gültigkeit haben soll[401]. Denn in dem sonst stattfindenden Befriedigungswettlauf der Gläubiger wäre es schlechterdings verfehlt, von einer Interessengemeinschaft zu sprechen – das Gegenteil wäre der Fall. Dann kann aber die Existenz der Interessengemeinschaft nicht wiederum zur Begründung dafür herangezogen werden, dass die Prävention, das Prioritätsprinzip als Lösungsmöglichkeit ausscheidet.

Dies wahrscheinlich erkennend werden für die Notwendigkeit der Gläubigergleichbehandlung in den Mangelfällen auch übergeordnete Gesichtspunkte wie eine „der Gerechtigkeit verpflichtete Rechtsordnung"[402] oder die Verkehrssitte[403] herangezogen.

Aus der Existenz einiger weniger gesetzlicher Regelungen – z. B. §§ 12 Abs. 2 StVG, 660 BGB – ist ein Gebot der Gläubigergleichbehandlung jedenfalls für das Insolvenzverfahren nicht herzuleiten. Zum Einen gibt es auch andere gesetzliche Verteilungsregelungen, beispielsweise §§ 1582, 1609 BGB, die eine Befriedigungsreihenfolge für Unterhaltsgläubiger bei nicht für alle ausreichender Leistungsfähigkeit des Unterhaltsschuldners festlegen. Zum Anderen wird als Begründung für die Gültigkeit eines allgemeinen Gleichbehandlungsgrundsatzes im Privatrecht die konkursrechtliche Vorschrift des § 61 KO – Berichtigung gleichrangiger Forderungen nach dem Verhältnis ihrer Beträge – herangezogen[404]. Deren Notwendigkeit soll jedoch gerade erst untersucht werden.

c) *Gleichbehandlungsgebot in der Insolvenz aus der Funktion der Marktwirtschaft?*

Insolvenzrecht ist Wirtschaftsrecht[405]. In der (sozialen) Marktwirtschaft stehen Gewinnchancen stets auch Verlustrisiken gegenüber. Durch ihre Marktteilnahme und in dem marktwirtschaftlichen Bestreben, Gewinn zu erzielen, gehen die Marktteilnehmer bewusst ein Wagnis ein. Um der Gewinnchancen Willen gehen Gläubiger das Wagnis der Kreditierung des Schuldners ein und nehmen dabei das Verlustrisiko bewusst in Kauf – der Geldkreditgeber ebenso wie der Warenlieferant oder

---

401 Auch Lent in Jaeger, KO, 8. Aufl., Vorbemerkungen zu §§ 61–70, trifft die „interessante Feststellung", dass die Gemeinschaft der Gläubiger ausschließlich durch den Grundsatz der gleichmäßigen Befriedigung geschaffen wird

402 Wüst, S. 89

403 de Boor, S. 140 ff.

404 Hueck, S. 73–76, 141, 142

405 Uhlenbruck, Festschrift 100 Jahre KO, S. 3 ff., 5

der Dienstleister. Die Gläubiger übertragen also gewissermaßen die treuhänderische Verwaltung des Fremdkapitals dem mit seinem Eigenkapital verhafteten Schuldner[406] und partizipieren über den vom Schuldner als ordentlichem Geschäftsmann geleisteten Fremdkapitaldienst am Gewinn des Schuldnerunternehmens. Im selben Maße – entsprechend ihrem Anteil am Fremdkapital – partizipieren die Gläubiger an einem Totalverlust im Falle einer masselosen Insolvenz des Schuldners. Die Gläubiger haben also konkludent die Vorausabrede getroffen, entsprechend ihrem (Fremd-) Kapitaleinsatz bedient zu werden bzw. auszufallen. Da im Wirtschaftsleben kein Gläubiger davon ausgehen kann, der einzige Kreditgeber des Schuldners zu sein oder zu bleiben, handelt es sich insoweit um eine gemeinsame Vorausvereinbarung der Gläubiger[407]. Die Gläubiger gehen also bewusst eine (Treuhand-) Gemeinschaft hinsichtlich des Fremdkapitals des Schuldners ein und sind deshalb in der Insolvenz des Schuldners keineswegs nur eine „communio incidens". Vielmehr ist dem Rechtsgrund ihrer marktwirtschaftlichen Vorwegleistungen die Haftungszusage der „par condicio creditorum" eigen[408]. So ist „con-dicere" als gemeinsames Vorausvereinbaren gleichstarker („par") Verteilung des auf den Geschäftserfolg hin vorweg geleisteten Fremdkapitals zu verstehen[409].

In der Insolvenz des Schuldners ist das von den Gläubigern eingegangene Wagnis nicht endgültig beendet, sondern setzt sich fort in der Verlustabrechnung des Fremdkapitals[410], gewissermaßen als Kehrseite der Gewinnbeteiligung[411].

Zusammenfassend kann also festgestellt werden: Gläubiger haben, jeder für sich aber in Kenntnis des gegenwärtigen oder künftigen Vorhandenseins anderer Gläubiger das Fremdkapital im Schuldnerunternehmen unter marktwirtschaftlichen Bedingungen gewinnorientiert angelegt und sich somit zwangsläufig entsprechend ihrer Forderungshöhe an der Betriebsgefahr des Schuldnerunternehmens beteiligt. Diese Betriebsgefahr entfällt in der Insolvenz des Schuldnerunternehmens nicht, sondern pflanzt sich hinsichtlich der Verlustrealisierung fort[412]. Entfallen ist in der Insolvenz des Schuldnerunternehmens lediglich die Gewinnchance der Gläubiger.

Somit kann gesagt werden, dass in der Marktwirtschaft die gleichmäßige Befriedigung der Gläubiger entsprechend ihrem Fremdkapitalanteil, d.h. entsprechend ihrer Forderungshöhe grundsätzlich angelegt ist, was freilich nicht nur aber auch für ein förmliches Insolvenzverfahren gilt, sondern ebenso für andere privatrechtliche Mangelfälle[413].

---

406 Berges, Festschrift 100 Jahre KO, 363 ff., 373
407 Berges a.a.O.
408 Berges a.a.O.
409 Berges a.a.O.
410 Berges a.a.O., S. 376
411 Berges a.a.O., S. 379
412 Smid, Kreditsicherheiten in der Insolvenz des Sicherungsgebers, S. 82 Rn. 10 spricht davon, dass die Funktion des Insolvenzverfahrens in Wahrheit nicht die gemeinschaftliche Befriedigung der Gläubiger sei, sondern die verfahrensrechtliche Herbeiführung der Gewissheit, dass die Haftungsmasse des Schuldners für die vollständige Befriedigung aller Gläubiger nicht ausreicht
413 Berges a.a.O., S. 380

d) Gleichbehandlungsgebot in der Insolvenz aus wechselseitiger Ausgleichshaftung der Gläubigerforderungen?

Die Insolvenz des Schuldners, d.h. die Situation, da die Leistungsfähigkeit des Schuldners nicht mehr für die Befriedigung aller Gläubiger ausreicht, hat zur Folge, dass die Begründung, Sicherung oder Befriedigung jeder einzelnen Gläubigerforderung den Realisierungswert der Forderungen aller anderer Gläubiger unmittelbar beeinflusst[414]. Mit jeder Begründung, Sicherung oder Befriedigung einer Forderung nahm oder nimmt der jeweilige Gläubiger Einfluss auf das Schuldnervermögen als den Haftungsverband, der auch (und nur) für die anderen Gläubigerforderungen zur Befriedigung zur Verfügung steht. Die Begründung, Sicherung oder Befriedigung jeder einzelnen Forderung ist mitursächlich für die Insolvenz des Schuldners[415]. Auch wenn die Gläubiger keineswegs eine Gemeinschaft i.S.d. §§ 741 ff. BGB bilden oder sonst durch die Insolvenzeröffnung in ein materielles Rechtsverhältnis zueinander treten[416], so stehen ihre Forderungen angesichts der Unzulänglichkeit des Schuldnervermögens doch in dem beschriebenen wechselseitigen Einfluss[417]. In diesem Sinne ist auch die „gemeinschaftliche Befriedigung" nach § 3 Abs. 1 KO bzw. nach § 1 Abs. 1 InsO zu verstehen: als sich gegenseitig beschränkende Befriedigung[418]. Mit ihren Forderungen stehen die Gläubiger im Insolvenzverfahren in wechselseitiger Ausgleichshaftung für ihren zuvor ausgeübten Einfluss auf das Schuldnervermögen[419]. Mit ihren Forderungen stehen die Gläubiger also für ihre Befriedigung und eine eventuelle Ungleichbehandlung, d.h. Privilegierung einzelner Gläubiger oder eben die Gleichbehandlung aller Gläubiger ein[420]. Der Maßstab für die Höhe der wechselseitigen Ausgleichshaftung der Insolvenzgläubiger ist die jeweilige Höhe ihrer Forderung, da jede Forderung entsprechend ihrer Höhe Einfluss auf das Vermögen des Schuldners als Haftungsverband und damit auf den Befriedigungsanteil der Forderungen der übrigen Gläubiger nimmt[421]. Nur wenn alle Forderungen im Verhältnis ihrer Höhe gekürzt werden, nimmt jeder Gläubiger an der wechselseitigen Ausgleichshaftung in gleichem Maße teil[422].

Stehen somit die Forderungen aller Gläubiger in der Insolvenz des Schuldners grundsätzlich in einer wechselseitigen Ausgleichshaftung, so sind die Gläubiger gleichmäßig entsprechend ihrem Haftungsanteil, d.h. dem Anteil am Gesamtvolumen der Forderungen zu befriedigen, da jeder andere Befriedigungsmaßstab eine teilweise Herausnahme der Forderung aus der Ausgleichshaftung bzw. dem Haftungsverbund bedeuten würde.

---

414 Häsemeyer KTS 1982, 507, 517
415 Häsemeyer, Insolvenzrecht, Rn. 2.26.
416 Schultze, S. 13
417 Häsemeyer KTS 1982, 507, 517
418 Schultze, S. 14
419 Häsemeyer Insolvenzrecht Rn. 2.33.
420 Häsemeyer a.a.O., S. 528
421 Häsemeyer a.a.O., S. 530
422 Häsemeyer, Insolvenzrecht, Rn. 2.33.

e) *Gleichbehandlungsgebot in der Insolvenz aus der Eigentumsgarantie des Art. 14 Abs. 1 GG und dem Gebot effektiven Rechtsschutzes?*

Das Grundrecht der Eigentumsgarantie des Art. 14 Abs. 1 GG umfasst auch schuldrechtliche Forderungen[423]. In Verbindung mit dem aus dem Rechtsstaatsprinzip folgenden staatlichen Gewaltmonopol bzw. Selbsthilfeverbot folgt aus der Eigentumsgarantie zugleich die verfassungsrechtliche Notwendigkeit der Gewährung effektiven Rechtsschutzes auch in Form der Zwangsvollstreckung[424]. Diese allen Gläubigern individuell gewährte verfassungsrechtliche Garantie endet auch nicht in der Insolvenz des Schuldners. In der Insolvenzsituation aber, da das Vermögen des Schuldners nicht mehr zur Befriedigung aller Gläubiger ausreicht, führt der schnellere Vollstreckungszugriff eines Gläubigers notwendigerweise zur Verringerung oder gar zum Ausschluss der Befriedigungsaussicht anderer Gläubiger, die jedoch gleichzeitig den gleichen Schutz ihrer Forderungen und Zurverfügungstellung effektiven Rechtsschutzes aus Art. 14 Abs. 1 GG beanspruchen können. Dabei wäre die Zugriffsreihenfolge verschiedener Gläubiger im jeweiligen Einzelvollstreckungsverfahren regelmäßig zufällig, da so gut wie kein Einfluss auf die Arbeitsgeschwindigkeit der Vollstreckungsorgane genommen werden kann. Es würde bei Fortgeltung des Prioritätsprinzips auch in der Insolvenz des Schuldners also dem einen, mit der Vollstreckung als erster zum Zuge kommenden Gläubiger gestattet, mittelbar in ebenfalls verfassungsrechtlich geschützte Positionen der anderen Gläubiger – in die Realisierungsaussicht für ihre Forderungen gegen den Schuldner – entwertend einzugreifen. Anders ausgedrückt: In der Insolvenzsituation des Schuldners bleibt für jeden einzelnen Gläubiger eine Aussicht auf bestmögliche Befriedigung seiner Forderung nur solange bestehen, solange nicht ein anderer Gläubiger seine Rechtspositionen etwa im Wege der Zwangsvollstreckung zufällig schneller durchsetzt. Die Ausübung der verfassungsmäßigen Eigentums- und Verfahrensgarantie durch einen Gläubiger würde bei Fortdauer des Prioritätsprinzips in der Insolvenz des Schuldners die gleichzeitige Außerkraftsetzung der verfassungsmäßigen Garantie des Eigentums und des effektiven Rechtsschutzes des anderen Gläubigers bedeuten. Die fortdauernde Gestattung der Einzelzwangsvollstreckung eines Gläubigers auch in der Insolvenz des Schuldners würde also den Bestand der verfassungsrechtlichen Eigentumsgarantie in Bezug auf die Forderungen der anderen Gläubiger insoweit von der individuellen Zwangsvollstreckungsentscheidung eines anderen Gläubigers abhängig machen. Der Bestand einer verfassungsrechtlichen Garantie kann aber grundsätzlich nicht von Individualentscheidungen anderer Privatrechtssubjekte abhängig sein. Der Staat kann nicht gleichzeitig einer Vielzahl von Gläubigern Rechte und Durchsetzungsmittel gewähren – Eigentumsschutz und Individualvollstreckung –, deren Ausübung durch einen Gläubiger notwendiger Weise zum Ausschluss des anderen Gläubigers führt. Dann kann von Rechtsgewährung bzw. Eigentumsgarantie nicht mehr gesprochen werden.

---

423 mehrfach so vom Bundesverfassungsgericht entschieden, vgl. nur BVerfGE 45, 142, 179; BVerfGE 68, 193, 222; BVerfGE 83, 201, 208

424 BVerfGE 61, 126, 136; Papier in Maunz – Dürig, Grundgesetz, Art. 14, Rn. 45, 46; Stürner in Münchner Kommentar, Einleitung Rn. 77

Es zeigt sich also: Das vom Prioritätsprinzip beherrschte Einzelzwangsvollstreckungsverfahren ist ein für alle Gläubiger taugliches Verfahren zur Durchsetzung verfassungsrechtlicher Eigentumspositionen (Forderungen) und damit effektive Rechtsschutzgarantie nur, solange es nicht zur Kollision gleichsam geschützter Rechtspositionen anderer Gläubiger führt. Eine solche Kollision ist ausgeschlossen, wenn entweder das Vermögen des Schuldners zur Befriedigung aller Gläubiger ausreicht oder das Vermögen des Schuldners zwar unzulänglich, jedoch nur ein einziger Gläubiger vorhanden ist[425]. Eine Werthaltigkeitsgarantie für die Forderung des Gläubigers liegt in Art. 14 Abs. 1 GG selbstverständlich nicht. Treffen aber mehrere Gläubiger („concursus") auf insgesamt unzulängliches Schuldnervermögen, so folgt aus der dargestellten, für alle Gläubiger gleichermaßen bestehenden Garantie des Eigentums und des effektiven Rechtsschutzes des Art. 14 Abs. 1 GG, dass allen Gläubigern gleichzeitig ein möglichst effektives Verfahren zur Durchsetzung ihrer Rechte zur Verfügung gestellt werden muss, welches jedem einzelnen Gläubiger bestmögliche Realisierungsaussicht für seine Forderung bei gleichzeitiger Gewährung dieser Aussicht auch gegenüber den jeweils anderen Gläubigern ermöglicht. Die Fortgeltung des Prioritätsprinzips und Zulassung der Einzelzwangsvollstreckung auch in der Insolvenz des Schuldners mit mehreren Gläubigern würde immer zugleich und von Anfang an für die Gläubiger, die – letztlich ohne darauf wirklich Einfluss nehmen zu können – in der Zwangsvollstreckung nicht zuvorderst zum Zuge kommen, bedeuten, dass ihnen ein Verfahren mit Aussicht auf bestmögliche Befriedigung ihrer Forderungen überhaupt nicht zur Verfügung steht. Das ist mit der Eigentumsgarantie unvereinbar. Anders gewendet: In der Insolvenz des Schuldners gewährleisten Prioritätsprinzip und Einzelzwangsvollstreckung effektive Rechtsdurchsetzungsmöglichkeit für alle Gläubiger nur solange, wie nicht einzelne Gläubiger von dem ihnen gleichsam gewährten Recht Gebrauch machen. Dann aber ist bei der aus Verfahrenssicht gebotenen gleichzeitigen Betrachtung aller Gläubiger die Einzelzwangsvollstreckung gerade keine Garantie effektiven Rechtsschutzes mehr, sondern im Gegenteil die Verhinderung effektiver Rechtsdurchsetzung. Dies wiederum wäre mit der Eigentumsgarantie des Art. 14 Abs. 1 GG unvereinbar.

Das verfassungsrechtliche Gebot, allen Gläubigern auch in der Insolvenz des Schuldners ein möglichst effektives Verfahren zur Durchsetzung ihrer verfassungsmäßig geschützten Eigentumspositionen (Forderungen) zur Verfügung zu stellen, ist also nicht gewahrt, wenn nur ein Verfahren installiert würde, das – wie das auf dem Prioritätsprinzip beruhende Einzelvollstreckungsverfahren – in Abhängigkeit von Rechtsausübungen anderer Gläubiger für einige Gläubiger notwendigerweise total versagt. Aus der individuellen, zugleich jedem Gläubiger gewährten Garantie des Eigentums und des effektiven Rechtsschutzes aus Art. 14 Abs. 1 GG ist es geboten, in der Insolvenz des Schuldners ein Verfahren zu installieren, das die Befriedi-

425 In Rechtsprechung und Literatur ist umstritten, ob ein Insolvenzverfahren bei Vorhandensein nur eines Gläubigers zulässig ist; s. aktuelle Zusammenfassung des Meinungsstandes Jansen/Biebinger, ZInsO 2006, 126 ff.

gung für jeden Gläubiger unabhängig von Verfahrenshandlungen eines anderen Gläubigers macht. Ein solches Verfahren kann nur eines sein, in welchem weder der Schuldner noch einzelne Gläubiger über die Reihenfolge und damit auch die Höhe der Befriedigung einzelner Gläubiger disponieren können. Diese Voraussetzungen erfüllt das Gesamtvollstreckungsverfahren der InsO.

Zugleich ist damit für das Gesamtvollstreckungsverfahren der InsO auch eine Grundaussage zum Maßstab für die Aufteilung des Schuldnervermögens zwischen den Gläubigern gemacht. Die Eigentumsgarantie des Art. 14 Abs. 1 GG i.V.m. der Notwendigkeit effektiven Rechtsschutzes zwingt dazu, Gläubiger, deren Rechtspositionen sich nur in der nominalen Forderungshöhe unterscheiden, bei der Verteilung des Schuldnervermögens zu der jeweiligen Forderungshöhe entsprechender Quote zu berücksichtigen. Denn jeder andere Verteilungsmaßstab würde für einzelne Gläubiger bedeuten, dass ihnen ein Verfahren zur bestmöglichen Befriedigung ihrer Forderung nicht zur Verfügung steht, was mit der Eigentumsgarantie nicht vereinbar wäre. Zugleich wäre die Beschränkung der individuellen Rechtsverfolgung durch Einzelvollstreckung nicht mehr gerechtfertigt, denn der Ausschluss der Einzelvollstreckung ist nur gerechtfertigt, soweit das Insolvenzverfahren auf bestmögliche Einzelbefriedigung abzielt[426].

Die verfassungsrechtliche Garantie des Eigentums und des effektiven Rechtsschutzes umfasst in der Insolvenz des Schuldners also nicht mehr das Recht eines Gläubigers auf prioritäre Einzelzwangsvollstreckung und Vollbefriedigung, sondern nur noch – aber auch jedenfalls – das Recht auf bestmögliche Teilbefriedigung. Eine Prioritätenordnung für die Befriedigung im Rahmen des Insolvenzverfahrens würde für die nicht privilegierten Gläubiger wegen der Vermögensunzulänglichkeit insgesamt von vornherein wieder eine im Verfahren angelegte Beschränkung ihrer Befriedigung bedeuten. Das wäre für diese Gläubiger wiederum eine Einschränkung oder gar Versagung der Garantie des Eigentums und des effektiven Rechtsschutzes. Eine Prioritätenordnung für die Befriedigung der Gläubiger im Insolvenzverfahren ist also ein Widerspruch zu der jedem Gläubiger gegenüber bestehenden verfassungsrechtlichen Garantie des Eigentums und des effektiven Rechtsschutzes, sofern nicht insolvenzspezifische, d.h. dem Insolvenzverfahren und der Garantie des Eigentums und des effektiven Rechtsschutzes immanente Gründe für eine Privilegierung bestehen.

Dieses Ergebnis stimmt auch mit betriebswirtschaftlichen Erwägungen zur Forderungsbewertung überein. Ist davon auszugehen, dass das Schuldnervermögen zur Befriedigung aller Gläubiger nicht (mehr) ausreicht und muss für den Fall der Fortgeltung des Prioritätsprinzips der Einzelzwangsvollstreckung davon ausgegangen werden, dass alle Gläubiger ihre Forderungen geltend machen und durchzusetzen versuchen und kann ein einzelner Gläubiger für sich nicht davon ausgehen, in der Zwangsvollstreckung als Erster zum Zuge zu kommen, so wird er aus kaufmännischer Vorsicht seine Forderung gegen den Schuldner abzuwerten haben. Da seine

---

426 Gottwald, Festschrift für Giger, S. 195, 198

Realisierungschance abhängig ist von den Vollstreckungshandlungen der anderen Gläubiger und er diese nicht kennt und somit seine konkrete Chance, in dem Wettlauf der Gläubiger einen Platz mit voller oder wenigstens teilweiser Befriedigung zu belegen, nicht beurteilen kann, bleibt ihm als Maßstab für die Bewertung seiner Forderung nur die sich rechnerisch aus dem Verhältnis zwischen Schuldnervermögen und Forderungsvolumen aller Gläubiger ergebende durchschnittliche Befriedigungsquote.

Ist nun aber die Forderung eines Gläubigers in der Insolvenz des Schuldners betriebswirtschaftlich nur noch in Höhe des Wertes gemäß der Quote anzusetzen, so gebietet auch die verfassungsmäßige Eigentumsgarantie i.V.m. der Notwendigkeit effektiven Rechtsschutzes nicht mehr die Erlaubnis der prioritären Einzelvollstreckung, sondern es kann diese durch die Gesamtvollstreckung des Insolvenzverfahrens ersetzt werden.

Somit gebietet die Eigentumsgarantie des Art. 14 Abs. 1 GG i.V.m. der Notwendigkeit effektiven Rechtsschutzes in der Insolvenzsituation des Schuldners ein geordnetes Gesamtvollstreckungsverfahren, welches die Gläubiger gemeinschaftlich und gleichmäßig, d.h. entsprechend ihrer Forderungshöhe quotal befriedigt. Die gleichmäßige Liquidation besteht als verfassungsrechtliche Institutsgarantie[427].

Umgekehrt ergibt sich aus den vorstehenden Betrachtungen, dass ein Insolvenzverfahren mit der Folge des Ausschlusses der Individualvollstreckung nicht geführt werden darf, wenn die Insolvenzmasse nicht einmal die Verfahrenskosten deckt, also für die Gläubiger keine Möglichkeit besteht, eine Befriedigung zu erhalten. Dann nämlich ist das Insolvenzverfahren kein effektiver Rechtsschutz für die Gläubigergemeinschaft, so dass den Gläubigern die Individualvollstreckung nicht abgeschnitten werden darf[428]. Dem trägt die Regelung des § 26 Abs. 1 InsO Rechnung, nach der ein Insolvenzantrag abzuweisen ist, wenn das Vermögen des Schuldners voraussichtlich nicht einmal die Kosten des Verfahrens deckt.

2. Insolvenzanfechtung kongruenter Deckungen als Manifestation des Gläubiger-Gleichbehandlungsgrundsatzes

Mit dem Verständnis des Gebots der Gläubigergleichbehandlung in der Insolvenz des Schuldners aus Art. 14 Abs. 1 GG, der marktwirtschaftlichen Haftungszusage und der gegenseitigen Ausgleichshaftung der Gläubigerforderungen gelingt auch eine schlüssige Erklärung der gesetzlichen Regelungen und der Rechtsprechung zur Insolvenzanfechtung bei kongruenter Deckung und bei Befriedigung im Wege der Zwangsvollstreckung. Rechtsfolge der Insolvenzanfechtung ist, dass der Gläubiger das durch die anfechtbare Rechtshandlung Erlangte, in der Regel Bezahlung seiner Forderung, wieder an die Insolvenzmasse herausgeben muss und im Gegenzug

---

427 Stürner in Münchner Kommentar, Einleitung Rn. 77
428 Weber, Festschrift 100 Jahre KO, S. 321, 352; Hahn, Motive/Begründung des Entwurfs der KO, S. 301

seine Forderung wieder auflebt, §§ 143 Abs. 1, 144 Abs. 1 InsO. Anfechtbar ist nach § 130 Abs. 1 InsO eine kongruente Rechtshandlung, die einem Insolvenzgläubiger eine Sicherung oder Befriedigung gewährt oder ermöglicht hat, wenn sie in den letzten drei Monaten vor Antrag auf Eröffnung des Insolvenzverfahrens oder nach dem Antrag vorgenommen wurde, der Schuldner zu dieser Zeit zahlungsunfähig war und wenn der Gläubiger zu dieser Zeit die Zahlungsunfähig oder Umstände, die zwingend auf die Zahlungsunfähigkeit des Schuldners schließen lassen, oder den Insolvenzantrag kannte. Nach ständiger Rechtsprechung zur KO[429] und auch zur InsO[430] ist zudem eine während der „kritischen Zeit" vor dem Insolvenzantrag im Wege der Zwangsvollstreckung erlangte Sicherung oder Befriedigung als inkongruent anzusehen. Die inkongruente Sicherung oder Befriedigung ist nach § 131 Abs. 1 Nr. 1 InsO ohne Weiteres anfechtbar, wenn sie innerhalb eines Monats vor dem Insolvenzantrag oder nach dem Antrag erlangt wurde, und nach § 131 Abs. 1 Nr. 2 InsO anfechtbar, wenn sie innerhalb des zweiten oder dritten Monats vor dem Insolvenzantrag erlangt wurde und der Schuldner zu dieser Zeit zahlungsunfähig war.

Mit anderen Worten: Durch die vorstehend genannten Insolvenzanfechtungsregelungen wird also eine Sicherung oder Befriedigung eines Gläubigers in der „kritischen Phase" missbilligt, obwohl der betreffende Gläubiger einen fälligen Anspruch auf sie hatte (kongruente Deckung) und sich des von der Rechtsordnung vorgesehenen Verfahrens der Zwangsvollstreckung zu ihrer Durchsetzung bediente[431]. Dies ist nur aus dem Gebot der Gläubigergleichbehandlung herzuleiten. Bereits in der Situation der Zahlungsunfähigkeit, also der „materiellen" Insolvenz[432] – und nicht erst mit der förmlichen Eröffnung des Insolvenzverfahrens – besteht für die Gläubigergesamtheit keine Aussicht auf vollständige Befriedigung ihrer Forderungen mehr. Somit führte bereits in dieser Situation die fortdauernde Zulassung der Einzelzwangsvollstreckung zu einer nicht zu rechtfertigenden Bevorzugung des oft nur zufällig schnelleren Gläubigers[433] und wäre mit dem verfassungsrechtlichen Gebot, allen Gläubigern gleichsam im Rahmen der Eigentumsgarantie effektiven Rechtsschutz zu gewähren, nicht zu vereinbaren[434], weil für die anderen, nicht vollstreckenden Gläubiger die Befriedigungsaussicht im Maß der Vollstreckung des einen Gläubigers schwindet. Das Prioritätsprinzip der Einzelvollstreckung ist nur

---

429 siehe nur BGH NJW 1997, 3445

430 siehe nur BGH NJW 2002, 2568

431 was nach ständiger Rechtsprechung (s. vorherige Fußnoten) sogar zu inkongruenter Deckung führt. Dies ist kritisiert worden von Paulus in Kübler/Prütting, InsO, § 131 Rn. 18. In Art. 2 Ziff. 4 des Gesetzesentwurfs der Bundesregierung – Gesetz zum Pfändungsschutz der Altersvorsorge und zur Anpassung des Rechts der Insolvenzanfechtung vom 10.08.2005 (s.o. B. II. 2.) ist eine Ergänzung des § 131 Abs. 1 InsO dahingehend vorgesehen, dass eine Rechtshandlung nicht allein dadurch inkongruent wird, dass der Gläubiger die Sicherung oder Befriedigung durch Zwangsvollstreckung erlangt. Zur Würdigung s.u. G. III. 2. a

432 die bei einer Verurteilung zur Herausgabe aufgrund der speziellen Insolvenzanfechtung nach §§ 130 oder 131 InsO als Tatbestandstandsmerkmal durch Gerichtsurteil ebenfalls festgestellt ist.

433 Lent in Jaeger, KO, 9. Aufl., § 30, Rn. 232

434 zur Begründung im Einzelnen s.o. 1. e

solange eine effektive Rechtsdurchsetzungsmöglichkeit für alle Gläubiger, wie das Vermögen des Schuldners zur Deckung aller Verbindlichkeiten ausreicht[435]. Bereits in der durch die §§ 130, 131 InsO definierten „kritischen Phase“ und nicht erst nach förmlicher Eröffnung des Insolvenzverfahrens ist dies gerade nicht mehr der Fall. Daher ziehen die Regelungen der besonderen Insolvenzanfechtung den insolvenzrechtlichen Gleichbehandlungsgrundsatz zeitlich vor die förmliche Eröffnung des Insolvenzverfahrens[436] und verdrängen bereits in der durch die Anfechtungstatbestände der §§ 130, 131 InsO definierten „kritischen Phase“ das die Einzelzwangsvollstreckung beherrschende Prioritätsprinzip zugunsten der Gläubigergleichbehandlung[437]. Die Befugnis des Gläubigers, sich mit Hilfe hoheitlicher Zwangsmittel Sicherung oder Befriedigung seiner fälligen Forderung zu verschaffen, tritt hinter den Schutz der Gläubigergemeinschaft zurück[438]; ein Gläubiger kann seine Ungleichbehandlung nicht noch mit staatlichen Machtmitteln erzwingen[439]. Bereits in der „kritischen Phase“ stehen die Forderungen der Gläubiger in der gegenseitigen Ausgleichshaftung[440]. Die Befriedigung der Forderung eines Gläubigers würde sie zum Nachteil der anderen Gläubiger aus der Ausgleichshaftung herauslösen. Die Kongruenzanfechtung und die Inkongruenzanfechtung durch oder mit Druck von Zwangsvollstreckung erlangter Leistungen[441] machen diese Herauslösung rückgängig.

Sollte der RegE vom 10.08.2005[442] Gesetz werden, wäre künftig für die Anfechtung durch oder auf Druck von Zwangsvollstreckung erlangter Sicherheiten oder Befriedigungen zusätzlich erforderlich, dass der Gläubiger Kenntnis von der Zahlungsunfähigkeit des Schuldners oder von Umständen hatte, die zwingend auf die Zahlungsunfähigkeit schließen lassen. Die unterschiedliche insolvenzanfechtungsrechtliche Behandlung von freiwilligen Leistungen des Schuldners einerseits und von durch bzw. auf Druck von Zwangsvollstreckung[443] erlangter Sicherung oder Befriedigung andererseits in der „kritischen Phase“ würde also beseitigt[444].

---

435 s.o. 1. e
436 BGH NJW 1997, 3446
437 BGH NJW 2002, 2569 u. Lent in Jaeger, KO, 9. Auf., § 30, Rn. 232; Häsemeyer a.a.O, S. 527 jeweils zur Kongruenzanfechtung nach § 30 Ziff. 1 2. Alt. KO
438 BGH NJW 2002, 2568
439 BGH NJW 1997, 3446
440 s.o. 1. d
441 BGH NJW 2002, 2569
442 s.o. B. II.
443 BGH NJW 2002, 2569
444 zur Würdigung des RegE s.u. G.

3. Gläubigergleichbehandlung in in Deutschland eröffneten grenzüberschreitenden Insolvenzverfahren

a) *Grenzüberschreitende Insolvenzverfahren mit Auswirkungen im Verhältnis zu Mitgliedsstaaten der EU*

Anders als in der InsO findet der Grundsatz der Gläubigergleichbehandlung in Art. 20 Abs. 2 EUInsVO als Ziel der Regelung „zur Wahrung der Gleichbehandlung der Gläubiger" ausdrücklich Erwähnung und ergibt sich im Übrigen indirekt aus weiteren Regelungen, etwa in Art. 4, 32, 35 und 39 EUInsVO[445]. Der Grundsatz der Gläubigergleichbehandlung ist in der EUInsVO eines der prägenden Grundprinzipien[446] und eine zentrale Aufgabe des (europäischen) Insolvenzverfahrens[447]. Bereits die durch die EUInsVO geregelte gegenseitige Anerkennung der Insolvenzverfahren in allen Mitgliedsstaaten trägt dem Prinzip der par condicio creditorum in besonderer Weise Rechnung[448]. Im 21. Erwägungsgrund zur EUInsVO wird ausdrücklich „im Interesse der Gläubigergleichbehandlung" die Notwendigkeit koordinierter Erlösverteilung begründet. Im erläuternden Bericht von Virgos/Schmit wird als Ziel des mit Art. 20 EUInsVO inhaltsgleichen Art. 20 EuIÜ genannt, den Grundsatz der Gleichbehandlung aller Gläubiger des Schuldners zu wahren[449].

Das Ziel der Gläubigergleichbehandlung ist jedoch in der EUInsVO, ebenso wie in der InsO[450], nicht vollkommen verwirklicht[451]. Auch in der EUInsVO ist das Prinzip der Gläubigergleichbehandlung eingeschränkt durch die Privilegierung dinglich gesicherter Gläubiger in Art. 5 EUInsVO[452] und das Privileg der Aufrechnung in Art. 6 EUInsVO[453].

Eine andere Frage der Gläubiger-Gleichbehandlung in grenzüberschreitenden Insolvenzverfahren ist, ob eine Forderung, die in einem ausländischen Insolvenzverfahren nach Prüfung eine bestimmte Rangposition einnimmt oder ein bestimmtes Vorrecht genießt, dann, wenn sie nach Art. 32 EUInsVO auch in einem inländischen Verfahren – sei es ein inländisches Haupt- oder Sekundärinsolvenzverfahren – angemeldet wird, in dem inländischen Verfahren dieselbe Rangposition einnimmt bzw. dasselbe Vorrecht genießt wie in dem ausländischen Verfahren oder ob für das inländische Verfahren erneut und gesondert geprüft wird, ob und ggf. welches Privileg der Forderung zukommt.

---

445 Duursma-Kepplinger in Duursma-Kepplinger/Duursma/Chalupsky, Vorbemerkungen Rn. 19; Art. 3, Rn. 47 u. 114; Art. 20, Rn. 1; Art. 27, Rn. 49; Smid, Deutsches und europäisches internationales Insolvenzrecht, Art. 1 EUInsVO, Rn. 25; Art. 5 EUInsVO, Rn. 8; Art. 20 EUInsVO, Rn. 1

446 Duursma-Kepplinger in Duursma-Kepplinger/Duursma/Chalupsky, Vorbemerkungen Rn. 19

447 Smid, Deutsches und europäisches Insolvenzrecht, Art. 1 EUInsVO, Rn. 12

448 Reinhard in Münchner Kommentar, vor Art. 1 EUInsVO, Rn. 7

449 Virgos/Schmit, Ziff. 171 u. 174

450 s.o. II.

451 Duursma-Kepplinger in Duursma-Kepplinger/Duursma/Chalupsky, Art. 3, Rn. 3

452 Duursma-Kepplinger in Duursma-Kepplinger/Duursma/Chalupsky, Art. 4, Rn. 11 u. 75 u. Art. 20, Rn. 25; s.o. D. IV. 2. a.

453 Gruber in Haß/Huber/Gruber/Heiderhoff, Art. 6, Rn. 2; s.o. D.IV.3.a.

Die Vorrechtsordnungen von Insolvenzforderungen sind in den Insolvenzrechten der einzelnen Mitgliedsstaaten der EU sehr unterschiedlich gestaltet[454]. Nach dem 27. Erwägungsgrund der EUInsVO sollte die unmittelbare automatische Anerkennung von Entscheidungen über die Abwicklung der Insolvenzverfahren bzw. von Entscheidungen im unmittelbaren Zusammenhang mit in ihren Geltungsbereich fallenden Insolvenzverfahren auch in dem anderen Mitgliedsstaat vorgesehen werden und die zulässigen Gründe für eine Nichtanerkennung sollten daher auf das unbedingt notwendige Maß beschränkt sein. Art. 4 Abs. 2 Buchst. i EUInsVO unterwirft den Rang der Forderungen dem Recht des Staates der Verfahrenseröffnung, der lex fori concursus. Wird also nach dieser Regelung der Rang der Forderung für das inländische Insolvenzverfahren erneut geprüft und festgestellt, kann dies dazu führen, dass dieselbe Forderung in beiden Insolvenzverfahren unterschiedlich eingeordnet wird[455].

Von der Rangposition der Forderung in einem Insolvenzverfahren zu trennen ist die Vorfrage der bestimmten sachrechtlichen Qualifizierung der Forderung, beispielsweise einer Darlehensforderung als Eigenkapitalersatz, die nach der lex fori concursus sodann zu einer bestimmten Rangposition im Insolvenzverfahren führen kann, für kapitalersetzende Darlehen in einem inländischen Insolvenzverfahren beispielsweise zum Nachrang nach § 39 Abs. 1 Nr. 5 InsO. Die EUInsVO ist Teil des EU-Gemeinschaftsrechts und daher einer von den nationalen Rechten unabhängigen, autonomen Auslegung unterworfen[456]. Autonome Auslegung bedeutet rechtsvergleichende Ermittlung, welche Bedeutung der Regelung der EUInsVO „durchschnittlich" in den Mitgliedsstaaten der EU beigemessen wird[457]. Die eingangs gestellte Frage ließe sich also nur nach Vergleichung der Insolvenzrechte der übrigen 24 Mitgliedsstaaten der EU beantworten. Das würde den Rahmen dieser Arbeit übersteigen.

b) Grenzüberschreitende Insolvenzverfahren mit Auswirkungen im Verhältnis zu Drittstaaten

Für in Deutschland eröffnete grenzüberschreitende Insolvenzverfahren mit Auswirkungen im Verhältnis zu Drittstaaten ist – ebenso wie für nicht grenzüberschreitende Insolvenzverfahren[458] – im deutschen autonomen internationalen Insolvenzrecht in §§ 335ff. InsO der Grundsatz der Gläubigergleichbehandlung nicht ausdrücklich geregelt. Die Geltung des Grundsatzes der par condicio creditorum als allgemeine Grundstruktur des Verfahrens[459] lässt sich jedoch auch hier aus einigen Regelungen entnehmen[460]. In § 341 Abs. 1 InsO ist in Anlehnung an Art. 32 Abs. 1

454 Smid, Deutsches und europäisches internationales Insolvenzrecht, Art. 4 EUInsVO, Rn. 19 m.w.N.
455 Haß/Herweg in Haß/Huber/Gruber/Heiderhoff, Art. 4 EUInsVO, Rn. 41
456 Smid, Deutsches und europäisches internationales Insolvenzrecht, vor Art. 1 EUInsVO, Rn. 12
457 Smid a.a.O.
458 s.o. II.
459 Smid, Deutsches und europäisches internationales Insolvenzrecht, § 335 InsO, Rn. 10
460 Smid a.a.O., § 341 InsO, Rn. 3 und § 342 InsO, Rn. 1

EUInsVO das Verbot der Diskriminierung ausländischer Gläubiger geregelt. Diese Regelung geht etwas über Art. 13 Abs. 2 des UNCITRAL-Modellgesetzes hinaus, welcher ebenfalls vom Grundsatz der Gläubigergleichbehandlung ausgehend[461] zwar eine besondere Einstufung von Ansprüchen ausländischer Gläubiger erlaubt, jedoch als Mindestrang den der allgemeinen, nicht bevorrechtigten Ansprüche vorschreibt, es sei denn, dass entsprechende inländische Ansprüche niedriger eingestuft sind. In § 342 InsO sind in Anlehnung an Art. 20 EUInsVO, der zentralen Vorschrift über die Gläubiger-Gleichbehandlung der EUInsVO[462], die Herausgabepflicht und Anrechnung geregelt. Nach § 342 Abs. 2 S. 2 InsO wird ein Gläubiger, der aus einem in einem anderen Staat eröffneten Insolvenzverfahren eine Teilbefriedigung seiner Forderung erlangt hat, im inländischen Insolvenzverfahren bei der Verteilung erst berücksichtigt, wenn „die übrigen Gläubiger ihm gleichgestellt sind“.

Auch im deutschen autonomen internationalen Insolvenzrecht ist die Gläubigergleichbehandlung nicht vollkommen verwirklicht, wie beispielsweise die Privilegierung der Aufrechnung in § 338 InsO zeigt.

---

461 Pannen in Runkel, § 16, Rn. 62
462 Duursma-Kepplinger in Duursma-Kepplinger/Duursma/Chalupsky, Art. 20, Rn. 1

F. Ungleichbehandlung der Gläubiger durch die geltende Privilegienordnung – Verstoß gegen den Gläubiger-Gleichbehandlungsgrundsatz?

Im geltenden Insolvenzrecht genießen, wie gezeigt[463], zahlreiche Gläubiger (-gruppen) Privilegien. Gleichzeitig gilt das Gebot der Gläubigergleichbehandlung[464]. Im Folgenden wird untersucht, ob dieser scheinbar offene Widerspruch für einige wirtschaftlich wesentliche Privilegien tatsächlich besteht oder ob nicht der Grundsatz der Gläubigergleichbehandlung seine Grenze in den Privilegien findet.

I. Tauglichkeit als Prüfungsmaßstab für Gläubigerprivilegien und Grenzen des Gleichbehandlungsgrundsatzes als materielles Verteilungsprinzip

Die Gleichbehandlung der Gläubiger im Insolvenzverfahren als materielles Verteilungsprinzip wurde hergeleitet aus einer entsprechenden, von den Gläubigern als Teilnehmern des Wirtschaftslebens bei der Kreditierung des Schuldners konkludent getroffenen gemeinsamen Vorausvereinbarung[465], der durch die Begründung, Sicherung oder Befriedigung einer Forderung ausgeübten Einflussnahme des Gläubigers auf das Schuldnervermögen mit der Konsequenz wechselseitiger Ausgleichshaftung aller Gläubigerforderungen[466] und aus der allen Gläubigern gleichsam und gleichzeitig zu gewährenden Garantie des Eigentums und des effektiven Rechtsschutzes aus Art. 14 Abs. 1 GG[467].

Die Annahme einer gemeinsamen Vorausvereinbarung einer Gleichbehandlung im Insolvenzfall des Schuldners durch die Gläubiger ist vertretbar für die Gläubiger, die dem Schuldner aufgrund einer bewussten Entscheidung Kredit gewähren und sich diesen nicht gesondert besichern lassen. Gläubiger hingegen, die sich für ihren Kredit aus dem Schuldnervermögen Sicherheit gewähren lassen, treffen gerade nicht die Vorausabrede, mit anderen Gläubigern in der Insolvenz des Schuldners gleich behandelt, also nur quotal befriedigt werden zu wollen, sondern bringen im Gegenteil ihren Willen zum Ausdruck, prioritär aus dem Sicherungsgut möglichst vollständig und ohne Rücksicht auf die Befriedigungsquoten der übrigen Gläubiger

463 s.o. D.
464 s.o. E.
465 s.o. E.II.1.c
466 s.o. E.II.1.d
467 s.o. E.II.1.e

befriedigt zu werden. Die marktwirtschaftlich begründete Annahme einer konkludenten Vorausabrede kann also eine materielle Gleichbehandlung im Sinne quotaler Befriedigung für die Sicherungsgläubiger nicht begründen. Ebenso muss diese Begründung des Gläubiger-Gleichbehandlungsgrundsatzes in der Insolvenz für diejenigen Gläubiger scheitern, die keine bewusste Kreditentscheidung zugunsten des Schuldners getroffen haben: die Gläubiger aus ungerechtfertiger Bereicherung oder unerlaubter Handlung des Schuldners, der Fiskus und die Sozialversicherungsträger jeweils wegen nicht kreditierter, d.h. nicht gestundeter Forderungen. Sie haben keine konkludente Vorausabrede über eine anteilige Befriedigung im Insolvenzverfahren getroffen.

Die Einflussnahme auf das Schuldnervermögen durch Begründung, Sicherung und Befriedigung einer Forderung kann eine Begründung für eine gleichwertige wechselseitige Ausgleichshaftung der Forderungen und aus ihr folgend eine Begründung für die Gläubigergleichbehandlung als materielles Verteilungsprinzip nur sein, wenn auch die Einflussnahme auf das Schuldnervermögen und die damit einhergehende Gefährdung anderer Gläubigerforderungen gleichwertig, d.h. allein differenziert nach der nominalen Forderungshöhe ist bzw. war. Davon kann jedoch nicht immer ausgegangen werden[468]. Hinsichtlich Gläubigern aus unerlaubter Handlung oder Eingriffskondiktion (§ 816 Abs. 1 S. 1 BGB) und erst recht bei Gläubigern aus Leistungskondiktion (§ 812 Abs. 1 S. 1 1. Fall BGB), die beispielsweise versehentlich und rechtsgrundlos eine Zahlung auf ein im Haben geführtes Konto des späteren Gemeinschuldners geleistet haben, kann von Einflussnahme auf das Schuldnervermögen bzw. Mitursächlichkeit für die Insolvenz des Schuldners nicht gesprochen werden[469]. Die aus der Einflussnahme auf das Schuldnervermögen und Mitursächlichkeit für die Insolvenz hergeleitete wechselseitige Ausgleichshaftung der Forderungen kann folglich für die genannten Gläubiger die Notwendigkeit materieller Gleichbehandlung im Sinne quotaler Befriedigung im Insolvenzverfahren ebenfalls nicht begründen[470].

Es zeigt sich also, dass diese Begründungen für eine materielle Gleichbehandlung auch der vorgenannten Gläubigerforderungen nicht ausreichen, mithin das Prinzip der Gläubiger-Gleichbehandlung in der Insolvenz absolute Gültigkeit nicht beanspruchen kann.

Andererseits hat sich erwiesen, dass das Insolvenzverfahren als gleichmäßige Gesamtvollstreckung in das Vermögen des Schuldners aus der Garantie des Eigentums und des effektiven Rechtsschutzes aus Art. 14 Abs. 1 GG zugunsten aller Gläubiger geboten ist[471]. Kohler nahm ein durch die Konkurseröffnung begründetes, pfandrechtsähnliches Beschlagsrecht der Gläubigergesamtheit am gesamten Schuldner-

---

468 Brehm, Festschrift für Jelinek, S. 15, 25
469 Brehm, a.a.O., S. 28, 29
470 Eine gewisse Privilegierung besteht für Forderungen aus vom Schuldner vorsätzlich begangener unerlaubter Handlung im Restschuldbefreiungsverfahren dadurch, dass der Schuldner von ihnen nach § 302 Nr. 1 InsO nicht befreit werden kann
471 s.o. E. II. 1.e

vermögen an[472], das, ähnlich dem Pfändungspfandrecht in der Individual-Mobiliarvollstreckung, den Rechtsgrund für die Verteilungsleistungen des Konkursverwalters, die Auszahlung der Quote bilden konnte[473]. Auch wenn man der Theorie vom Beschlagsrecht[474] nicht folgt[475], so ist jedenfalls davon auszugehen, dass durch die Insolvenzeröffnung das Vermögen des Schuldners als Insolvenzmasse den Gläubigern haftungsrechtlich zugewiesen wird[476]. Die Garantie des Eigentums und des effektiven Rechtsschutzes aus Art. 14 Abs. 1 GG führt in der Insolvenz des Schuldners zum Verbot der Einzelvollstreckung und zum Gebot gemeinschaftlicher Befriedigung im Rahmen eines Gesamtvollstreckungsverfahrens als aus der Sicht der Gläubigergesamtheit effektivere Befriedigungsmöglichkeit[477]. Findet das Insolvenzverfahren mit dem Ausschluss der Einzelzwangsvollstreckung seine Legitimation also darin, dass es aus Sicht der Gläubigergesamtheit der effektivere Rechtsschutz zur Befriedigung der Forderungen ist, so ist damit zugleich ausgeschlossen, dass die den Gläubigern dienende Haftungsmasse des Schuldners anderen Zwecken als denjenigen der Haftungsverwirklichung des Schuldnervermögens und der Befriedigung der Gläubiger dienstbar gemacht wird, etwa wirtschafts-, fiskal- oder sozialpolitischen Zwecken[478]. Denn angesichts der Unzulänglichkeit des Schuldnervermögens würde jede Bevorzugung eines Gläubigers bei der Befriedigung aus wirtschafts-, fiskal- oder sozialpolitischen Gründen eine Benachteiligung der anderen Gläubiger bei der Befriedigung ihrer Forderungen bewirken, die ihnen gegenüber eine unzulässige Beschneidung ihrer Rechtspositionen aus Art. 14 Abs. 1 GG wäre. Der Schutz des Privateigentums aus Art. 14 Abs. 1 GG erstreckt sich auch auf die Haftungsfunktion[479]. Wirtschafts-, Fiskal- oder Sozialpolitik darf nicht aus den Rechten der im Insolvenzverfahren über das Vermögen des Schuldners zufällig mit betroffenen Gläubiger finanziert werden[480]. Anders ausgedrückt: Die Gründe für eine eventuelle Privilegienordnung oder bevorzugte Befriedigung einzelner Gläubigerforderungen dürfen nicht im allgemein Politischen liegen, sondern es müssen spezielle insolvenzrechtliche Gründe sein[481]. Da das Insolvenzrecht seinerseits ein „Teilsystem" des Privatrechts ist[482], nämlich eine zivilrechtliche Haftungsordnung[483] zur Durchsetzung der zivilrechtlichen Haftungslage[484], müssen die Begründungen für Gläubigerprivilegierungen ebenfalls privatrechtlicher Natur sein[485]

---

472 Kohler, Leitfaden, § 11, S. 72 ff.
473 Henckel, Festschrift für Weber, S. 237, 244, 245
474 Kohler, a.a.O.
475 Sie gilt als tot, Henckel, Festschrift für Weber, S. 237, 238
476 Berges, KTS 1957, 49, 57; Henckel, Festschrift für Weber, 237, 252
477 s.o. E. II. 1. e
478 Häsemeyer, Insolvenzrecht, Rn. 2.20; Brehm, Festschrift für Jelinek, S. 15, 28
479 Häsemeyer, Insolvenzrecht, Rn. 2.20
480 Häsemeyer a.a.O.
481 Häsemeyer, KTS 1982, 507, 529 u. 559
482 Häsemeyer, Insolvenzrecht, Rn. 1.11
483 Smid, Grundzüge des neuen Insolvenzrechts, § 1 Rn. 1
484 Kübler/Prütting, RWS-Dokumentation S. 101; Allg. Begr. zum RegE-InsO, A.4.a.cc., BT-Drucksache 12/2443, S. 83
485 Häsemeyer, Insolvenzrecht, Rn. 1.11 u. 2.19; Brehm, Festschrift für Jelinek, S. 15, 28: Verteilung im Insolvenzverfahren im Einklang mit dem Zivilrecht

und aus der zivilrechtlichen Haftungsordnung folgen[486]. Wird zudem berücksichtigt, dass die Gläubiger mit ihren auf eine unzulängliche Vermögensmasse bezogenen Befriedigungsrechten eine Verlustgemeinschaft in der Weise bilden[487], dass ihre Forderungen der Gläubiger in wechselseitiger Ausgleichshaftung stehen, kommt es für eine Privilegierung, also Enthaftung einer Forderung ferner nicht auf die Rechtsbeziehung des jeweiligen Gläubigers zum Schuldner an, sondern es muss als Privilegierungsgrund ein spezifisch insolvenzrechtlicher Enthaftungsgrund im Verhältnis zu den anderen Gläubigern gegeben sein[488].

Im Folgenden sind also die wesentlichen, im Insolvenzverfahren geltenden Gläubigerprivilegien auf ihre Vereinbarkeit mit dem vorstehend hergeleiteten und definierten Grundsatz der Gläubigergleichbehandlung zu überprüfen.

II. Würdigung von Gläubigerprivilegien aufgrund außerinsolvenzlich erworbener Rechtspositionen

Für Gläubigerprivilegien, die das geltende Insolvenzrecht aufgrund vorinsolvenzlich wirksam erworbener Rechtsposition anerkennt, ist die Fragestellung und Prüfungsrichtung eine grundsätzlich andere als für Privilegien, die das Insolvenzrecht für die Durchführung des Insolvenzverfahrens erst gesondert gewährt. Für erstere ist zu untersuchen, ob der unter E. hergeleitete insolvenzrechtliche Grundsatz der Gläubigergleichbehandlung die Nichtanerkennung der vorinsolvenzlich erworbenen Rechtsposition, also ihre Beseitigung im Insolvenzverfahren gebietet; für letztere muss untersucht werden, ob die gesonderte Gewährung des Privilegs mit dem Grundsatz der Gläubigergleichbehandlung vereinbar ist. Ersterenfalls würde etwas Bestehendes im Insolvenzverfahren beseitigt, letzterenfalls etwas nicht Bestehendes für das Insolvenzverfahren geschaffen.

1. Absonderungsrechte

a) *Absonderungsrechte aufgrund rechtsgeschäftlicher publizitätsloser Mobiliarsicherheiten*

(1) Dingliche Sicherheit als Enthaftungsgrund der Forderung?

Da die Absonderungsbefugnis von Gläubigern mit den publizitätslosen Mobiliarsicherheiten verlängerter/erweiterter Eigentumsvorbehalt, Sicherungsübereignung und Sicherungs-(global-)zession – in der Regel Banken und Warenlieferanten – als wesentliche Ursache für die Masselosigkeit der Konkursverfahren und damit den Funktionsverlust des Konkursrechts identifiziert war[489], mussten für das Ziel der

486 Häsemeyer, Insolvenzrecht, Rn. 1.13
487 Berges, KTS 1957, 49, 57
488 Häsemeyer, KTS 1982, 507, 529; Berges, KTS 1957, 49, 57
489 siehe nur Gessner/pp. S. 111, 112; s.o. C. V. 1.

Insolvenzrechtsreform, das Problem der Massearmut zu beheben, geänderte Regelungen dahingehend getroffen werden, dass die Insolvenz von den genannten Sicherungsgläubigern zumindest mitfinanziert wird[490]. Die Gesetz gewordenen Regelungen in §§ 49 ff. und 166 ff. InsO und ihre rechtlichen Wirkungen sind unter D. I. 1. dargestellt.

Die abgesonderte Befriedigung der Sicherungsgläubiger aus dem Sicherungsgut, besser: die bevorrechtigte Befriedigung ihrer Forderung aus dem Erlös aus der Verwertung des Sicherungsgutes bewirkt in Höhe der bevorrechtigten Befriedigung eine Herausnahme der gegen den Schuldner gerichteten gesicherten Forderung aus der wechselseitigen Ausgleichshaftung aller Gläubigerforderungen, mithin eine Enthaftung. Hierfür muss, damit dies kein Verstoß gegen den insolvenzrechtlichen Gläubiger-Gleichbehandlungsgrundsatz ist, ein besonderer, spezifisch insolvenzrechtlicher Enthaftungsgrund gegeben sein[491].

Für die Forderungen der gesicherten Gläubiger ist davon auszugehen, dass sie ebenso wie die Forderungen der ungesicherten „einfachen“ Insolvenzgläubiger Einfluss auf das Schuldnervermögen genommen haben und daher unterschiedslos in der Ausgleichshaftung stehen[492]. Fraglich ist, ob sich hieran etwas durch den Umstand ändern kann, dass der Gläubiger rechtzeitig, d.h. insolvenzrechtlich unanfechtbar mit dem Schuldner eine dingliche Sicherheit für seine Forderung vereinbart hat. Zwar konnte der Schuldner bis zur Insolvenz über sein Vermögen verfügen, also Gläubigern auch dingliche Sicherheiten einräumen. Jedoch hatte er zu keinem Zeitpunkt die Befugnis, über die Ausgleichshaftung der Gläubiger mit ihren Forderungen im Insolvenzverfahren zu disponieren, denn diese Ausgleichshaftung ergibt sich ja gerade infolge der Insolvenz mit ihrer eigenen Haftungsordnung, die nicht durch die privatautonomen Verfügungen des Schuldners bestimmt ist. Denn sonst könnte der Schuldner mit einzelnen Gläubigern im Vorhinein ja auch Befriedigungsreihenfolgen für die Insolvenzforderungen absprechen, was ihm wirksam jedoch nur in Form der Vereinbarung eines Nachranges möglich ist, da insoweit die anderen Gläubiger nicht benachteiligt, allenfalls bessergestellt werden. Mit der Insolvenz bricht das System eigenverantwortlicher Schuldenregulierung durch den Schuldner zusammen[493]. Die Bestellung einer dinglichen Sicherheit besagt also nichts über die Enthaftung der gesicherten Forderung gegenüber den anderen Gläubigern[494]. Mithin taugt die dingliche Sicherung nicht für eine Enthaftung der Gläubigerforderung. Sie ist somit nicht der für die Privilegierung erforderliche spezifisch insolvenzrechtliche Enthaftungsgrund[495]. Ein solcher tauglicher Enthaftungsgrund etwa wäre die deutlich geringere Einflussnahme auf das Schuld-

---

490 Smid, BB 1992, 501, 504

491 s.o. I.

492 Die Forderungen der Gläubiger aus ungerechtfertigter Bereicherung, für die eine wechselseitige Ausgleichshaftung und damit das Erfordernis materieller Gleichbehandlung nicht begründbar ist (s.o. I.), werden kaum je besichert sein

493 Häsemeyer, Insolvenzrecht, Rn. 2.23.

494 Häsemeyer, KTS 1982, 507, 532

495 Häsemeyer a.a.O., S. 545, 559, 567, 572

nervermögen und damit auf die Rechtsstellung der übrigen Gläubiger[496], die in der Regel bei den gesicherten Forderungen jedoch nicht vorliegen dürfte. Als Konsequenz würde sich ergeben, dass die dingliche Sicherung der erforderliche, spezifisch insolvenzrechtliche Enthaftungsgrund für die dinglich gesicherte Forderung nicht ist, das Absonderungsrecht aufgrund der dinglichen Sicherung mit dem insolvenzrechtlichen Gläubigergleichbehandlungsgrundsatz in seiner zivilrechtlich-haftungsrechtlichen Ausprägung nicht vereinbar wäre.

(2) Privatrechtliche Güterzuordnung als Begründung für die insolvenzrechtliche Anerkennung des Absonderungsrechts

Nun ist auf der anderen Seite nicht zu verkennen, dass der Gesetzgeber das Problem der besitzlosen Mobiliarsicherheiten im Hinblick auf das Insolvenzverfahren nicht „dort gelöst hat, wo es seinen Ausgangspunkt hat“[497], also die Möglichkeit der Begründung solcher Sicherheiten nicht gesetzlich eingeschränkt, sondern unverändert bestehen lassen hat, mit Ausnahme des Konzernvorbehalts, der abgeschafft wurde[498]. Bis zum Eintritt der Insolvenz hat der Schuldner im Rahmen seiner Privatautonomie die Befugnis, über sein Vermögen zu verfügen. Es bestehen also keine Zweifel daran, dass die Einräumung einer dinglichen Sicherheit aus dem Vermögen des Schuldners für eine Forderung eines Gläubigers außerhalb des Insolvenzverfahrens wirksam ist. Die Privatautonomie des Schuldners, die Befugnis zu eigenverantwortlicher Schuldenregulierung endet erst mit der Insolvenz[499].

Andererseits könnte man in der Absonderung aufgrund der vom Schuldner eingeräumten dinglichen Sicherheiten eine insoweitige Fortwirkung des Prioritätsprinzips und der Privatautonomie des Schuldners in die Insolvenz hinein sehen[500]. Die früheren Verfügungen des Schuldners legen durch die Vereinbarung dinglicher Sicherheiten in gewissem Maße die Befriedigungsreihenfolge im Insolvenzverfahren fest.

Die die privatautonome Verfügungsbefugnis des Schuldners und das Prioritätsprinzip beseitigenden Wirkungen des Insolvenzverfahrens wirken in den Zeitraum vor Insolvenzeröffnung durch die Regelungen des Insolvenzanfechtungsrechts nach §§ 129 ff. InsO und die Rückschlagsperre in § 88 InsO zurück[501]. Soweit danach eine vor der Insolvenzeröffnung vom Schuldner vorgenommene Verfügung Bestand hat, ist sie auch im Insolvenzverfahren nicht mehr zu korrigieren, sondern zu beachten. Das Insolvenzrecht als Teil des Privatrechts[502] muss sich in die Privatrechtsordnung

---

496 Häsemeyer a.a.O., S. 559; womit sich die von Brehm, Festschrift für Jelinek, S. 15, 28, 29 befürwortete Privilegierung bestimmter Forderungen aus ungerechtfertigter Bereicherung in Übereinstimmung mit dem Gleichbehandlungsgrundsatz begründen ließe

497 Paulus, ZIP 1985, 1449, 1459

498 § 455 Abs. 2 BGB a.F.; jetzt § 449 Abs. 3 BGB n.F.

499 Häsemeyer, Insolvenzrecht, Rn. 2.23.

500 Häsemeyer, Insolvenzrecht, Rn. 2.21.

501 s.o. D. II. 2.

502 s.o. I.

fügen und kann diese nicht aushebeln. So ist auch in der Begründung zum RegE-InsO ausdrücklich ausgeführt, dass das Insolvenzrecht die zivilrechtliche Güterzuordnung durchzusetzen und folglich Zwangseingriffe in die privatrechtliche Güterordnung auch und gerade im Verhältnis zwischen gesicherten und ungesicherten Gläubigern zu vermeiden hat[503].

Ebenso wie ein vom Schuldner noch vor der Insolvenz unanfechtbar veräußerter Vermögensgegenstand nicht mehr zum Schuldnervermögen und damit nicht mehr zur Insolvenzmasse gehört, so gehört auch ein einem Gläubiger vor der Insolvenz unanfechtbar dinglich übertragenes Sicherungsgut nicht mehr zum Schuldnervermögen und damit nicht mehr zur Insolvenzmasse, die unter den übrigen Insolvenzgläubigern gleichmäßig zu verteilen wäre. Zur Insolvenzmasse gehört nur der Anspruch des Schuldners auf Rückübertragung bzw. Freigabe des Sicherungsgutes nach Entfallen des Sicherungszwecks, also i.d.R. Befriedigung der Forderung des Sicherungsgläubigers. Darüber darf der Umstand, dass die absonderungsberechtigten Gläubiger nun in das Insolvenzverfahren einbezogen sind, nicht hinwegtäuschen. Die Einbeziehung in das Insolvenzverfahren bedeutet nicht den Verlust ihrer dinglichen Sicherungsrechte. Der aus der wechselseitigen Ausgleichshaftung der Forderungen hergeleitete Gleichbehandlungsgrundsatz kann nicht bewirken, dass eigentlich nicht zum Schuldnervermögen und damit nicht zur Insolvenzmasse gehörendes Gut zu dieser gezogen und unter die übrigen Insolvenzgläubiger gleichmäßig verteilt wird. Zwar bewirkt die abgesonderte Befriedigung aus dem Sicherungsgut eine Enthaftung der gesicherten Forderung. Jedoch besteht hierfür ein Rechtsgrund, der sich nicht aus dem insoweit nicht maßgeblichen[504] Verhältnis des Gläubigers zum Schuldner herleitet, sondern im Verhältnis zu allen übrigen Gläubigern besteht. Das Privileg der abgesonderten Befriedigung aus der Mobiliarsicherheit hat seinen Rechtsgrund im allgemeinen Zivilrecht, in der unabhängig vom Insolvenzrecht bestehenden, diesem vorgegebenen und gegenüber jedermann, so auch gegenüber den anderen Gläubigern wirksamen privatrechtlichen Güterzuordnung. Insofern unterscheidet sich das Privileg der abgesonderten Befriedigung aus dem dinglich übertragenen Sicherungsgut grundsätzlich von einem insolvenzspezifischen allgemeinen Vorrecht: Ersteres folgt aus dem allgemeinen Zivilrecht[505], aus der jenseits des Insolvenzrechts bestehenden privatrechtlichen Güterzuordnung und müsste, sollte es im Insolvenzverfahren nicht gelten, allenfalls durch das Insolvenzrecht aufgehoben oder in seiner Rechtsfolge modifiziert[506] werden. Letzteres würde durch das Insolvenzrecht für das Insolvenzverfahren erst „künstlich" geschaffen[507]. Diesen grundsätzlichen Unterschied[508] zwischen Abson-

---

503 Kübler/Prütting, RWS-Dokumentation, S. 94, 95; Allg. Begr. zum RegE-InsO, A.3.a.ee., BT-Drucksache 12/2443, S. 78

504 s.o. I.

505 Gassert-Schumacher, S. 321

506 was durch §§ 166 ff. InsO geschehen ist

507 Gassert-Schumacher, S. 322; was durch die Beseitigung der allgemeinen Vorrechte in der InsO gerade nicht mehr der Fall ist

508 siehe auch Gassert-Schumacher, S. 314 und 322

derungsrecht und allgemeinem Vorrecht verkennt Häsemeyer, wenn er ausführt, beide stünden nach ihren Voraussetzungen gleich[509].

(3) Vereinbarkeit des Absonderungsrechts mit der Eigentumsgarantie aus Art. 14 Abs. 1 GG

Dieses Ergebnis steht auch im Einklang mit der Garantie des Eigentums und des effektiven Rechtsschutzes aus Art. 14 Abs. 1 GG. Einerseits werden die Rechtspositionen der Sicherungsgläubiger ihrerseits als Vermögens- und Eigentumspositionen institutionell garantiert[510]. Andererseits werden die durch die Garantie des Eigentums und des effektiven Rechtsschutzes nach Art. 14 Abs. 1 GG geschützten Rechtspositionen der anderen, nicht gesicherten Insolvenzgläubiger nicht angetastet. Ihnen wird durch die abgesonderte Befriedigung der dinglich gesicherten Gläubiger im Insolvenzverfahren keine Rechtsposition weggenommen, die sie außerhalb des Insolvenzverfahrens hätten. Denn auch außerhalb eines Insolvenzverfahrens wäre Ihnen das Absonderungsgut aufgrund der dinglichen Rechte der Sicherungsgläubiger für eine Einzelzwangsvollstreckung entzogen und die gesicherten Gläubiger könnten als Inhaber der Sicherungen sich gegen die Zwangsvollstreckung eines anderen Gläubigers in das Sicherungsgut mit der Drittwiderspruchsklage nach § 771 ZPO wehren. Außerhalb der Insolvenz könnten die übrigen Gläubiger allenfalls in den Anspruch des Schuldners auf Rückübertragung bzw. Freigabe des Sicherungsgutes nach Entfallen des Sicherungszwecks vollstrecken. Dieser Anspruch bleibt auch im Insolvenzverfahren im Vermögen des Schuldners, welches zur gleichmäßigen Befriedigung aller Gläubiger zur Verfügung steht.

Damit ist zugleich dargelegt, dass die Vereinbarkeit der Absonderungsrechte der dinglichen Mobiliar-Sicherungsgläubiger mit dem Gleichbehandlungsgrundsatz nicht abhängig ist von der Höhe der im Insolvenzverfahren für die übrigen, nicht gesicherten Gläubiger erzielbaren Quote. Man könnte zu folgender Argumentation verleitet sein: Würden auch unter Geltung der InsO die Absonderungsrechte insbesondere der besitzlosen Mobiliarsicherungsgläubiger rechtstatsächlich – wie zur Zeit der KO – dazu führen, dass die nicht privilegierten Gläubiger so gut wie keine Befriedigungen in den Insolvenzverfahren mehr erhalten, dann würde diesen – wieder – kein Verfahren für eine effiziente Rechtsdurchsetzung mehr zur Verfügung stehen, da die Individualvollstreckung ja suspendiert ist. Dadurch würden die Gläubiger in ihrem Grundrecht aus Art. 14 Abs. 1 GG verletzt[511]. Zugleich läge in dem Umstand, dass das Insolvenzverfahren – wie vorher das Konkursverfahren – im Wesentlichen nur noch der Befriedigung der gesicherten Gläubiger dient, eine Verletzung des Gleichheitsgrundsatzes[512]. Abgesehen davon, dass rechtstatsächliche, d.h. statistische Erkenntnisse, ob die Absonderungsrechte der besitzlosen Mobiliar-

509 Häsemeyer, KTS 1982, 507, 567
510 Ganter in Münchner Kommentar, vor §§ 49–53, Rn. 9
511 so für die Situation zur Zeit der KO Smid, Grundzüge des neuen Insolvenzrechts, § 1 Rn. 20
512 Smid a.a.O.; Prütting in Kübler/Prütting, § 5 Rn. 65

Sicherungsgläubiger auch unter Geltung der InsO die vorgenannten Wirkungen haben, soweit ersichtlich, noch nicht vorliegen, trifft diese Argumentation nicht den Kern. Auch für den Fall, dass das ganze Schuldnervermögen Sicherungsgläubigern wirksam und anfechtungsfest übertragen ist, bewirkt das Absonderungsrecht der Sicherungsgläubiger in der Insolvenz des Schuldners keinen Eingriff in aus Art. 14 Abs. 1 GG geschützte Rechtspositionen der ungesicherten Gläubiger. Sie hatten auch vor der Insolvenz des Schuldners wegen § 771 ZPO keine Zugriffsmöglichkeit mehr.

Diese Abwägungen zeigen außerdem, dass das in der Reformdiskussion gebildete Gegensatzpaar „Vermögensumverteilung oder Anerkennung der Sicherungsrechte" zu kurz greift[513] und dass es auf die Frage, inwieweit wirksam und anfechtungsfest eingeräumte dingliche Sicherheiten ein sachlicher Differenzierungsgrund für eine Ungleichbehandlung der Sicherungsgläubiger gegenüber den Insolvenzgläubigern sind[514], nicht ankommt.

(4) Zulässigkeit der Kostenbeiträge der absonderungsberechtigten Sicherungsgläubiger

Stehen somit die Absonderungsrechte der besitzlos an Mobilien gesicherten Gläubiger in der Insolvenz des Schuldners, also ihr Recht, bevorzugte Befriedigung ihrer Forderung aus dem Sicherungsgut zu erlangen, nicht im Widerspruch zu dem insolvenzrechtlichen Gläubiger-Gleichbehandlungsgrundsatz[515], so ist damit noch keine Aussage getroffen, ob und ggf. in welchem Maße die Sicherungsgläubiger zu gewissen Beiträgen zugunsten der Insolvenzmasse herangezogen werden können. Ließe sich für die Einbeziehung der gesicherten Gläubiger in das Insolvenzverfahren mit den durch die InsO geregelten Beschneidungen ihrer Rechtsposition allerdings tatsächlich nur die Begründung des Regierungsentwurfs anführen, die „alleinige Rechtfertigung für die Einbeziehung der Sicherungsgläubiger liegt ... darin, dass für die Verwertung des Schuldnervermögens im Ganzen möglichst günstige Bedingungen geschaffen werden sollen"[516], so könnte dies auf einen unzulässigen Eingriff in die durch Art. 14 Abs. 1 GG geschützten Rechtspositionen der Sicherungsgläubiger hindeuten. Denn mit welcher Begründung sollte den Sicherungsgläubigern im Insolvenzfalle ein Sonderopfer zugunsten anderer Gläubiger abverlangt werden? Die Insolvenz des (gemeinsamen) Schuldners und die Insolvenzordnung als zivilrechtliche Haftungsordnung rechtfertigen eine direkte Vermögensumverteilung jedenfalls nicht[517].

---

513 Smid, BB 1992, 501, 505

514 bejahend Smid, InsO § 38, Rn. 2

515 Flessner unterstreicht dies auch für das – zur Zeit seiner Ausführungen noch zu schaffende – Insolvenz-Sanierungsverfahren, allerdings mit der Empfehlung, „Abschied" von der par condicio creditorum zu nehmen, ZIP 1981, 113, 118. Dies ist jedoch, wie gezeigt, nicht erforderlich

516 Kübler/Prütting, RWS-Dokumentation S. 105; Allg. Begr. zum RegE-InsO, A.3.c.aa., BT-Drucksache 12/2443, S. 86

517 Häsemeyer, KTS 1982, 507, 553

Demgegenüber sind folgende Erwägungen maßgeblich: Die Feststellung und Verwertung des mobilen Sicherungsgutes verursacht mitunter erhebliche Kosten und lässt Umsatzsteuerverbindlichkeiten entstehen[518]. Diese Kostenpositionen belasten die Insolvenzmasse und verkürzen auf diese Weise die Befriedigungsquote der übrigen Gläubiger, obwohl ihnen der Erlös des Sicherungsgutes nicht zugute kommt. Dies wird zu Recht als unbilliger Misstand empfunden[519]. In dieser Situation ist es aus dem Gleichbehandlungsanspruch der ungesicherten Gläubiger sogar geboten, mit den Kosten der Feststellung und Verwertung seines Sicherungsguts nur den jeweils absonderungsberechtigten Gläubiger zu belasten. Außerdem würden den Sicherungsgläubigern auch bei einer selbst vorgenommenen Verwertung des Sicherungsgutes Kosten entstehen und es würde Umsatzsteuer anfallen, so dass der Sicherungsgläubiger diese Kosten ohnehin in seine Kalkulation mit einbeziehen musste[520].

Der ursprüngliche RegE InsO sah in § 196 Abs. 1 vor, von den absonderungsberechtigten dinglichen Mobiliarsicherungs-Gläubigern als Kosten der Feststellung des Sicherungsgutes und der Absonderungsrechte auch eine Beteiligung an den allgemeinen Verfahrenskosten zu verlangen. Die Pauschale sollte 6 % des Verwertungserlöses betragen, wovon für die Beteiligung an den allgemeinen Verfahrenskosten ein Prozentpunkt vorgesehen war[521]. Diese Regelung ging wohl noch auf einen Vorschlag der Kommission für Insolvenzrecht zurück. Diese hatte vorgeschlagen, den publizitätslosen Mobiliar-Sicherungsgläubigern einen allgemeinen Verfahrensbeitrag in Höhe von 25 % (20 %; 15 %) des Verwertungserlöses ihres Sicherungsgutes abzuverlangen[522]. Zur Begründung führte die Kommission einerseits an, es sei unbillig, dass die „nicht unerheblichen" Kosten der Feststellung und der Abwicklung der besitzlosen Mobiliarsicherheiten von der Masse und damit von den ungesicherten Gläubigern getragen würden. Außerdem solle der Verfahrensbeitrag einen Ausgleich für die „drastische Einschränkung der Befriedigungsaussichten" der ungesicherten Gläubiger durch die Anerkennung der besitzlosen Mobiliarsicherheiten durch die Rechtsprechung bieten[523]. Sowohl der Kommissionsvorschlag als auch § 196 Abs. 1 RegE-InsO wären hinsichtlich des von den Sicherungsgläubigern zu leistenden allgemeinen Verfahrenskostenbeitrages als Umverteilungsregelung bedenklich gewesen[524]. Nach der Empfehlung und dem Bericht des Rechtsausschusses wurde in § 171 Abs. 1 InsO von einer Beteiligung der absonderungsberechtigten

---

518 Maus in Uhlenbruck, InsO, § 171, Rn. 6

519 Kübler/Prütting, RWS-Dokumentation, S. 109; Allg. Begr. zum RegE-InsO, A.4.c.ee., BT-Drucksache 12/2443, S. 89

520 Kübler/Prütting, RWS-Dokumentation, S. 403; Begr. zu § 196 RegE-InsO; BT-Drucksache 12/2443, S. 181

521 Kübler/Prütting, RWS-Dokumentation, S. 109; Allg. Begr. zum RegE-InsO, A.4.c.ee.; BT-Drucksache 12/2443, S. 89

522 Erster Bericht der Kommission für Insolvenzrecht, Ls. 3.3.2., S. 312

523 Erster Bericht der Kommission für Insolvenzrecht, Ls. 3.3.2., S. 312

524 a.A. Gassert-Schumacher, S. 334: Im Rahmen der Sozialnützigkeit des Eigentums wäre eine Belastung der gesicherten Gläubiger mit einem gewissen Verfahrensbeitrag mit der Eigentumsgarantie des Art. 14 Abs. 1 GG rechtlich unproblematisch vereinbar

Gläubiger an den allgemeinen Verfahrenskosten abgesehen und im Übrigen die Pauschale für die Feststellungskosten auf 4 % der Verwertungskosten gesenkt[525].

Im Hinblick darauf, dass die Gläubiger mit besitzlosen Immobiliarsicherheiten in der Insolvenz des Sicherheitsgebers mit einer Kostenbelastung von 25 % des Sicherheitenwertes (Feststellungspauschale 4 %, Verwertungspauschale 5 % und Umsatzsteuer 16 %) zu rechnen haben, wurde in der Reformdiskussion die Befürchtung laut, die Sicherungsgläubiger würden diesen Kostenbeitrag in die Höhe der verlangten Sicherheiten einberechnen, wodurch wiederum Masselosigkeit der Insolvenzverfahren über folgenden Mechanismus zu befürchten sei: Geringes Eigenkapital der Unternehmen = hohes Fremdkapital = hohes Kreditvolumen = hohe Sicherheitenwerte = geringes, nicht durch Sicherheiten verhaftetes Vermögen des Schuldners = geringe Befriedigungsaussicht für nicht gesicherte Insolvenzgläubiger. Ob sich diese Wirkung eingestellt hat, kann erst nach Veröffentlichung entsprechender Statistiken beurteilt werden, ist in dieser Absolutheit jedoch nicht sehr wahrscheinlich, da nach § 171 InsO jedenfalls der prozentuale Anteil des Sicherheitenwertes der Masse zufließt. Dem gegenüber dürfte eine noch höhere Sicherheitenausschöpfung der Vermögensgegenstände des Schuldners praktisch nicht zu befürchten sein, da in der Regel ohnehin fast das gesamte, zur Besicherung von Krediten taugliche Gut zur Sicherheit gegeben ist. Schließlich wurde auch in der Begründung zu § 196 RegE-InsO davon ausgegangen, dass der Sicherungsgläubiger durch ausreichende Bemessung der Sicherheit den Kostenbeitrag auffangen könne[526]. Der Gesetzgeber hat also den beschriebenen Effekt bewusst in Kauf genommen.

(5) Ergebnis

Die geltenden gesetzlichen Regelungen zur Privilegierung der durch rechtsgeschäftlich eingeräumte, publizitätslose Mobiliarsicherheiten gesicherten Gläubiger durch Einräumung des Absonderungsrechtes, also des Rechts der Sicherungsgläubiger auf bevorzugte Befriedigung aus dem Sicherheitenverwertungserlös, sind mit dem Grundsatz der Gläubigergleichbehandlung in der Insolvenz vereinbar.

b) Versicherungsrechtlich begründete Absonderungsrechte, §§ 77 S. 2, 157 VVG

Nach Art. 88 EGInsO blieben die in der Schadensversicherung begründeten Absonderungsrechte in §§ 77 S. 2 und 157 VVG[527] ausdrücklich bestehen. Zur Begründung des insoweit ins Gesetz übernommenen Art. 92 RegE-EGInsO wird lediglich – betreffend § 157 VVG – ausgeführt, dass auch im Insolvenzverfahren ein Absonderungsrecht des geschädigten Dritten an der Entschädigungsforderung des Versicherungsnehmers gegen den Haftpflichtversicherer anerkannt wird, da der geschädigte Dritte auch außerhalb eines Insolvenzverfahrens eine durch § 156 Abs. 1 VVG beson-

525 Kübler/Prütting, RWS-Dokumentation S. 403, 404
526 Kübler/Prütting, RWS-Dokumentation, S. 403; Begr. zu § 196 RegE-InsO, BT-Drucksache 12/2443, S. 181
527 s.o. D. I. 1. b. (6)

ders geschützte Rechtsstellung hat[528]. Nach § 156 Abs. 1 VVG sind dem geschädigten Dritten gegenüber Verfügungen über die bzw. Zwangsvollstreckung bzw. Arrestvollziehungen in die Entschädigungsforderung unwirksam.

Das versicherungsrechtliche Privileg in § 157 VVG findet seine Berechtigung in dem Umstand, dass die Forderung des Insolvenzschuldners gegen die Versicherung nur aufgrund und in Höhe des bei dem Dritten entstandenen Schadens entsteht. Mit anderen Worten: Gäbe es den Schadensfall und damit den Schaden des Geschädigten nicht, so würde auch der in die Insolvenzmasse fallende Vermögensgegenstand, die Forderung des Insolvenzschuldners gegen die Versicherung, nicht entstehen und den (übrigen) Insolvenzgläubigern stünde dieser Vermögenswert nicht zur Verfügung. Wirtschaftlich entsteht der Vermögensgegenstand nicht in der Person des Gemeinschuldners, sondern in derjenigen des Geschädigten und ist damit auch außerhalb eines Insolvenzverfahrens, wie § 156 Abs. 1 VVG regelt, rechtlich dem Zugriff der übrigen Gläubiger entzogen. Diese Überlegung wird zudem dadurch gestützt, dass das Absonderungsrecht des § 157 VVG auch dann entsteht, wenn der Versicherungsfall erst nach Eröffnung des Insolvenzverfahrens eintritt[529]. Da der Anspruch nur durch das Schadensereignis der Masse zufällt, entspricht es der Billigkeit[530] und ist, soweit ersichtlich auch unbestritten, dass dann der in die Masse fallende Versicherungsanspruch mit der Belastung des Absonderungsrechts entsteht[531]. Diese privatrechtlich-wirtschaftliche Güterzuordnung wird durch das Insolvenzverfahren nicht durchbrochen.

Gegen das Absonderungsrecht aus § 157 VVG ist eingewandt worden, es sei nicht gerechtfertigt, weil die Versicherungsprämien zuvor aus dem Vermögen des Schuldners aufgebracht worden seien und somit die Insolvenzmasse belastet hätten[532]. Dieses Argument verfängt nicht, da ohne die Versicherung die Insolvenzmasse – wahrscheinlich ungleich stärker – mit der Schadensersatzforderung des Geschädigten belastet würde und so zu einer stärkeren Verringerung der Quote der übrigen Insolvenzgläubiger führen würde, als es die zuvor vom Gemeinschuldner noch bezahlten Versicherungsprämien vermochten. De lege ferenda könnte ein Abzug von der Versicherungsleistung gegenüber dem absonderungsberechtigten Geschädigten in Höhe der vom Schuldner seit Eintritt der materiellen Insolvenz gezahlten Versicherungsprämien zu erwägen sein.

Das nach § 77 S. 2 VVG gegebene Recht des Versicherungsnehmers, sich wegen seiner ihm gegen den (insolventen) Versicherten auf die versicherte Sache bezogener Ansprüche (z.B. Prämien und Auslagen) aus dem Anspruch auf die Versicherungssumme abgesondert zu befriedigen, rechtfertigt sich aus dem Umstand, dass die

528 Begr. zu Art. 92 RegE-EGInsO, BT-Drucksache 12/3803, S. 109; Balz/Landfermann, S. 637, 638; Hess/Weis/Wienberg, InsO, Art. 88 EGInsO, II.3
529 Gottwald in Gottwald, Insolvenzrechtshandbuch, § 42, Rn. 51
530 Uhlenbruck in Uhlenbruck, InsO, § 51, Rn. 42
531 Gottwald a.a.O.; Ganter in Münchner Kommentar, § 51, Rn. 237
532 Häsemeyer, KTS 1982, 507, 535; Smid, Kreditsicherheiten in der Insolvenz des Sicherungsgebers, S. 93, Rn. 44

Versicherungsprämie nicht aus Mitteln des insolventen Versicherten, sondern aus dem Vermögen des Versicherungsnehmers aufgebracht worden sind[533]. Dieses Befriedigungsrecht besteht auch außerhalb des Insolvenzverfahrens[534]. Diese privatrechtliche Güterzuordnung wird durch das Insolvenzverfahren nicht durchbrochen.

Somit sind die versicherungsrechtlich begründeten Absonderungsrechte aus den selben Gründen wie die Absonderungsrechte aufgrund der publizitätslosen Mobiliarsicherheiten keine Verletzung des insolvenzrechtlichen Gläubiger-Gleichbehandlungsgrundsatzes.

c) *Absonderungsrecht des Arbeitnehmer-Erfinders, § 27 Nr. 2 S. 4 ArbNErfG*

Nach Art. 56 EGInsO wurde das frühere Vorrecht des Arbeitnehmers wegen der Vergütung für eine vom Arbeitgeber vor Eröffnung des Insolvenzverfahrens über sein Vermögen uneingeschränkt in Anspruch genommene Diensterfindung in § 27 Abs. 2 ArbNErfG a. F. beseitigt, da die InsO derartige Vorrechte nicht mehr kennt[535]. Für den Anspruch auf angemessene Abfindung in dem Fall des § 27 Nr. 2 S. 4 ArbNErfG wurde dem Arbeitnehmer eine „dem Absonderungsrecht angenäherte Rechtsstellung" eingeräumt[536]. Der Arbeitnehmererfinder kann „aus dem Veräußerungserlös" eine angemessene Abfindung verlangen. Durch diese Regelung wird der Arbeitnehmererfinder gegenüber den Insolvenzgläubigern privilegiert, wodurch wiederum der Gläubiger-Gleichbhehandlungsgrundsatz berührt ist.

Eine gesonderte Begründung für die Privilegierung enthält Art. 54 RegE-EGInsO nicht. Es wird lediglich ausgeführt, die Regelung trage den Besonderheiten des Arbeitnehmererfindungsrechts Rechnung[537]. Die Begründung für die Privilegierung dürfte in der rechtspolitischen Erwägung liegen, dass Innovationsförderung in unserer Volkswirtschaft durchaus sinnvoll ist[538]. Außerdem kann aufgrund der Formulierung der Begründung zu Art. 54 RegE-EGInsO[539] zu vermuten sein, dass durch dieses und auch die weiteren Regelungen in § 27 ArbNErfG eine Kompensation für das entfallene Vorrecht nach § 27 Abs. 2 ArbNErfG a. F. für den Arbeitnehmer geschaffen werden sollte.

Die durch § 27 Nr. 2 S. 4 ArbNErfG dem Arbeitnehmer-Erfinder eingeräumte Privilegierung ist mit dem insolvenzrechtlichen Gläubiger-Gleichbehandlungsgrundsatz nicht vereinbar. Die vom Arbeitgeber unbeschränkt vor Insolvenzeröffnung in Anspruch genommene Diensterfindung fällt in dessen Vermögen. Der resultierende Anspruch des Arbeitnehmers auf die finanzielle Gegenleistung ist, wie Ansprüche

---

533 Ganter in Münchner Kommentar, § 51, Rn 233; Smid, Kreditsicherheiten in der Insolvenz des Sicherungsgebers, S. 93, Rn. 43
534 Uhlenbruck in Uhlenbruck, InsO, § 51, Rn. 41
535 Balz/Landfermann, S. 607; Begr. zu Art. 54 RegE-EGInsO, BT-Drucksache 12/3803, S. 99
536 Balz/Landfermann a.a.O.
537 Balz/Landfermann a.a.O., S. 607, 608; Hess/Weis/Wienberg, InsO, Art. 56 EGInsO, II.
538 Schwab, NZI 1999, 257, 259
539 BT-Drucksache 12/3803, S. 99

anderer Gläubiger auf ihre Geld-Gegenleistungen nach erfolgter Lieferung ebenfalls, einfache Insolvenzforderung. Ein insolvenzspezifischer Enthaftungsgrund für den Anspruch des Arbeitnehmer-Erfinders ist nicht ersichtlich. So wie das frühere Vorrecht des Arbeitnehmer-Erfinders rechtspolitisch motiviert war, ist es das nunmehrige, dem Absonderungsrecht angenäherte Privileg ebenfalls. Rechtspolitische Erwägungen sind jedoch keine taugliche Begründung für eine Durchbrechung der Gläubiger-Gleichbehandlung und die damit einhergehende Benachteiligung der Insolvenzgläubiger[540].

2. Aufrechnung, Verrechnung

a) *Allgemeine Insolvenzaufrechnung, §§ 94–96 InsO*

Weil die Aufrechnung des Insolvenzverwalters, des Massegläubigers im Sinne des § 53 InsO mit seiner Masseforderung und des Insolvenzgläubigers im Sinne des § 38 InsO lediglich mit seinem Quotenanspruch im Hinblick auf den Gläubiger-Gleichbehandlungsgrundsatz unbedenklich sind[541], wird im Folgenden nur die Aufrechnungsbefugnis des Insolvenzgläubigers im Sinne des § 38 InsO mit seiner vollständigen Insolvenzforderung gegen die gegen ihn gerichtete, der Insolvenzmasse zustehende Forderung auf ihre Vereinbarkeit mit dem Gläubiger-Gleichbehandlungsgrundsatz untersucht. Diese Aufrechnungsbefugnis wird als Insolvenzaufrechnung bezeichnet[542]. Dabei wird die Forderung des Insolvenzgläubigers, mit der er aufrechnet, als Gegenforderung und die der Insolvenzmasse zustehende Forderung des Gemeinschuldners, gegen die aufgerechnet wird, als Hauptforderung bezeichnet[543].

Die nach § 94 InsO zugelassene Insolvenzaufrechnung bewirkt, wenn die Hauptforderung die Höhe der Gegenforderung erreicht, dass der Insolvenzgläubiger seine Gegenforderung, die ohne die Aufrechnung als Insolvenzforderung nur zur Quote zu realisieren wäre, in voller Höhe befriedigt erhält. Hierin liegt eine Privilegierung des aufrechnungsbefugten Gläubigers[544]. Diese könnte im Widerspruch zu dem Gläubiger-Gleichbehandlungsgrundsatz stehen[545].

Die Zulässigkeit der Insolvenzaufrechnung wird u.a. mit dem Vertrauensschutz-Gedanken begründet. Der Gläubiger, der vor Eröffnung des Insolvenzverfahrens darauf vertrauen durfte, dass die Durchsetzung seiner Forderung gegen den Schuldner wegen der Aufrechnungsmöglichkeit keine Schwierigkeit sei, wird in diesem Vertrauen auch im Insolvenzverfahren nicht enttäuscht[546]. Indessen kann diese Be-

---

540 s.o. I.; Häsemeyer, Insolvenzrecht, Rn. 2.20
541 Jeremias, S. 112
542 Jeremias, S. 111
543 Bork, ZIP 2002, 690, Fußnote 1; von Willmowski, KTS 1998, 343 Fußnote 2; die zur Aufrechnung gestellte Gegenforderung wird auch als Aktiv-Forderung, die Forderung, gegen die aufgerechnet wird, wird auch als Passivforderung bezeichnet, von Willmowski, a.a.O.
544 Bork, ZIP 2002, 690, 691
545 Gottwald in Gottwald, Insolvenzrechtshandbuch, § 1, Rn. 65; Jeremias, S. 118
546 Kübler/Prütting, RWS-Dokumentation, S. 275; Begr. zu § 107 RegE-InsO, BT-Drucksache 12/2443, S. 141

gründung jedenfalls nicht für den Fall tragen, dass der Insolvenzgläubiger vor Eröffnung des Insolvenzverfahrens von der tatsächlich bestehenden Aufrechnungslage keine Kenntnis hatte[547]. Außerdem liegt in ihr ein Zirkelschluss. Das Vertrauen in die Insolvenzfestigkeit der Aufrechnungslage wird erst durch § 94 InsO geschaffen. Es kann daher nicht zugleich die Begründung für die genannte insolvenzrechtliche Regelung sein[548].

Die Vereinbarkeit der Insolvenzaufrechnung mit dem insolvenzrechtlichen Grundsatz der Gläubigergleichbehandlung ergäbe sich ohne Weiteres aus den zu den Absonderungsrechten der Mobiliar-Sicherungsgläubiger dargelegten Gründen[549], wenn die Rechtsnatur der Insolvenzaufrechnung mit dem Recht auf abgesonderte Befriedigung der Mobiliar-Sicherungsgläubiger insoweit gleichzusetzen wäre. In der Rechtsprechung und der Literatur wird überwiegend vertreten, dass die Insolvenzaufrechnung dem Absonderungsrecht vergleichbar ist[550]. Zwar ist nicht zu verkennen, dass die InsO die abgesonderte Befriedigung der Mobiliar-Sicherungsgläubiger und die Aufrechnung an unterschiedlicher Stelle und konstruktiv unterschiedlich regelt[551]. Jedoch hat auch die Aufrechnungslage für den aufrechnungsberechtigten Gläubiger eine erhebliche Sicherungsfunktion[552]. So lange sich die Forderungen aufrechenbar gegenüber stehen, braucht sich der Sicherungsgläubiger um die Realisierbarkeit seiner Forderung keine Sorgen zu machen. Diese Sicherungsposition des aufrechnungsberechtigten Gläubigers ist derjenigen des Zessionars einer vom Schuldner zur Sicherung abgetretenen Forderung vergleichbar. Von beiden Sicherungsrechten kann sich der Schuldner nur befreien mit der Folge, dass er wieder wirtschaftlicher Eigentümer der zedierten Forderung bzw. der Hauptforderung wird, wenn er den Gläubiger anderweitig befriedigt. Ebenso wie der Schuldner dem Sicherungszessionar das Sicherungsgut nicht durch abermalige Zession entziehen kann, kann dem aufrechnungsbefugten Gläubiger die Sicherung seiner Forderung durch die Aufrechnungslage nicht durch Abtretung der Hauptforderung durch den Schuldner an einen Dritten entzogen werden, denn nach § 406 BGB hat der aufrechnungsberechtigte Gläubiger auch gegenüber dem neuen Gläubiger der Hauptforderung das Recht zur Aufrechnung. Die bei Insolvenzeröffnung unanfechtbar[553] bestehende Aufrechnungsberechtigung des Gläubigers hat ebenso wie eine unanfechtbar erlangte dingliche Mobiliarsicherheit ihre Begründung in den außerhalb des Insolvenzrechts geltenden allgemeinen zivilrechtlichen Rege-

---

547 Jeremias, S. 120
548 Paulus, ZIP 1997, 569, 570
549 s.o. 1. a
550 Hahn, Motive/Begründung des Entwurfs der KO, S. 216, 217; BGH NJW 1995, 1966, 1967: Pfandrechtsähnliches Vorzugsrecht; BGH NJW 2004, 3185, 3186: im wirtschaftlichen Ergebnis einem Pfandrecht oder einer Sicherungsabtretung und dem hierdurch vermittelten Recht auf abgesonderte Befriedigung ähnelnd; Eckhardt, ZIP 1995, 257: Sicherung gleich dem Pfandrecht – Pfandrecht an eigener Schuld; Erster Bericht der Kommission für Insolvenzrecht, Begr. zu Leitsatz 3.6.1, S. 337; Jeremias, S. 137
551 BGH NJW 2004, 3185, 3186
552 Hahn, Motive/Begründung des Entwurfs der KO, S. 216, 217; Jeremias, S. 136
553 siehe § 96 Abs. 1 Nr. 3 InsO

lungen, deren Güterzuordnung durch das Insolvenzrecht nicht aufgehoben werden kann[554]. Die allgemeine Insolvenzaufrechnung nach § 94 InsO ist also mit dem insolvenzrechtlichen Gläubiger-Gleichbehandlungsrundsatz vereinbar[555].

b) Aufrechnung des Arbeitnehmer-Erfinders mit Vergütungsansprüchen gegen den Kaufpreisanspruch bzw. den Anspruch auf Erstattung der Übertragungskosten, § 27 Nr. 2 S. 2 u. Nr. 4 S. 2 ArbNErfG

Die Aufrechnungsbefugnis des Arbeitnehmer-Erfinders nach den in der Überschrift genannten Regelungen sind eine Durchbrechung des in § 96 Abs. 1 Nr. 1 InsO normierten Grundsatzes, dass eine Aufrechnung dann unzulässig ist, wenn der Insolvenzgläubiger erst nach Eröffnung des Insolvenzverfahrens etwas zur Insolvenzmasse schuldig geworden ist. Genauso liegt der Sachverhalt jedoch in den in § 27 Nr. 2 S. 2 und Nr. 4 S. 2 ArbNErfG geregelten Fällen. Die Verpflichtung zur Kaufpreiszahlung nach Ausübung des Vorkaufsrechts durch den Arbeitnehmer (§ 27 Nr. 2 S. 2 ArbNErfG) bzw. die Kostenerstattungspflicht nach dem Übertragungsverlangen des Arbeitnehmers (§ 27 Nr. 4 S. 2 ArbNErfG) entstehen erst durch entsprechende Handlung des Arbeitnehmers im eröffneten Insolvenzverfahren, so dass gegen diese Ansprüche der Insolvenzmasse die Aufrechnung nach § 96 Abs. 1 Nr. 1 InsO unzulässig wäre. Die durch das Arbeitnehmererfindungsgesetz eingeräumten Aufrechnungsbefugnisse sind also eine systemwidrige Privilegierung des Arbeitnehmer-Erfinders mit den genannten Forderungen, die den Grundsatz der par condicio creditorum berührt.

Eine gesonderte Begründung für die Einräumung der Aufrechnungsbefugnisse und damit die Privilegierung der Ansprüche des Arbeitnehmer-Erfinders wird im Zusammenhang mit der Gesetzesänderung durch Art. 56 EGInsO nicht gegeben. In der Begründung zu Art. 54 RegE-EGInsO wird lediglich ausgeführt, dass das Konkursvorrecht des § 27 Abs. 2 ArbNErfG a.F. nicht übernommen werden konnte, da der Entwurf der InsO keine derartigen Vorrechte mehr kennt, und dass das Vorrecht durch eine Regelung ersetzt wird, die einerseits die Rechtsstellung des Arbeitnehmers, dessen Diensterfindung vor Eröffnung des Insolvenzverfahrens über das Vermögen des Arbeitgebers unbeschränkt in Anspruch genommen worden ist, der Rechtsstellung eines absonderungsberechtigten Gläubigers annähert und andererseits die Besonderheiten des Arbeitnehmer-Erfindungsrechts berücksichtigt[556]. Die Privilegierung der Forderungen des Arbeitnehmer-Erfinders ist also eine rechtspolitische Entscheidung[557], die einerseits aus dem Gesichtspunkt der Innovationsförderung in der Volkswirtschaft[558] und andererseits aus dem Wunsch nach Kompensation für das entfallene Vorrecht des § 27 Abs. 2 ArbNErfG a.F.[559] getroffen worden

554 s.o. 1. a
555 s. im Ergebnis auch/sogar Häsemeyer, KTS 1982, 507, 566
556 BT-Drucksache 12/2803, S. 99; Hess/Weis/Wienberg, Art. 56 EG InsO
557 Schwab, NZI 1999, 257, 259
558 Schwab, a.a.O.
559 So dürfte die o. g. Begr. zu Art. 54 RegE-EGInsO zu verstehen sein

sein dürfte. Rechtspolitische Erwägungen rechtfertigen eine Durchbrechung des Grundsatzes der Gläubigergleichbehandlung und mit ihr eine Benachteiligung der übrigen Insolvenzgläubiger nicht[560]. Die in § 27 Nr. 2 S. 2 und Nr. 4. S. 2 ArbNErfG geregelten systemwidrigen Aufrechnungsbefugnisse sind also mit dem insolvenzrechtlichen Grundsatz der Gläubigergleichbehandlung nicht vereinbar.

c) Verrechnungsbefugnis der Sozialversicherungsträger, §§ 52 SGB I, 28 Nr. 1 SGB IV

Die in § 52 SGB I geregelte Befugnis eines Sozialversicherungsträgers, seine ihm obliegende Geldleistung mit Ermächtigung eines anderen Leistungsträgers mit dessen Anspruch gegen den Berechtigten zu verrechnen, ist zunächst keine spezielle insolvenzrechtliche Norm. Die Regelung findet ihr Pendant im Zivilrecht in den sogenannten Konzernverrechnungsklauseln. Beide schaffen eine Verrechnungs- bzw. Aufrechnungsmöglichkeit unter Verzicht auf das Erfordernis der Gegenseitigkeit der Forderungen. Der in § 52 SGB I gewählte Begriff der Verrechnung wird von dem weiten Begriff der Aufrechnung in §§ 94 ff. InsO umfasst[561]. Insoweit folgerichtig wendet das BSG § 52 SGB I auch in der Insolvenz des Sozialleistungsberechtigten an[562]. Soweit das BSG seine Entscheidung jedoch auf die Erwägung stützt, nach der Regelung des § 94 InsO – Aufrechnungsberechtigung aufgrund einer Vereinbarung – seien nunmehr auch Konzernverrechnungsvereinbarungen insolvenzfest[563], trägt diese Begründung nicht.

Der BGH hat entschieden, dass Konzernverrechnungsklauseln in der Insolvenz nicht wirksam sind. Wird dem konzernangehörigen Vertragspartner des Schuldners nach seinen AGB die Befugnis eingeräumt, gegen die Hauptforderung des Schuldners mit Gegenforderungen anderer Konzerngesellschaften aufzurechnen, ist die nach Eröffnung des Insolvenzverfahrens erklärte Aufrechnung unwirksam[564]. Zur Begründung führt der BGH zutreffend aus, dass durch § 94 InsO eine bereits bei Eröffnung des Insolvenzverfahrens gegebene Aufrechnungslage erhalten werden soll. Die Aufrechnungslage entsteht erst in dem Zeitpunkt, in dem sich die beiden Forderungen aufrechenbar gegenüber stehen. Das ist bei Konzernverrechnungsvereinbarungen regelmäßig aber erst im Zeitpunkt der Aufrechnungserklärung der Fall[565], denn erst in diesem Zeitpunkt wird die zur Aufrechnung gestellte Gegenforderung aus einer Vielzahl von in Frage kommenden Konzernforderungen individualisiert und konkret der Hauptforderung gegenüber gestellt. Abgesehen von dem wohl wenig praxisrelevanten Fall, dass die Konzernverrechnungsvereinbarung bereits genau festlegt, welche Gegenforderung in welcher Reihenfolge und mit welchem Betrag zur Aufrechnung gestellt wird, liegt also bei Konzernverrechnungsvereinbarungen ohne bereits erfolgte Aufrechnungserklärung im Zeitpunkt der

---

560 s.o. I.; Häsemeyer, Insolvenzrecht, Rn. 2.20
561 Brandes in Münchner Kommentar, § 94, Rn. 37 u. 41; Gottwald in Gottwald, § 45, Rn. 2; BSG ZIP 2004, 1327, 1329
562 BSG ZIP 2004, 1327
563 BSG a.a.O., S. 1330
564 BGH NJW 2004, 3185 ff.
565 BGH NJW 2004, 3185, 3186; Häsemeyer, Insolvenzrecht, Rn. 19.30

Insolvenzeröffnung eine insolvenzfeste Aufrechnungslage nicht vor. Folglich würde die Annahme der Insolvenzbeständigkeit von Konzernverrechnungsvereinbarungen der in diesem Zusammenhang durch § 96 Abs. 1 Nr. 2 InsO geschützten gleichmäßigen Befriedigung der Gläubiger im Insolvenzverfahren widersprechen[566].

Parallel ist die Situation bei der Verrechnung durch Sozialleistungsträger. Auch hier wird die Gegenforderung erst durch die Verrechnungserklärung – sei es durch rechtsgeschäftliche Ausübung eines schuldrechtlichen Gestaltungsrechts oder durch Verwaltungsakt – aus einer Vielzahl in Frage kommender Gegenforderungen individualisiert und konkret der Hauptforderung verrechenbar gegenübergestellt. Erst dadurch wird die konkrete Verrechnungslage geschaffen. Fehlt es bei Insolvenzeröffnung noch an dieser Erklärung, besteht noch keine insolvenzfeste Verrechnungslage, so dass die Verrechnung nach § 52 SGB I insolvenzrechtlich nicht zulässig sein könnte.

Die insolvenzrechtliche Zulässigkeit der Drittverrechnungsregelung in §§ 52 SGB I und 28 Nr. 1 SGB IV könnte sich jedoch aus einem anderen Gedanken ergeben. In der Begründung zu § 108 Nr. 2 RegE-InsO, der wortgleich mit dem Gesetz gewordenen § 96 Abs. 1 Nr. 2 InsO ist, ist ausgeführt, es könne die Auffassung vertreten werden, dass der Gedanke der Einheit der Sozialleistungsträger, der § 52 SGB I zugrunde liegt, dem Aufrechnungsverbot nach § 108 Nr. 2 RegE-InsO vorgeht[567]. Darauf stellt – ergänzend – auch das BSG in seiner Entscheidung zur Zulässigkeit der Verrechnung in der Insolvenz des Leistungsempfängers ab[568]. Sind die nur organisatorisch getrennten Sozialleistungsträger als Einheit zu betrachten, dann ist, anders als bei Konzernverrechnungsvereinbarungen, die Gegenseitigkeit der Forderungen gegeben und es liegt zur Zeit der Eröffnung des Insolvenzverfahrens auch ohne die Verrechnungserklärung bereits eine insolvenzfeste Verrechnungslage vor, da die Gegenforderung bereits dem – einheitlichen – Sozialleistungsverpflichteten gewissermaßen als eigene Forderung zusteht und er nicht eine für ihn fremde Forderung zur Verrechnung stellt. Indessen trifft diese Annahme nicht zu. Im Sozialversicherungsrecht agieren selbständige, auf eigene Rechnung tätige Rechtssubjekte, die die durch die Verrechnung erzielten Vermögensvorteile auszugleichen haben[569]. Dann aber ist bei ihnen die Situation nicht anders als bei privatrechtlichen Konzernen, so dass die Gründe für die fehlende Insolvenzfestigkeit von Konzernverrechnungsvereinbarungen – Fehlen einer wirksamen Aufrechnungslage bereits bei Insolvenzeröffnung – auch für die Sozialleistungsträger gelten, denn auch hier fehlt bei Insolvenzeröffnung die Verrechnungslage[570]. Darin, dass die Sozialleistungsträger durch die Regelungen in §§ 52 SGB I und 28 Nr. 1 SGB IV mit der geson-

---

566 BGH a.a.O., Rendels, ZIP 2003, 1583, 1586, 1587; a. A. Brandes in Münchner Kommentar, § 94, Rn. 39 f.

567 Begr. zu § 108 RegE-InsO, BT-Drucksache 12/2443, S. 141

568 BSG a.a.O., 1330

569 Windel, KTS 2004, 305, 318

570 Die nach Eröffnung des Insolvenzverfahrens abgegebene Ermächtigung zur Vornahme einer Verrechnung ist nicht geeignet, eine Verrechnungslage herzustellen, Wenzel, ZInsO 2006, 169, 176 derten Verrechnungsmöglichkeit privilegiert werden, liegt ein Verstoß gegen den Grundsatz der Gläubigergleichbehandlung, da für andere Gläubiger eine Aufrechnung nur möglich ist, wenn ihre Voraussetzungen, also auch die Gegenseitigkeit der Forderungen bereits bei Eröffnung des Insolvenzverfahrens vorlagen[571].

III. Würdigung von durch das Insolvenzrecht gewährten Privilegien

Neben den Rechtspositionen von Gläubigern, die bei Eröffnung des Insolvenzverfahrens bereits bestehen, existieren Gläubigerprivilegien, die durch das Insolvenzrecht für die Durchführung des Insolvenzverfahrens gesondert gewährt werden.

1. Verfahrenskosten und „echte" Masseschulden

Eine Kollision der Privilegierung von Verfahrenskosten und „echten" Masseschulden mit dem insolvenzrechtlichen Gläubiger-Gleichbehandlungsgrundsatz ist nicht denkbar. Die Forderungen der Massegläubiger können in die wechselseitige Ausgleichshaftung der Gläubiger nicht einbezogen sein, da der Grund für die Ausgleichshaftung die Einflussnahme der Gläubiger auf das nicht mehr zur Befriedigung aller Gläubiger ausreichende Schuldnervermögen und damit auf die Forderungen der anderen Gläubiger vor der Insolvenz ist. Die genannten Masseforderungen entstehen jedoch in der Insolvenz gewissermaßen als „Preis" für die geordnete Haftungsabwicklung zugunsten aller Gläubiger[572]. Ohne Vorwegbefriedigung der Verfahrenskosten und der „echten" Masseverbindlichkeiten wäre die Durchführung eines Insolvenzverfahrens nicht möglich[573]. Das Privileg der Verfahrenskosten und der „echten" Masseforderungen wird daher auch nicht in Zweifel gezogen.

2. „Unechte" Masseverbindlichkeiten

Grundsätzlich anders verhält es sich mit den „unechten" Masseverbindlichkeiten. Hier erfolgt eine Privilegierung dadurch, dass bestimmte Forderungen aus der ihnen ohne die privilegierende Bestimmung zukommenden Qualität als (einfache) Insolvenzforderung herausgenommen und zu Masseforderungen privilegiert werden mit der Folge, dass sie vor den Insolvenzforderungen befriedigt werden.

---

571 im Ergebnis ebenso Windel a.a.O.
572 siehe nur Häsemeyer, KTS 1982, 507, 538–540
573 Gassert-Schumacher, S. 336

a) Sozialplanforderungen, § 123 Abs. 2 S. 1 InsO

Nach § 123 Abs. 2 S. 1 InsO sind Sozialplanforderungen, die aus einem nach Eröffnung des Insolvenzverfahrens aufgestellten Sozialplan entstehen, – bis zur durch § 123 InsO begrenzten Höhe – Masseforderungen. Damit erhebt diese Regelung der InsO, ähnlich wie früher die KO, gewisse Ansprüche auf Arbeitsentgelt und Sozialversicherungsbeiträge nach § 59 Abs. 1 Nr. 3 KO zu Masseforderungen erhoben hat, die Sozialplanansprüche zu Masseforderungen, obwohl der Grund ihrer Entstehung in den Arbeitsverhältnissen vor Insolvenzeröffnung liegt[574].

Durch diese systemwidrige[575] Regelung, die eine Privilegierung der Sozialplangläubiger bedeutet, wird der insolvenzrechtliche Gläubiger-Gleichbehandlungsgrundsatz verletzt. Es findet eine Vermögensumverteilung von den „einfachen" Insolvenzgläubigern, insbesondere auch denjenigen Insolvenzgläubigern, die im Wege der Insolvenzanfechtung zur Masse haben (zurück-)leisten müssen, auf die Sozialplangläubiger statt und verletzt daher erstere in ihrem Grundrecht aus Art. 14 Abs. 1 GG, da die Realisierbarkeit bzw. der Wert ihrer Forderung entsprechend verringert wird. Der Gläubiger-Gleichbehandlungsgrundsatz ist außerdem verletzt, weil ein spezieller insolvenzrechtlicher Enthaftungsgrund für die Sozialplanforderungen nicht besteht. Die Sozialplanforderungen sind aus Leistungen der Arbeitnehmer an den Gemeinschuldner vor Insolvenzeröffnung entstanden und unterfallen daher infolge ihrer das Vermögen beeinflussenden Wirkung der Ausgleichshaftung gegenüber den anderen Insolvenzgläubigern[576].

Der Verstoß gegen den insolvenzrechtlichen Gläubiger-Gleichbehandlungsgrundsatz wird allenfalls wirtschaftlich relativiert durch die volumenmäßige Begrenzung der Sozialplanansprüche, so dass in der Literatur teilweise sogar davon ausgegangen wird, die Privilegierung sei wirtschaftlich unbedeutend[577].

Die Privilegierung lässt sich auch nicht durch den formalen Grund rechtfertigen, dass es ja der Insolvenzverwalter ist, der den Sozialplan schließt und durch Handlungen des Insolvenzverwalters begründete Verbindlichkeiten „echte" Masseverbindlichkeiten nach § 55 Abs. 1 Nr. 1 InsO sind. Hier setzt der Insolvenzverwalter lediglich ein betriebsverfassungsrechtliches Gebot um und löst damit Forderungen aus, die ihren Ursprung vor Insolvenzeröffnung haben.

So wird auch zur Begründung des Privilegs hierauf nicht abgestellt, sondern angeführt, dass durch dieses Privileg den Arbeitnehmern eine Kompensation für ihr entfallenes Vorrecht nach § 61 Abs. 1 Nr. 1 KO gegeben werden soll[578]. Somit hat die Regelung des § 123 Abs. 2 S. 1 InsO einen rein sozialpolitischen Hintergrund. Sozialpolitik darf aber nicht aus den privaten Rechten/Forderungen der zufällig mit

574 Hefermehl in Münchener Kommentar, § 55 Rn. 3
575 Gassert-Schumacher, S. 326
576 Häsemeyer, KTS 1982, 507, 540 für die insoweit vergleichbare Regelung des § 59 Abs. 1 Nr. 3 KO
577 Hefermehl in Münchener Kommentar, § 55 Rn. 3
578 Kübler/Prütting, RWS-Dokumentation, S. 11; Moll in Kübler/Prütting, §§ 123, 124 Rn. 72

betroffenen sonstigen Gläubiger finanziert werden[579]. Abgesehen davon ist auch die sozialpolitische Motivation fragwürdig, denn die betroffenen sonstigen Gläubiger haben durch ihre Forderungen/Kredite die Arbeitsplätze der privilegierten Sozialplangläubiger ja bereits unmittelbar mit finanziert[580].

b) Vergütungsansprüche des Arbeitnehmer-Erfinders, § 27 Nr. 3 ArbNErfG

Auch die weitere, in § 27 Nr. 3 ArbNErfG geregelte unechte Masseverbindlichkeit[581] ist eine Verletzung des Gläubiger-Gleichbehandlungsgrundsatzes. Hier wird ebenfalls, wohl als Kompensation für das entfallene Konkursvorrecht in § 27 Abs. 2 ArbNErfG a. F.[582] aus rechtspolitischen Erwägungen[583] eine Forderung, die durch unbeschränkte Inanspruchnahme der Diensterfindung vor Insolvenzeröffnung entstanden ist und somit einfache Insolvenzforderung wäre, zu einer Masseforderung aufgewertet. Dies begegnet den selben Bedenken wir die zuvor erörterte Regelung des § 123 Abs. 2 S. 1 InsO, so dass auf die dortigen Ausführungen verwiesen werden kann.

3. Positives Beispiel für sozialpolitisch motivierte Regelung

Ein gutes Beispiel für eine zulässige, insolvenzrechtlich im Hinblick auf den Gläubigergleichbehandlungsgrundsatz unbedenkliche, sozialpolitisch motivierte Regelung ist die Insolvenzgeldregelung in §§ 183 ff. SGB III i.V.m. § 55 Abs. 3 InsO. Die Arbeitnehmer erhalten ihr entgangenes Arbeitsentgelt für die letzten drei Monate vor Insolvenzeröffnung als Insolvenzgeld aus Mitteln der Bundesagentur für Arbeit, also nicht aus den Forderungen der in der Insolvenz des Schuldners zufällig mitbetroffenen übrigen Gläubiger. Die Bundesagentur für Arbeit nimmt sodann mit den nach Zahlung des Insolvenzgeldes auf sie übergegangenen Entgeltforderungen der Arbeitnehmer als „einfacher" Insolvenzgläubiger nach § 38 InsO am Insolvenzverfahren teil, also in der nicht privilegierten Position, in der auch die Arbeitnehmer unmittelbar ihre Entgeltforderungen für die Zeit vor Insolvenzeröffnung geltend zu machen gehabt hätten.

IV. Würdigung der gegenständlich begrenzten Vorrangrechte an Sondermassen

Wie oben[584] ausgeführt, sind nach zahlreichen Gesetzesänderungen, insbesondere nach Inkrafttreten des Gesetzes zur Neuordnung des Pfandbriefrechts nur noch die Vorrangrechte in §§ 32 DepotG, 1 IndKredBkG und 77 a, b VAG in Kraft[585].

---

579 Häsemeyer, Insolvenzrecht, Rn. 2.20.
580 Häsemeyer, KTS 1982, 507, 570
581 s.o. D. II. 1.b
582 Balz/Landfermann, S. 606, 607; Begr. zu Art. 54 RegE-EGInsO, BT-Drucksache 12/3803, S. 99
583 Schwab, NZI 1999, 257,259
584 D. III: 1.
585 zum Inhalt der Regelungen im Einzelnen s.o. D. III. 1.

1. § 32 DepotG

a) *Begründung für die Fortgeltung nach Inkrafttreten der InsO*

Obwohl mit der InsO auch das Ziel verfolgt wurde, die Vorrechte abzuschaffen[586], blieben die speziellen Vorrechte, so auch dasjenige nach § 32 DepotG in der Insolvenzrechtsreform bestehen[587].

Zur Begründung für die Beibehaltung des Vorrangrechtes nach § 32 DepotG wird zu Art. 49 RegE-EGInsO ausgeführt, dass im Rahmen der Insolvenzrechtsreform zwar die allgemeinen Konkursvorrechte beseitigt werden, die besonderen Vorrechte an Sondermassen jedoch erhalten bleiben sollten. Sie stünden den Absonderungsrechten näher als den allgemeinen Konkursvorrechten, denn auch bei den Vorrechten an Sondermassen werde nur ein deutlich abgegrenzter Teil des Schuldnervermögens für die Befriedigung bestimmter Gläubiger reserviert[588]. Zusätzlich wird als Begründung genannt, der Schutz des Anlegers beim Wertpapiergeschäft solle nicht beeinträchtigt werden[589]. In diesem Zusammenhang wird ein besonderes Sicherungsbedürfnis derjenigen gesehen, welche Anderen ihr Geld als Vermögensanlage und/oder zur Altersvorsorge anvertraut haben[590].

Das spezielle Konkursvorrecht nach § 32 DepotG fristete seit seiner Schaffung im Rahmen der Depotrechtsreform im Jahr 1937[591] eher ein Schattendasein und erlangte wirtschaftliche Bedeutung erst mit der Zunahme von Bankzusammenbrüchen, beginnend mit dem Bankhaus Herstatt im Jahr 1975[592].

b) *Reichweite, Dogmatik und Rechtsnatur des Vorrangrechts*

Die Vorrangrechte der bevorrechtigten Gläubiger richten sich nach § 32 Abs. 3 S. 1 DepotG auf die Sondermasse, die aus den in der Masse vorhandenen Wertpapieren derselben Art und aus den Ansprüchen auf Lieferung solcher Wertpapiere gebildet wird. Aus der Formulierung „derselben Art“ ergibt sich, dass nicht nur eine Sondermasse zu bilden ist, sondern eine Mehrzahl verschiedener Sondermassen mit verschiedenen Arten von Wertpapieren, die jeweils der vorrangigen Befriedigung bestimmter Gläubiger(-gruppen) dienen und die untereinander keine rechtliche Verbindung haben[593].

In der Insolvenzmasse vorhanden sind solche Wertpapiere nicht, an denen ein Anleger ein Aus- oder Absonderungsrecht hat. Dies ist der Regelfall bei Depotkunden, die bei Streifbandverwahrung Alleineigentümer bzw. bei Girosammelverwahrung

---

586 s.o. E. I.
587 s.o. D. III. 1.
588 Balz/Landfermann, S. 600; Begr. zu Art. 49 RegE-EGInsO, BT-Drucksache 12/3803, S. 96
589 Balz/Landfermann, S. 600; Begr. zu Art. 49 RegE-EGInsO, BT-Drucksache 12/3803, S. 96
590 Henckel in Festschrift für Uhlenbruck, S. 19, 30
591 Gesetz über die Verwahrung und Anschaffung von Wertpapieren vom 4.2.1937, RGBl. I, 171
592 Hopt, BB 1975, 397, 398
593 Hopt, BB 1975, 397, 399

Miteigentümer sind, und bei Verkaufskommittenten, deren Wertpapiere noch nicht an einen Dritten verkauft sind. In der Insolvenz eines Verwahrers (§ 1 DepotG), Pfandgläubigers (§ 17 DepotG), Kommissionärs (§ 18 DepotG) oder Eigenhändlers (§ 31 DepotG) haben die Kunden (Hinterleger, Verpfänder, Kommittenten oder Käufer) also folgende Rechte: An Wertpapieren im Besitz des Gemeinschuldners besteht ein Aussonderungsrecht nach § 47 InsO[594]; der Anspruch des Gemeinschuldners aus Geschäftsbesorgungskommission gegen einen Dritten gilt als Forderung des Kommittenten (§ 392 Abs. 2 HGB) und kann ebenfalls ausgesondert werden[595]; der Kunde, der noch nicht (§ 32 Abs. 1 Nr. 1 DepotG) oder nicht mehr (§ 32 Abs. 1 Nr. 2 DepotG) Eigentümer der Wertpapiere ist und bei Eröffnung des Insolvenzverfahrens seine Verpflichtungen zu mindestens 90 % erfüllt hat und sie nach Aufforderung durch den Insolvenzverwalter vollständig erfüllt (§ 32 Abs. 1 Nr. 3 DepotG), hat das Vorrangrecht aus der Sondermasse[596]. Das Vorrangrecht nach § 32 DepotG wirkt also im Wesentlichen für kommissions- und kaufvertragliche Ansprüche aus der Anschaffungsphase[597]. Die praktische Konsequenz der Aussonderung ist, dass für die einzelnen Sondermassen häufig nichts oder nur wenig übrig bleibt[598]. Andererseits kann es vorkommen, dass bei hohen Nostrobeständen des Gemeinschuldners oder Buchung von Wertpapieren auf nicht existente Kunden eine Sondermasse nach Befriedigung aller an ihr bevorrechtigter Gläubiger einen Überschuss ausweist[599]. Ab Eröffnung des Insolvenzverfahrens aus den in die Sondermasse fallenden Wertpapieren entstehende Zinsen und Dividenden fallen ebenfalls in die Sondermasse[600].

Eine hiervon zu trennende Frage ist, ob die bevorrechtigten Gläubiger auch hinsichtlich ihrer seit Eröffnung des Insolvenzverfahrens entstehenden Zins- und Dividendenansprüche das Vorrangrecht haben. Dies ist zu verneinen, da in § 32 DepotG, anders als in den vom Regelungsgehalt vergleichbaren § 35 des früheren HBG eine Regelung, die die bevorrechtigte Befriedigung ausdrücklich auch auf die seit Eröffnung des Insolvenzverfahrens laufenden Zinsen erstreckte, nicht aufgenommen wurde[601].

Vor der Befriedigung der bevorrechtigten Gläubiger aus der Sondermasse sind die Sondermassekosten und die Sondermasseverbindlichkeiten aus der Sondermasse zu befriedigen. Dabei hat jeweils diejenige Sondermasse die Kosten und Verbindlichkeiten zu tragen, die für sie entstanden sind[602]. Reicht eine der Sondermassen zur Befriedigung dieser Sondermasseansprüche nicht aus, so fallen die überschießen-

594 Gottwald in Gottwald, Insolvenzrechtshandbuch, § 40, Rn. 57
595 Gottwald in Gottwald, Insolvenzrechtshandbuch, § 40, Rn. 57 u. 58
596 Heinsius/Horn/Than, § 32, Rn. 3 (noch zur KO)
597 Kümpel, Rn. 11.339
598 Hopt, BB 1975, 397, 398
599 Hopt a.a.O.
600 Hopt a.a.O., 403, 404
601 im Ergebnis auch Hopt a.a.O., 403 mit weiterer Begründung, die für die Zwecke dieser Untersuchung nicht ausgeführt werden muss
602 Hopt, DB 1975, 1061, 1064

den Ansprüche der allgemeinen Insolvenzmasse zur Last und nicht etwa den anderen Sondermassen, da eine Gesamtsondermasse nicht gebildet wird[603].

Vergleichbar verhält es sich bei Überschüssen oder Fehlstücken insgesamt oder in den einzelnen Sondermassen. Überzählige Wertpapiere oder überschüssig Erlöse in den einzelnen Sondermassen fallen nicht etwa in die anderen Sondermassen zum Ausgleich dort eventuell bestehender Fehlstücke, sondern in die allgemeine Insolvenzmasse. Sind Fehlstücke oder Fehlbeträge zu verzeichnen, so dass die bevorrechtigten Gläubiger aus „ihrer" jeweiligen Sondermasse nicht voll befriedigt werden können, richten sich ihre übersteigenden Ansprüche nicht gegen die anderen Sondermassen, sondern diese Gläubiger nehmen nach § 32 Abs. 4 S. 2 DepotG in Höhe ihres Ausfalls als Insolvenzgläubiger am Insolvenzverfahren über das Vermögen des Gemeinschuldners teil[604].

Die Rechtsnatur der speziellen Vorrangrechte, so auch die Rechtsnatur des Vorrangrechts nach § 32 DepotG, ist in den jeweiligen Gesetzen und in den Begründungen der zugrunde liegenden Gesetzesentwürfe nicht eindeutig geregelt[605] und daher umstritten[606]. Es wird vertreten, dass sie eine Sonderstellung zwischen den (früheren) Konkursvorrechten und den Absonderungsrechten einnehmen[607], dass sie ein Konkurs-(Insolvenz-)vorrecht eigener Art sind[608], dass es sich bei ihnen um pfandrechtsähnliche Rechte handelt, die dem Absonderungsrecht näher stehen als den früheren Konkursvorrechten[609] oder dass es sich bei ihnen um atypische[610] Absonderungsrechte handelt[611].

Für das Vorrangrecht des § 32 DepotG wurde vor der Insolvenzrechtsreform 1994/1999 überwiegend vertreten, es sei ein Konkursvorrecht eigener Art und nicht etwa – materiell – ein Absonderungsrecht[612]. Begründet wurde dies mit dem Umstand, dass die nach § 32 DepotG bevorrechtigten Gläubiger gerade nicht, wie für die absonderungsberechtigten Gläubiger „schlechthin kennzeichnend"[613], nach § 4 Abs. 2 KO unabhängig vom Konkursverfahren befriedigt werden[614]. Diese Begründung trägt seit der Insolvenzrechtsreform nicht mehr, da nunmehr auch die absonderungsberechtigten Gläubiger in das Insolvenzverfahren einbezogen sind[615].

---

603 Hopt, DB 1975, 1061, 1064 und 1067
604 Hopt a.a.O. 1067
605 Gassert-Schumacher, S. 179
606 Henckel, Festschrift für Uhlenbruck, S. 19, 22
607 Ganter in Münchner Kommentar, vor §§ 49–52, Rn. 4; Lent in Jaeger, KO, 8. Aufl., § 61 Anm. 1 „Zwittergebilde"
608 Lent in Jaeger, KO, 8. Aufl., §61, Anm. 3; Heinsius/Horn/Than, DepotG, § 32, Rn. 37; Lipowski in Prölls, VAG, 12. Aufl., § 77 a, Rn. 1
609 Uhlenbruck in Uhlenbruck InsO, § 51, Rn. 44
610 Stürner in Festschrift für H. F. Gaul, S. 739, 746 für § 35 HBG a. F.
611 Smid, Kreditsicherheiten in der Insolvenz des Sicherungsgebers, S. 94, Rn. 45; Sid, InsO, § 38 Rn. 5 u. 7; Eckart in Kölner Schrift, S. 747
612 Heinsius/Horn/Than, § 32, Rn. 37; Hopt, BB 1975, 397, 402
613 Hopt a.a.O.
614 Hopt a.a.O.
615 § 52 InsO; s.o. D.I.1.a

Nicht zu verkennen ist jedoch, dass die aus § 32 DepotG bevorrechtigten Gläubiger anders als absonderungsberechtigte Gläubiger nicht auf ihnen bereits vor Eröffnung des Insolvenzverfahrens reserviertes Sicherungsgut zurückgreifen können[616]. Anders als die Absonderungsrechte etwa der Mobiliar-Sicherungsgläubiger folgt das Vorrangrecht des § 32 DepotG nicht aus der auch außerhalb der Insolvenz geltenden privatrechtlichen Güterzuordnung, sondern wird für den Insolvenzfall des Verwahrers, Pfandgläubigers oder Kommissionärs erst gesondert geschaffen. Die der Befriedigung der Vorranggläubiger dienende Sondermasse wird nach § 32 Abs. 3 S. 1 DepotG erst im Zeitpunkt der Eröffnung des Insolvenzverfahrens gebildet; erst in diesem Zeitpunkt werden die Wertpapiere zu der Sondermasse zusammengezogen. Vorher besteht nach dem DepotG kein absonderungsfähiges Vermögen[617]. Die Vorranggläubiger haben keinerlei dingliche Rechtsposition an den erst mit Eröffnung des Insolvenzverfahrens zu bildenden Sondermassen und auch keine Möglichkeit, Verfügungen des späteren Gemeinschuldners zu widersprechen[618].

c) *Vereinbarkeit des Vorrangrechts mit dem Grundsatz der Gläubigergleichbehandlung*

Die Frage nach der Rechtsnatur des Vorrangrechts des § 32 DepotG muss für den Zweck dieser Untersuchung nicht abschließend beantwortet werden. Denn selbst wenn man das Vorrangrecht des § 32 DepotG als (atypisches) Absonderungsrecht ansieht, ist damit allein seine Vereinbarkeit mit dem Gläubiger-Gleichbehandlungsgrundsatz nicht festgestellt. Bei diesem Vorrangrecht fehlt es nämlich an dem vorinsolvenzlich wirksamen Erwerb einer dinglichen Rechtsposition, der für die Vereinbarkeit der Absonderungsrechte wegen besitzloser Mobiliarsicherheiten mit dem Gläubiger-Gleichbehandlungsgrundsatz maßgeblich war[619].

Als Ausnahmevorschrift durchbricht § 32 DepotG den allgemeinen insolvenzrechtlichen Grundsatz der par condicio creditorum[620]. Soweit hierfür als Begründung eine besondere Schutzbedürftigkeit der Anleger genannt wird[621], ist dies lediglich Ausdruck einer rechtspolitischen Wertung, die allein keine ausreichende Begründung für eine Durchbrechung des insolvenzrechtlichen Gläubiger-Gleichbehandlungsgrundsatzes sein kann[622].

Eine mit Blick auf den Gläubiger-Gleichbehandlungsgrundsatz tragfähige Begründung für das Vorrangrecht ergibt sich, wenn man auf den Treuhandcharakter der Geschäfte nach dem DepotG abstellt. Die Pflichtenstellung des Bankiers als Verwahrer, Pfandgläubiger oder Kommissionär von Wertpapieren gegenüber dem Wertpapierkunden, dessen Insolvenzrisiko durch § 32 DepotG gemindert werden soll, ist einer treuhänderischen Rechtsstellung vergleichbar[623]. Treuhandverhältnisse

616 Hopt, BB 1975, 397, 403
617 Hopt a.a.O. 400
618 Heinsius/Horn/Than, § 32, Rn. 40
619 s.o. F. II. 1. a
620 Hopt, BB 1975, 397, 404
621 s.o. a; Hopt a.a.O.
622 s.o. I.
623 Sethe, S. 201, 202

begründen in der Insolvenz des Treuhänders ein Aussonderungsrecht des Treugebers nach § 47 InsO[624]. Darin kann ein Systembruch gesehen werden, nämlich die Durchbrechung der grundsätzlichen Trennung von schuldrechtlichem Anspruch und dinglicher Rechtslage. Dies wird allgemein mit Billigkeitserwägungen gerechtfertigt, durch die die formaljuristische Betrachtung durch eine wirtschaftliche Betrachtungsweise ersetzt wird[625], und ist gewohnheitsrechtlich anerkannt[626]. So wie das Treugut des „echten" Treugebers in der Insolvenz des Treuhänders nicht dessen übrigen Gläubigern zusteht[627], so steht die Sondermasse in der Insolvenz des Verwahrers, Pfandgläubigers oder Kommissionärs nicht dessen übrigen Gläubigern zu. So betrachtet ist das Vorrangrecht des § 32 DepotG eine Folge der auch in der Insolvenz zu beachtenden privatwirtschaftlichen Güterzuordnung zum Treugeber und steht daher zu dem insolvenzrechtlichen Gläubiger-Gleichbehandlungsgrundsatz nicht in Widerspruch.

Hinzu kommt, dass die übrigen Insolvenzgläubiger, denen das Vorrangrecht des § 32 DepotG nicht zusteht, durch das Vorrangrecht nicht benachteiligt werden, da nach § 32 Abs. 1 Nrn. 1–3 DepotG Voraussetzung für die Entstehung des Vorrangrechts ist, dass der Gegenwert der zu verteilenden Sondermasse in voller Höhe dem Vermögen des Gemeinschuldners zugeflossen ist[628].

2. § 1 IndKredBkG und § 77 a VAG

Eine Begründung für die Beibehaltung der speziellen Vorrangrechte in §§ 1 IndKredBkG und 77 a VAG wird zum RegE-EGInsO nicht gegeben. Hier wird nur erwähnt, dass die Regelungen redaktionell an die InsO angepasst wurden[629]. Voraussetzung für die Vorrangrechte der Inhaber von Schuldverschreibungen bzw. der Versicherungsnehmer, Versicherten oder geschädigten Dritten ist die Existenz einer gesonderten Deckungsmasse (§ 1 IndKredBkG) bzw. eines nach § 66 VAG zu bildenden Sicherungsvermögens (§ 77 a VAG) für die bevorrechtigten Forderungen. Das Sicherungsvermögen ist gesondert von dem übrigen Vermögen des Versicherungsunternehmens zu verwahren (§ 66 Abs. 5 VAG) und die Bestände des Sicherungsvermögens sind in ein Vermögensverzeichnis einzutragen (§ 66 Abs. 6 VAG). Der Schuldner hat also aufgrund außerinsolvenzrechtlicher Regelungen vor Insolvenzeröffnung gesonderte Vermögensmassen zur Befriedigung bestimmter Gläubiger gebildet, wodurch sich die Vorrangrechte nach § 1 IndKredBkG und § 77 a VAG von demjenigen des § 32 DepotG unterscheiden. Damit ist aufgrund gesonderter Regelungen vor Insolvenzeröffnung eine Situation geschaffen, die derjenigen bei den das Recht auf abgesonderte Befriedigung verschaffenden dinglichen besitzlosen

---

624 Gottwald in Gottwald, Insolvenzrechtshandbuch, § 40, Rn. 30
625 Sethe a.a.O.
626 BGH NJW 1959, 1223, 1224; Gottwald in Gottwald, Insolvenzrechtshandbuch, § 40, Rn. 30
627 Gottwald in Gottwald, Insolvenzrechtshandbuch, § 40, Rn. 29
628 Heinsius/Horn/Than, § 32, Rn. 36
629 Begründung zu Art. 88 und zu Art. 91 RegE-EGInsO, BT-Drucksache 12/3803, S. 106, 107 Balz/Landfermann, S. 629 u. 631

Mobiliarsicherheiten vergleichbar ist. Bestimmte Vermögensmassen werden außerinsolvenzrechtlich durch privatrechtliche Zuweisung bestimmten Gläubiger(-gruppen) zur Sicherheit für ihre Ansprüche zugewiesen. Der Unterschied besteht lediglich darin, dass die Deckungsmasse bzw. das Sicherungsvermögen, anders als eine konkrete dingliche Mobiliarsicherheit nicht einem bestimmten Sicherungsgläubiger bereits dinglich-rechtlich übertragen ist, sondern als vor Eröffnung des Insolvenzverfahrens bereits festgelegte Sachgesamtheit einer in der jeweiligen Vorschrift definierten Gläubigermehrheit wirtschaftlich zugeordnet ist. Eine dingliche Übertragung würde wegen Veränderlichkeit des Gläubigerkreises an dem sachenrechtlichen Spezialitätsgrundsatz scheitern. Folge der vergleichbaren Situation sind vergleichbar ausgestaltete Rechte der gesicherten Gläubiger. Besitzlose Mobiliar-Sicherungsgläubiger haben in der Insolvenz des Sicherungsgebers das Recht auf abgesonderte Befriedigung an dem Erlös aus der Verwertung des ihnen individuell zugeordneten Sicherungsgegenstandes; die Deckungsmassen- bzw. Sicherungsvermögensgläubiger haben eine Art gemeinschaftliches Gesamt-Absonderungsrecht an der Deckungsmasse bzw. dem Sicherungsvermögen in der Form des Vorrangrechts[630]. Folglich gelten die Erwägungen für die Vereinbarkeit der Absonderungsrechte aufgrund besitzloser Mobiliarsicherheiten mit dem insolvenzrechtlichen Gläubiger-Gleichbehandlungsgrundsatz[631] entsprechend auch für die Vorrangrechte in § 1 IndKredBkG und § 77 a VAG, so dass auch in diesen kein Verstoß gegen den Gläubiger-Gleichbehandlungsgrundsatz zu sehen ist.

V. Würdigung des Fiskusprivilegs in § 13 c UStG

Die die Finanzbehörden als Umsatzsteuergläubiger in der Insolvenz des leistenden Unternehmers (des Zedenten) privilegierende Wirkung der durch § 13 c UStG begründeten gesamtschuldnerischen Mithaftung des Zessionars für die vom insolventen Zedenten nicht (mehr) abgeführte Umsatzsteuer ist unter D. I. 3. c. beschrieben.

1. Hintergrund und Zweck der Regelung

Hintergrund der Regelung ist der Bericht des Bundesrechnungshofs vom 3.9.2003 nach § 99 BHO[632], in welchem er Umsatzsteuerausfälle in dreistelliger Millionenhöhe im Zusammenhang mit Sicherungsabtretungen von Forderungen infolge von Insolvenzen der Zedenten beanstandet hatte[633].

---

630 Von der Vergleichbarkeit beider Rechte geht auch Smid aus, wenn er ausführt, dass sich u.a. am Beispiel des Vorrechts nach § 32 DepotG der Vorrechtscharakter des Absonderungsrechts zeigt; Smid, Kreditsicherheiten in der Insolvenz des Sicherungsgebers, § 7, Rn. 45, S. 93; Die Kommission für Insolvenzrecht hat die Vorrechte an Sondermassen ebenfalls als den echten Absonderungsrechten vergleichbar angesehen und damit ihren Vorschlag zur Beibehaltung der Vorrechte begründet; Erster Bericht der Kommission für Insolvenzrecht, Begr. zu Ziff. 3.7, S. 339

631 s.o. II. 1. a

632 BT-Drucksache 15/1495

633 Bericht des BRH Tz. 3.3

Zweck der Regelung ist die Vermeidung von Umsatzsteuerausfällen, die dadurch entstehen, dass Unternehmer, die Forderungen aus umsatzsteuerpflichtigen Umsätzen abgetreten haben, häufig wegen mangelnder Liquidität nicht mehr in der Lage sind, die geschuldete Umsatzsteuer an das Finanzamt zu entrichten, weil die abgetretenen Forderungen, in denen stets jeweils ein Betrag in Höhe der gesetzlichen Umsatzsteuer enthalten ist[634], vom Abtretungsempfänger eingezogen wird und dieser zivilrechtlich nicht verpflichtet ist, die Umsatzsteuer an den Zedenten zurückzuerstatten oder an das Finanzamt abzuführen[635]. Unter die Haftungsregelung sollen in erster Linie Abtretungsempfänger fallen, die bei späterer Insolvenz des abtretenden leistenden Unternehmers sicherungsabgetretene Forderungen selbst eingezogen und den Erlös vollständig zur Befriedigung ihrer eigenen Forderung gegen den Zedenten verwendet haben, wodurch Umsatzsteuerausfälle entstehen können, wenn dem abtretenden Unternehmer keine Mittel mehr für die Zahlung der geschuldeten Umsatzsteuer an das Finanzamt verbleiben. Der Gesetzgeber sieht somit das aufgrund der Sicherungsabtretung in der Insolvenz des Abtretenden bestehende Absonderungsrecht des Abtretungsempfängers als geeigneten Anknüpfungspunkt für seine gesamtschuldnerische Mithaftung für die Umsatzsteuer an[636].

Auf Empfehlung des Bundesrates[637] wurde die Erstreckung der Regelung auf die Fälle der Pfändung und Verpfändung von Forderungen aufgenommen, weil sie von der Wirkung her der Abtretung gleichstünden[638].

2. Reichweite der Regelung

Die Haftung des Abtretungsempfängers nach § 13 c UStG zielt insbesondere auf die Sicherungsabtretung ab[639], gilt aber, da in der Regelung eine ausdrückliche Beschränkung auf die vom BRH beanstandeten Fallgestaltungen fehlt, auch in den Fällen entgeltlichen Forderungserwerbs, etwa Factoring[640], obwohl in diesen Fällen unklar ist, wie ein Ankauf von Forderungen zu einer Benachteiligung des Fiskus bezüglich der vom abtretenden Unternehmer geschuldeten Umsatzsteuer führen soll. Der abtretende Unternehmer erhält schließlich die Gegenleistung in Gestalt des Kaufpreises für die abgetretene Forderung, aus der er grundsätzlich auch die geschuldete Umsatzsteuer entrichten kann, so dass es zu der vom BRH beanstandeten Situation nicht kommen kann[641]. Jedenfalls wenn der Abtretungsempfänger die Gegenleistung, den Kaufpreis einschließlich Umsatzsteuer für die erhaltene Forderung an den abtretenden leistenden Unternehmer gezahlt hat, verstieße eine Haf-

634 Stadie in Rau/Dürrwächter, UStG, Einführung, Rn. 410
635 Gesetzesbegründung BT-Drucksache 15/1562, S. 46; Bericht des BRH Tz. 3.2; Leonard in Bunjes/Geist, UStG, § 13 c, Rn. 2; Stadie in Rau/Dürrwächter, UStG, § 13 c, Rn. 3
636 Hahne, DStR 2004, 210, 211
637 BR-Drucksache 630/03, S. 24
638 Stadie in Rau/Dürrwächter, UStG, § 13 c, Rn. 3
639 Stadie in Rau/Dürrwächter, UStG, § 13 c, Rn. 4
640 Leonard in Bunjes/Geist, UStG, § 13 c, Rn. 2
641 Hahne, BB 2003, 2720, 2721

tung des Zessionars nach § 13 c UStG gegen das Übermaßverbot[642] und ist daher abzulehnen[643].

Die Haftung des Zessionars greift auch bei Teilabtretungen „netto“ ein, also wenn der leistende Unternehmer nur den rechnerischen Nettobetrag der Forderung abtritt. Da die Umsatzsteuer ein unselbständiger Teil der Forderung ist, enthält jeder abgetretene Teilbetrag einer Forderung, die für eine umsatzsteuerpflichtige Leistung entstanden ist, immer auch anteilige Umsatzsteuer. Sie ist aus dem abgetretenen Teilbetrag herauszurechnen und für sie besteht die gesamtschuldnerische Mithaftung des Abtretungsempfängers[644]. Ebensowenig kann die Haftung des Zessionars durch Erstattung der in der abgetretenen Forderung enthaltenen Umsatzsteuer an den leistenden Unternehmer ausgeschlossen werden. Vielmehr beschränkt sich auch in diesem Fall die Haftung des Zessionars auf die in dem einbehaltenen Restbetrag enthaltene Umsatzsteuer[645].

Ein sachlicher Zusammenhang zwischen in der abgetretenen Forderung enthaltener Umsatzsteuer und dem vom leistenden Unternehmer nicht abgeführten, rückständigen Steuerbetrag muss für die Haftung des Zessionars nach § 13 c UStG nicht bestehen. So reicht es aus, wenn der der abgetretenen Forderung zugrundeliegende Umsatz bei der Festsetzung der offenstehenden Steuer berücksichtigt wurde[646]. Die nicht oder nicht vollständig entrichtete Umsatzsteuer für den betreffenden Voranmeldezeitraum kann also auch auf einer Vorsteuerkürzung oder der zusätzlichen Erfassung anderer Umsätze beruhen[647]. Ausgeschlossen ist damit, dass der leistende Unternehmer Teilzahlungen an das Finanzamt im Sinne einer Verwendungsreihenfolge speziell der in der abgetretenen Forderung enthaltenen Umsatzsteuer zuordnet[648].

Die Haftung des Zessionars ist der Höhe nach zweifach begrenzt: auf den Betrag der im Fälligkeitszeitpunkt vom leistenden Unternehmer nicht entrichteten Steuer und – abgesehen von der Vereinnahmungsfiktion bei Weiterübetragung der abgetretenen Forderung nach § 13 c Abs. 1 S. 3 UStG – auf die in dem vereinnahmten Betrag der abgetretenen Forderung enthaltene Umsatzsteuer[649].

In der Insolvenz des abtretenden leistenden Unternehmers gilt die noch vom Unternehmer oder vom Insolvenzverwalter vorangemeldete Umsatzsteuer nach § 41 Abs. 1 InsO oder bei Anmeldung der Umsatzsteuerforderung zur Insolvenztabelle von Amts wegen als fällig[650]. § 13 c UStG ist im Insolvenzverfahren über das Vermögen des leistenden Unternehmers auch anzuwenden, wenn der Insolvenzver-

642 Stadie in Rau/Dürrwächter, UStG, § 13 c, Rn. 20
643 Hahne a.a.O.
644 Hahne a.a.O. 2722; BMF-Schreiben vom 4.5.2004, Tz. 7, DStR 2004, 1000
645 BMF-Schreiben vom 4.5.2004, Tz. 22, DStR 2004, 1002
646 BMF-Schreiben vom 4.5.2004, Tz. 16, DStR 2004, 1001
647 Hahne a.a.O. 2721
648 BMF-Schreiben a.a.O.; Hahne a.a.O.
649 Wiese/Gradl, DB 2004, 844, 845
650 BMF-Schreiben vom 4.5.2004, Tz. 16, DStR 2004, 1001

walter die abgetretene Forderung nach § 166 Abs. 2 InsO selbst einzieht oder verwertet[651].

Die Reichweite des § 13 c UStG gegenüber einem kontoführenden Kreditinstitut im Fall der Insolvenzanfechtung der Verrechnung von Zahlungsingängen auf globalzedierte Forderungen ist noch ungeklärt. Hat das Kreditinstitut nach § 13c UStG die Umsatzsteuer an das Finanzamt gezahlt und erfolgt dann die Insolvenzanfechtung der Zahlungseingangsverrechnung auf dem Geschäftskonto des Schuldners gegenüber dem Kreditinstitut, so müsste dieses gegen das Finanzamt einen Erstattungsanspruch hinsichtlich der in Unkenntnis der späteren Insolvenzanfechtung gezahlten Umsatzsteuer haben[652].

3. Vereinbarkeit der Regelung mit dem insolvenzrechtlichen Grundsatz der Gläubigergleichbehandlung?

Die Haftung des Abtretungsempfängers für die Umsatzsteuer bei Vereinnahmung der abgetretenen Forderung wird teilweise als sachgerecht angesehen, da der leistende Unternehmer als Abtretender wegen des Charakters der Umsatzsteuer als indirekter Steuer nur Gehilfe bzw. Steuereinsammler für den Steuergläubiger sei, so dass der in der Forderung auf die Gegenleistung für eine umsatzsteuerpflichtige Leistung enthaltene Umsatzsteuerbetrag kein Vermögenswert des leistenden Unternehmers/Kreditnehmers/Sicherungsgebers sei und folglich auch nicht der Sicherung des Gläubigers/Kreditgebers dienen dürfe. Der Abtretungsempfänger erhielte mit der Abtretung der Bruttoforderung in Höhe des enthaltenen Umsatzsteuerbetrages einen ihm nicht gebührenden und damit nicht gerechtfertigten Vorteil. Diese Wertung komme auch in § 170 Abs. 2 InsO in Verbindung mit § 171 Abs. 2 S. 3 InsO und § 13b Abs. 1 Nr. 2 UStG bei der Verwertung sicherungsübereigneter Gegenstände zum Ausdruck[653].

Indessen vermag diese Argumentation schon umsatzsteuerrechtlich nicht zu überzeugen. Wäre es tatsächlich so, dass die in der abgetretenen Forderung enthaltene Umsatzsteuer kein für den abtretenden leistenden Unternehmer disponibler Vermögenswert wäre, so müsste die Umsatzsteuerhaftung des Abtretungsempfängers ganz einfach dadurch vermeidbar sein, dass der Umsatzsteuerteil der Forderung nicht mit abgetreten würde. Gerade dies ist jedoch nicht möglich, da die Umsatzsteuer stets ein unselbständiger Teil der Forderung ist, für den Sonderregelungen nicht gelten[654].

Der Kern der Problematik liegt vielmehr außerhalb des Umsatzsteuerrechts mit der Folge, dass er im UStG auch nicht dogmatisch zutreffend gelöst werden kann. Die

---

651 BMF-Schreiben vom 4.5.2004, Tz. 21, DStR 2004, 1001, 1002; Leonard in Bunjes/Geist, UStG, § 13 c, Rn. 26
652 Molitor, ZInsO 2006, 804, 807
653 Stadie in Rau/Dürrwächter, UStG, § 13 c, Rn. 4
654 Hahne, BB 2003, 2720; s.o. 2.

Sicherungsabtretung ist ein zulässiges, mit dem insolvenzrechtlichen Grundsatz der Gläubigergleichbehandlung vereinbares[655], zivilrechtliches, dingliches Kreditsicherungsmittel, das zur abgesonderten Befriedigung berechtigt. Durch die Sicherungsabtretung – ebenso wie durch die Verpfändung – erhalten die Abtretungsempfänger gegenüber anderen Insolvenzgläubigern, so auch gegenüber dem Fiskus eine bevorrechtigte Position. Die Kritik des BRH müsste also darauf abzielen, dieses Privileg an sich zu beseitigen oder einzuschränken[656]. Dies würde jedoch einen Eingriff in das gesamte System der Kreditsicherung bedeuten und damit grundsätzlich wieder die im Rahmen der Insolvenzrechtsreform diskutierte Frage aufwerfen, ob besitz- bzw. publizitätslose dingliche Mobiliarsicherheiten insolvenzfest sein sollen[657]. Da der Gesetzgeber an der grundsätzlichen Berechtigung der besitz- und publizitätslosen dinglichen Mobiliarsicherheiten zur abgesonderten Befriedigung aus gutem Grund[658] festgehalten hat, ist die einseitig zugunsten des Fiskus in das Absonderungsgut des Zessionars eingreifende Haftungsregelung des § 13c Abs. 1 UStG eine insoweitige Ungleichbehandlung des betreffenden Sicherungsgläubigers, der eine ebenso einseitige Bevorzugung des Fiskus entspricht, der insoweit aus dem Kreis der Insolvenzgläubiger herausgenommen wird. Durch die Haftungsregelung des § 13c Abs. 1 UStG wird in direkter Weise im Insolvenzfall Vermögen von einem Sicherungsgläubiger, dem Zessionar, auf einen Insolvenzgläubiger, den Fiskus, umverteilt. Derartige Vermögensumverteilungen wollte der Gesetzgeber der InsO vermeiden, wenn er als Ziel der Insolvenzrechtsreform den Verzicht auf Zwangseingriffe in Vermögensrechte formuliert hat: „Ein marktkonformes Verfahren muss darauf verzichten, den Beteiligten Vermögensopfer abzunötigen. Zwangseingriffe in die private Güterzuordnung mit der Folge von Vermögensverlagerungen sind ... zurückzuweisen. Dies gilt ... im Verhältnis der Gläubigergruppen – der gesicherten, ungesicherten und nachrangigen – zueinander ...“[659].

Ein spezifisch insolvenzrechtlicher oder insolvenzrechtlich zulässiger Grund für diesen Eingriff und die bewirkte Vermögensverlagerung von einem Sicherungsgläubiger auf einen Insolvenzgläubiger ist nicht ersichtlich. Das fiskalpolitische Ziel, Umsatzsteuerausfälle auch und gerade in der Insolvenz des leistenden Unternehmers zu vermeiden, ist kein rechtlich tauglicher Grund. Die Regelung des § 13 c Abs. 1 UStG steht somit in nicht auflösbarem Widerspruch zu dem insolvenzrechtlichen Grundsatz der Gläubigergleichbehandlung.

Darüber hinaus wird die Regelung mit der Begründung kritisiert, sie schwäche das Kreditsicherungsmittel der (Global-)Zession und erschwere bzw. verteuere damit die Kreditbeschaffung der Unternehmen, was tendenziell zu mehr Unternehmens-

---

655 S.o. F.II.1.a
656 Hahne, BB 2003, 2720
657 Lösung des Problems dort, wo es seinen Ausgangspunkt hat, Paulus, ZIP 1985, 1449, 159; s.o. F.II.1.a.(2)
658 s.o. F.II.1.a
659 Allg. Begr. Zum RegE-InsO, A.3.a.ee, BT-Drucksache 12/2443, S. 78; Kübler/Prütting, RWS-Dokumentation, S. 94

insolvenzen führen werde[660]. Schließlich wird gegen § 13 c UStG eingewandt, er verstoße gegen vorrangiges EU-Richtlinienrecht und seine Anwendung sei daher durch den Vorrang des Gemeinschaftsrechts gesperrt[661].

---

660 Marx/Salentin, NZI 2005, 258, 262
661 Weerth, DStR 2006, 1071 f.

G. Rechtliche Würdigung der insolvenzrechtlichen Regelungen in Art. 2, Nrn. 3–5 und Art. 3 und 5 des Gesetzesentwurfs der (vorigen) Bundesregierung – Entwurf eines Gesetzes zum Pfändungsschutz der Altersvorsorge und zur Anpassung des Rechts der Insolvenzanfechtung vom 10.08.2005

I. Stand des Gesetzgebungsverfahrens

Am 20.06.2005 hat das BMJ den Gesetzentwurf den interessierten Kreisen zur Stellungnahme zugeleitet[662]. Die (vorige) Bundesregierung hat den Gesetzesentwurf am 10.08.2005 beschlossen[663] und zur Begründung ausgeführt: „Beschränkung der Insolvenzanfechtung: Mit dem Gesetzentwurf soll auch die Insolvenzanfechtung insbesondere gegenüber den Sozialversicherungsträgern eingeschränkt werden. Die Insolvenzanfechtung wurde durch die neuere Rechtsprechung des Bundesgerichtshofs für den Insolvenzverwalter deutlich erleichtert. Hierdurch sind insbesondere die öffentlich-rechtlichen Gläubiger benachteiligt. Um einerseits dem Interesse der öffentlich-rechtlichen Gläubiger Rechnung zu tragen, andererseits nicht den Grundsatz der Gläubigergleichbehandlung zu verletzen, wird u.a. die Anfechtung wegen vorsätzlicher Benachteiligung mit einer allgemeinen Regelung auf Fälle unlauteren Verhaltens beschränkt“[664].

Der Bundesrat hat sich in seiner Sitzung am 23.09.2005 mit dem RegE befasst und in seiner Stellungnahme gem. den Empfehlungen des federführenden Rechtsausschusses, des Finanz- und Wirtschaftsausschusses verlangt, dass Art. 2 Nr. 3 des RegE[665] zu streichen ist und es bei der bisherigen Rechtslage verbleibt. Zur Begründung hat der Bundesrat ausgeführt, wegen der erheblichen Vermehrung von Masseverbindlichkeiten und wegen der Gefahr persönlicher Haftung des vorläufigen Insolvenzverwalters nach § 61 InsO werde die Fortführung und Sanierung von Betrieben akut gefährdet. Außerdem würde die Aufstufung der Verbindlichkeiten zu Masseverbindlichkeiten den Grundsatz der Gläubigergleichbehandlung gefährden. Schließlich sei das dem Entwurf zugrunde liegende Konzept der Verbesserung der Rechtsstellung der Gläubiger von Steuer- und Sozialversicherungsansprüchen bei Abwägung der Interessen nicht geeignet[666].

---

662 Vetter/Berscheid, ZinsO 2005, 867
663 ZIP 2005, A64
664 Pressemitteilung der Bundesregierung vom 10.08.2005, abrufbar unter www.bundesjustiz ministerium.de
665 die geplante Änderung des § 55 Abs. 2 InsO
666 Beschluss des Bundesrates, Drucksache 618/05; auch NZI 2005, Heft 11, S. IX, X

Ferner hat der Bundesrat verlangt, dass in Art. 2 Nr. 5 des Gesetzesentwurfs der § 133 Abs. 1 S. 3 InsO-RegE gestrichen wird. Zur Begründung hat er ausgeführt, die Beschränkung des Anfechtungsrechts auf unlauteres Verhalten sei zu weitgehend und der Begriff des „unlauteren Verhaltens" werde Auslegungsprobleme aufwerfen. Schließlich führe die geplante Regelung zu einer systemwidrigen Bevorzugung der Sozialkassen, obwohl die Insolvenzprivilegien mit der InsO abgeschafft worden seien. Durch die Bevorzugung würde die Tendenz bei den Sozialkassen, nicht rechtzeitig von ihrem Insolvenzantragsrecht Gebrauch zu machen, weiter befördert[667].

Zu den geplanten Änderungen des EStG und des SGB IV gem. Art. 3 und 5 des RegE hat der Bundesrat gebeten, im weiteren Verlauf des Gesetzgebungsverfahrens zu prüfen, ob den Interessen der genannten öffentlich-rechtlichen Gläubiger in Anbetracht des Grundsatzes der Gleichbehandlung aller Gläubiger in schonender Weise Rechnung getragen werden kann. Zur Begründung hat er ausgeführt, der Umstand, dass der Anfechtung von Zahlungen an die betreffenden öffentlich-rechtlichen Gläubiger durch die geplanten Gesetzesänderungen von vornherein der Boden entzogen werde, führe zu einer Privilegierung der öffentlich-rechtlichen Gläubiger, die durch die Streichung der Konkursvorrechte in der Insolvenzrechtsreform beseitigt worden sei. Außerdem sei hinsichtlich der Lohnsteuer und der Sozialversicherungsbeiträge eine einheitliche Regelung nicht sachgerecht, da Schuldner der Lohnsteuer der Arbeitnehmer, Schuldner der genannten Sozialversicherungsbeiträge jedoch der Arbeitgeber sei[668].

Am 8.3.2006 hat die Bundesregierung ihre Gegenäußerung zur Stellungnahme des Bundesrates vom 23.9.2005 vorgelegt[669]. In dieser teilt sie mit, dass sie die Bedenken des Bundesrates zu Art. 2 Nr. 3 des RegE[670] und Art. 2 Nr. 5 des RegE[671] nicht teilt, zeigt sich jedoch aufgeschlossen, anstelle der vorgesehenen Änderung des § 55 Abs. 2 InsO den § 251 AO um einen Absatz 4 zu ergänzen, der die neue vorgesehene Vorschrift – Aufwertung der im Insolvenzeröffnungsverfahren mit Zustimmung des „schwachen" vorläufigen Verwalters begründeten Verbindlichkeiten zu Masseverbindlichkeiten im eröffneten Insolvenzverfahren – auf Steuern und Abgaben begrenzt[672],[673].

Am 11.5.2006 hat der Bundestag den RegE in erster Lesung beraten und aufgrund der in allen Fraktionen einig geäußerten Krtik an die Ausschüsse überwiesen[674]. In einer Anhörung des Rechtsausschusses des Bundestages am 27.09.2006 wurde aus

---

667 Beschluss des Bundesrates, Drucksache 618/05; auch NZI 2005, Heft 11, S. X
668 Beschluss des Bundesrates, Drucksache 618/05; auch NZI 2005, Heft 11, S. X
669 ZIP 2006, 634 ff. = ZInsO 2006, 314 ff.
670 die geplante Änderung des § 55 Abs. 2 InsO
671 die geplante Änderung des § 133 Abs. 1 InsO
672 Gegenäußerung der Bundesregierung vom 8.3.2006, ZIP 2006, 634, 635
673 In der Tat hat die Bundesregierung eine entsprechende Regelung als beabsichtigten § 251 Abs. 4 AO in den Entwurf des Jahressteuergesetzes 2007 vom 23.8.2006 aufgenommen. Der Bundestag hat das Jahressteuergesetz 2007 am 9.11.2006 verabschiedet, nachdem zuvor die Regelung des § 251 Abs. 4 AO aus dem Entwurf wieder gestrichen worden war, da die Problematik des Steuerausfalls im Insolvenzeröffnungsverfahren weiterer Erörterung bedürfe und daher in einem anderen Gesetzgebungsverfahren geregelt werden solle; Mitteilung ZIP 2006, A 90
674 Mitteilung ZIP 2006, 1021

Kreisen der Sachverständigen, Richter, Anwälte und der Wirtschaft die zentrale Kritik erneuert, der RegE bevorzuge im Insolvenzverfahren einseitig die Renten- und Krankenversicherungsträger und die Finanzämter[675]. Am 14.12.2006 hat der Bundestag das Gesetz zum Pfändungsschutz der Altersvorsorge – ohne den Entwurfsteil „Anpassung des Rechts der Insolvenzanfechtung" – beschlossen.[675a]

II. Darstellung der in der Literatur geäußerten Kritik

Die mit dem RegE geplanten Änderungen des Insolvenzanfechtungsrechts sind in der Literatur auf nahezu einhellige Ablehnung gestoßen[676]. Rechtspolitisch wird zunächst darauf hingewiesen, dass bereits der Ausgangspunkt der Begründung des RegE, den Sozialkassen würden jährlich mehrere 100 Mio. € an Beitragsaufkommen durch Insolvenzanfechtung entzogen[677], nicht belegt sei[678]. Sodann wird grundsätzlich kritisiert, durch die geplanten Gesetzesänderungen würden wesentliche Ziele der Insolvenzrechtsreform, die Bekämpfung der Massearmut der Insolvenzverfahren und die Abschaffung der Vorrechte, konterkariert[679]. Die Aufwertung der im Insolvenzeröffnungsverfahren entstehenden Verbindlichkeiten zu Masseverbindlichkeiten werde die Verfahrenseröffnungen erschweren[680] und zu einem „dramatischen"[681] Anstieg der sofort massearmen Verfahren nach § 208 InsO führen[682]. Dadurch und wegen der Erhöhung der persönlichen Haftungsgefahr des vorläufigen Insolvenzverwalters nach §§ 60, 61 InsO[683] werde insbesondere die Fortführung und Sanierung von Unternehmen gefährdet, worin ein weiterer Widerspruch zu den Zielen der Insolvenzrechtsreform liege[684]. In dieselbe Richtung – Erschwerung der Verfahrenseröffnung und Begünstigung der Massearmut – werde die Entschärfung der Insolvenzanfechtung, insbesondere der Inkongruenzanfechtung nach § 131 InsO wirken. Einerseits werde eine Verfahrenseröffnung oft erst durch Insolvenzanfechtung ermöglicht[685]. Andererseits war die Verschärfung der Insolvenzanfechtung durch die Insolvenzrechtsreform ein Mittel zur Bekämpfung der Massearmut, so dass ihre Entschärfung wieder mehr Massearmut befürchten lasse[686], weil

---

675 Mitteilung ZIP 2006, A 78
675a Mitteilung ZIP 2006, A 100
676 Vallender, NZI 2005, 599
677 Begründung zum RegE A II
678 Beck/Irschlinger, VID, ZInsO 2005, 862; Vallender, NZI 2005, 599; Gravenbrucher Kreis, ZIP 2005, 1386, 1387
679 Gravenbrucher Kreis, ZIP 2005, 1386, 1387
680 Deutscher Anwaltsverein (DAV), Stellungnahme Nr. 40/05 vom Juli 2005, abrufbar unter www.anwaltverein.de
681 Beck/Irschlinger, VID, ZInsO 2005, 862, 863
682 Gravenbrucher Kreis, ZIP 2005, 1386, 1387; Schmerbach, ZInsO, 865, 867; Händle, ZInsO 2005, 844, 847
683 Uhlenbruck, ZInsO 2005,505, 514: Kaum zu kalkulierendes Haftungsrisiko
684 Bundesrechtsanwaltskammer (BRAK), Stellungnahme Nr. 22/2005 vom Juni 2005, S. 3, abrufbar unter www.bundesrechtsanwaltskammer.de; Leithaus, NZI 2005, 436, 437; Vallender, NZI 2005, 599, 601; Frind, ZInsO 2005, 790, 792
685 Vallender, NZI 2005, 599, 600; Leithaus, NZI 2005, 436, 438
686 Vallender, NZI 2005, 599; BRAK-Stellungnahme a.a.O.

die Masse durch nach dem Gesetzesentwurf folgenlos bleibende Zwangsvollstreckung vor dem Insolvenzantrag stärker ausgeplündert werden könne als nach geltender Gesetzeslage[687].

Die Justizministerkonferenz hat am 17.11.2005 gegen die Bestrebungen plädiert, bestimmten Gläubigergruppen in der Insolvenz Sondervorteile zu verschaffen, und das Bundesministerium der Justiz gebeten, die insolvenzrechtlichen Regelungen des RegE erst dann weiter zu verfolgen, wenn angemessene Lösungsvorschläge vorgelegt sind[688].

Die geplanten Gesetzesänderungen begegnen jedoch nicht nur rechtspolitischer Ablehnung, sondern stoßen in der Literatur auch auf erhebliche rechtsdogmatische Bedenken.

Durch § 55 Abs. 2 InsO-RegE werde ein wesentlicher Unterschied zwischen den verschiedenen Formen der vorläufigen Insolvenzverwaltung – vorläufiger Insolvenzverwalter mit eigener Verfügungsbefugnis nach § 22 Abs. 1 InsO, sogenannter starker vorläufiger Verwalter, oder ohne eigene Verfügungsbefugnis nach § 22 Abs. 2 InsO, sogenannter schwacher vorläufiger Verwalter – aufgehoben[689]. Nach der Regelung des § 22 InsO obliege jedoch dem Gericht die Entscheidung darüber, welche Befugnisse der vorläufige Insolvenzverwalter hat, also – durch Einsatz eines starken oder schwachen vorläufigen Verwalters – auch die Entscheidung über die Entstehung von Masseverbindlichkeiten im Insolvenzeröffnungsverfahren[690]. Der BGH hat in diesem Zusammenhang entschieden, dass eine pauschale gerichtliche Ermächtigung des schwachen vorläufigen Insolvenzverwalters zur Vornahme von Handlungen mit Wirkung für den Schuldner und damit Begründung von Masseverbindlichkeiten nicht zulässig ist, sondern eine solche Ermächtigung nur für konkrete Einzelhandlungen ausgesprochen werden kann[691]. Bei den Entscheidungen im Insolvenzeröffnungsverfahren ist das Insolvenzgericht an den Grundsatz der Verhältnismäßigkeit im Rahmen des § 21 InsO gebunden[692]. Sollte die beabsichtigte Regelung in § 55 Abs. 2 InsO Gesetz werden, könnte das Gericht das Entstehen von Masseverbindlichkeiten im Insolvenzeröffnungsverfahren nicht mehr steuern, so dass in der geplanten Regelung ein Verstoß gegen den Verhältnismäßigkeitsgrundsatz gesehen wird[693].

Schließlich wird darauf hingewiesen, § 55 Abs. 2 InsO in der gegenwärtigen Fassung diene dem Schutz der vertraglichen Gläubiger, die mit dem vorläufigen Insolvenzverwalter Geschäfte abschließen oder ihm gegenüber Dauerschuldverhältnisse erfüllen. Dieser Zweck passe nicht auf Steuerforderungen. Eine Regelung, die im wirtschaftlichen Ergebnis dazu führt, dass die im Eröffnungsverfahren anfallende Umsatzsteuer zu 100 % von den Gläubigern des Steuerpflichtigen zu tragen ist, sei

687 Huber, ZInsO 2005, 786, 788
688 ZIP 2005, Heft 48, S. A 94
689 Beck/Irschlinger, VID, ZInsO 2005, 862, 863; Frind, ZInsO 2005, 790, 791
690 Vallender, NZI 2005, 599, 601; Händle, ZInsO 2005, 844, 846, 847
691 BGH ZIP 2002, 1625
692 BGH a.a.O., Vallender, NZI 2005, 566, 601
693 Smid, DZWIR 2005, 414, 418

geradezu grotesk[694]. Außerdem sei kein Grund ersichtlich, den Fiskus gegenüber der Bundesagentur für Arbeit zu bevorzugen, deren auf die nach geleistetem Insolvenzgeld nach § 187 SGB III übergegangene Arbeitsentgeltforderungen nach § 55 Abs. 3 InsO auch nur einfache Insolvenzforderungen sind[695].

Gegen § 131 Abs. 1 S. 2 InsO-RegE wird vorgebracht, die Änderung begründe einen nicht aufzulösenden Wertungswiderspruch zu § 88 InsO[696]. Nach § 88 InsO, der sogenannten Rückschlagsperre, wird eine Sicherung, die ein Insolvenzgläubiger durch Zwangsvollstreckung an einem zur Insolvenzmasse gehörigen Gegenstand innerhalb des letzten Monats vor dem Insolvenzantrag erlangt hat, mit Eröffnung des Insolvenzverfahrens ipso jure unwirksam. Dieser Automatismus rechtfertige sich aus der Qualifikation der durch Zwangsvollstreckung innerhalb des letzten Monats erlangten Sicherung als inkongruent, da anderenfalls für die Unwirksamkeit das subjektive Tatbestandsmerkmal der Kenntnis des Gläubigers von der Zahlungsunfähigkeit des Schuldners erforderlich wäre[697]. Nun sei nicht einzusehen, dass der Gläubiger, der einen Geldzahlungsanspruch innerhalb des letzten Monats vor Insolvenzeröffnung vollstrecke, eine durch die Zwangsvollstreckung erlangte Sicherheit nach der Insolvenzeröffnung nach § 88 InsO jedenfalls wieder verliere, während er eine Befriedigung, für den Fall, dass der Gerichtsvollzieher beim Schuldner Geld gefunden und dem Gläubiger ausgehändigt oder der Schuldner etwa zur Abwendung der Zwangsvollstreckung gezahlt habe, behalten dürfe, es sei denn, er hätte Kenntnis von der Zahlungsunfähigkeit des Schuldners gehabt[698]; das Weniger, die Sicherung, hätte also keine Bestand, während das Mehr, die Befriedigung dagegen insolvenzfest wäre[699]. Außerdem wird darauf hingewiesen, dass der zur Begründung des RegE herangezogene Hinweis auf die Materialien zur KO, dem wachsamen, also vollstreckenden Gläubiger dürfe der Lohn für seine Sorgfalt nicht wieder entrissen werden[700], fehl geht[701], denn an gleicher Stelle ist gesagt, dass auch bei einer Zwangsvollstreckung eine Rechtsverletzung gleichermaßen vorliegen könne und dass der Auffassung, die Zwangsvollstreckung sei von der Anfechtung frei, da sie auf einer Exekutionshandlung des Richters und nicht einer Rechtshandlung des Schuldners beruhe, nicht beigetreten werden könne[702].

Schließlich wird kritisiert, dass die Begründung des RegE den wirklichen rechtsdogmatischen Grund dafür, dass die Rechtsprechung eine durch oder auf Grund von Drohung mit Zwangsvollstreckung erlangte Sicherheit oder Befriedigung als inkongruent ansieht, verkennt. Entgegen den Ausführungen in der Begründung

---

694 Marotzke, ZIP 2005, 2144, 2145
695 Marotzke a.a.O.
696 DAV a.a.O., S. 6, Ziff. 1; Smid, DZWIR 2005, 414, 416; Vallender, NZI 2005, 599, 600; Huber, ZInsO 2005, 786, 787
697 § 130 InsO; Smid, DZWIR 2005, 414, 416
698 dann griffe die Kongruenzanfechtung nach § 130 Abs. 1 InsO
699 Huber, ZInsO 2005, 786, 787; Vallender, NZI 2005, 599, 600
700 Begründung zum RegE Teil B zu Art. 2 Nr. 4, DZWIR 2005, 420
701 Beck/Irschlinger, VID, ZInsO 2005, 862, 863
702 Hahn, Begründung/Motive zum Entwurf der KO, S. 129

des RegE folgt die Inkongruenz nicht daraus, dass der Gläubiger etwas erhält, das er „ nicht in der Art“ zu beanspruchen hat, sondern vielmehr daraus, dass dem insolvenzrechtlichen Grundsatz der Gläubigergleichbehandlung (par condicio creditorum) bereits in der „kritischen Phase“ der speziellen Insolvenzanfechtung der Vorrang vor dem Prioritätsprinzip der Einzelvollstreckung einzuräumen ist[703].

Gegen die vorgeschlagenen Regelungen des § 133 Abs. 2 S. 2 und 3 InsO-RegE wird eingewandt, es würden die Tatbestände der allgemeinen Vorsatzanfechtung in § 133 InsO und der besonderen Insolvenzanfechtung in §§ 130 131 InsO in verwirrender Weise vermischt[704]. Außerdem sei der Begriff „unlauteres Verhalten“ unklar[705] und es bleibe unklar, was künftig für Befriedigungsleistungen des Schuldners gelten soll, die der Gläubiger aufgrund Androhung der Insolvenzantragstellung erlangt hat[706] und die nach der Rechtsprechung des Bundesgerichtshofs der Vorsatzanfechtung des § 133 Abs. 1 InsO unterfällt[707]. Schließlich sei es widersprüchlich, für die Erschwerung der Vorsatzanfechtung auf ein unlauteres Verhalten des Schuldners abzustellen, obwohl die Anfechtung gar nicht den Schuldner treffe, sondern den durch die anfechtbare Rechtshandlung begünstigten Anfechtungsgegner[708].

Der gewichtigste Kritikpunkt, der gegen die nach dem RegE geplanten Änderungen der InsO vorgebracht wird, ist der Vorwurf eines Verstoßes der beabsichtigten Regelungen gegen die par condicio creditorum, den Grundsatz der Gläubigergleichbehandlung[709], da faktisch ein Vorrecht der öffentlich-rechtlichen Gläubiger Fiskus und Sozialversicherung eingeführt werde[710]. Die Aufwertung der im Insolvenzeröffnungsverfahren mit Zustimmung des schwachen vorläufigen Verwalters begründeten Verbindlichkeiten zu Masseverbindlichkeiten im eröffneten Insolvenzverfahren führe – gegenüber der heutigen Rechtslage – zu einer Privilegierung des Fiskus hinsichtlich der Umsatzsteuerforderungen, da andere Gläubiger, beispielsweise Lieferanten, in der Regel anders abgesichert würden, z.B. durch das sogenannte (Doppel-) Treuhandkonto[711], oder den vorläufigen Insolvenzverwalter aus Vertrauensschutztatbeständen in Anspruch nehmen können[712].

In der Tat werden in der Begründung des RegE die Umsatzsteuerforderungen, die nach der Gesetzesänderung zu Masseforderungen werden sollen, gesondert genannt[713].

---

703 BGH NJW 1997, 3445; Vallender, NZI 2005, 599, 600
704 Uhlenbruck, ZInsO 2005, 505, 515
705 BRAK a.a.O., S. 4; Frind, ZInsO 2005, 790, 793
706 Frind, ZInsO 2005, 790, 793
707 BGH ZIP 2002, 319
708 Marotzke, ZInsO 2006, 7, 10
709 Pape, ZInsO 2005, 842
710 DAV a.a.O., S. 8; Beck/Irschlinger, VID, ZInsO 2005, 862, 863
711 Bork, ZIP 2003, 1421 ff.; Bauer, Rechtsfragen der Unternehmenssanierung, Rn. 563
712 Smid, DZWIR 2005, 414, 417; BGH ZIP 2005, 314
713 Begründung des RegE Teil B zu Art. 2 Nr. 3, DZWIR 2005, 420

Die Einschränkung der Insolvenzanfechtung gem. § 131 Abs. 1 S. 2 InsO-RegE für die durch Zwangsvollstreckung erlangten Befriedigungen verletze den Gläubiger-Gleichbehandlungsgrundsatz gleich in mehrfacher Richtung. Zum Einen würden dadurch die öffentlich-rechtlichen Gläubiger Fiskus und Sozialversicherungsträger faktisch gegenüber den anderen Gläubigern bevorzugt, da sie sich ihre Vollstreckungstitel selbst erstellen und mit einem eigenen Vollstreckungsapparat durchsetzen können[714], während andere Gläubiger auf ein teures und zeitaufwendiges[715] Verfahren angewiesen seien. Zum Anderen werde der Umstand negiert, dass bereits in der materiellen Insolvenz, d.h. in der Drei-Monats-Phase vor dem Insolvenzantrag der Gläubiger-Gleichbehandlungsgrundsatz Vorrang vor dem Prioritätsprinzip hat[716], worin nach der Grundsatzentscheidung des BGH vom 09.09.1997[717] die materielle Begründung dafür liegt, dass in diesem Zeitraum eine durch Zwangsvollstreckung oder aufgrund Androhung der Zwangsvollstreckung erlangte Befriedigung inkongruent ist. Somit werde mit der Gesetzesänderung entgegen der Begründung des RegE[718] gerade keine alle Gläubiger gleich behandelnde Regelung geschaffen, sondern allenfalls eine formale[719] Gleichbehandlung lediglich der Titelgläubiger geschaffen. Die par condicio creditorum unterscheide jedoch nicht zwischen Titelgläubigern und Gläubigern ohne Vollstreckungstiteln, sondern erfordere vielmehr die Gleichbehandlung aller Gläubiger[720].

III. Würdigung der durch den RegE vorgesehenen Änderungen der InsO in Bezug auf den insolvenzrechtlichen Gläubiger-Gleichbehandlungsgrundsatz

1. Aufwertung der im Eröffnungsverfahren begründeten Verbindlichkeiten zu Masseverbindlichkeiten im Insolvenzverfahren – § 55 Abs. 2 InsO-RegE

Anders als nach der ursprünglich in dem sog. „non-paper“ vorgesehenen Ergänzung des § 55 InsO[721], die augenscheinlich eine einseitige Bevorzugung des Fiskus gegenüber den anderen Gläubigern aus dem Insolvenzveröffnungsverfahren und damit ein Verstoß gegen den Gläubiger-Gleichbehandlungsgrundsatz gewesen wäre[722], werden die Gläubiger im Insolvenzeröffnungsverfahren durch die Regelung in § 55 Abs. 2 InsO-RegE untereinander formal gleich behandelt. Durch die ge-

---

714 vgl. §§ 249, 328, 336 AO; § 66 SGB X; §§ 1 ff. VwVfG; DAV a.a.O., S. 6; BRAK a.a.O., S. 4; Schmerbach, ZInsO 2005, 865; Smid, DZWIR 2005, 414, 416
715 Smid, DZWIR, 2005, 414, 416
716 Huber, ZinsO 2005, 786; Vallender, NZI 2005, 599, 600; Frind, ZInsO 2005, 790, 793
717 BGH NJW 1997, 3445
718 Teil A II, DZWIR 2005, 419
719 nicht jedoch wirkliche, s.o.
720 Huber, ZInsO 2005, 786, 787
721 s.o. B. I.
722 Pape/Uhlenbruck, ZIP 2005, 417, 420

nannte Regelung wird der Grundsatz der Gläubigergleichbehandlung gegenüber den Insolvenzgläubigern auch materiell nicht verletzt. Im Unterschied zu der Regelung des § 123 Abs. 2 S. 1 InsO[723] werden durch § 55 Abs. 2 InsO-RegE nicht dem Wesen nach einfache Insolvenzforderungen zu Masseforderungen privilegiert, sondern es werden vielmehr Forderungen, die nach materiellen Erwägungen als Masseforderungen angesehen werden können, nun auch formal in diesen Stand erhoben. Den Insolvenzforderungen ist gemein, dass sie *vor* der Insolvenz des Schuldners für diese mitursächlich waren. Masseforderungen zeichnen sich dadurch aus, dass sie *in* der Insolvenz des Schuldners entstehen. Dabei ist materiell der Zeitpunkt der Insolvenz nicht (erst) derjenige der gerichtlichen Entscheidung über die Eröffnung des förmlichen Insolvenzverfahrens, sondern derjenige des Eintritts der Vermögensunzulänglichkeit, der materiellen Insolvenz. Vor der materiellen Insolvenz wird die Einflussnahme der Gläubigerforderungen auf das Schuldnervermögen durch die eigenverantwortliche Vermögens- und Haftungssteuerung des Schuldners neutralisiert[724]. Mit Eintritt der materiellen Insolvenz und nicht erst mit der formalen Verfahrenseröffnung bricht das System eigenverantwortlicher Schuldnerregulierung und damit privatautonomer Verfügungen des Schuldners zusammen[725]. Dies ist auch die Begründung sowohl für die spezielle Insolvenzanfechtung nach §§ 130, 131 InsO[726] als auch für die Zulässigkeit der in die Verfügungsbefugnis des Schuldners eingreifenden Regelungen im Insolvenzeröffnungsverfahren, insbesondere die Anordnung eines allgemeinen Verfügungsverbotes nach § 21 Abs. 2 Nr. 2 InsO oder der vorläufigen Insolvenzverwaltung mit allgemeinem Zustimmungsvorbehalt nach § 22 Abs. 2 InsO. Mit der Insolvenzanfechtung werden privatautonome Verfügungen bzw. Schuldenregulierungen des Schuldners rückgängig gemacht, mit dem Verfügungsverbot bzw. dem allgemeinen Zustimmungsvorbehalt wird die Verfügungsbefugnis des Schuldners rechtlich bzw. faktisch aufgehoben. Diese auf die Zeit vor der förmlichen Insolvenzverfahrenseröffnung wirkenden Regelungen sind materiell-rechtlich nur denkbar, weil die Privatautonomie des Schuldners mit Eintritt der materiellen Insolvenz bereits geendet hat. Folgerichtig ist das Bestehen einer Konkursforderung gekennzeichnet durch die bereits vor Eintritt des materiellen Konkurses begründete Konkursteilnahme[727]. Dem gegenüber werden Forderungen durch den oder mit Zustimmung des vorläufigen Insolvenzverwalters nach materiellem Verlust der privatautonomen Verfügungsbefugnis des Schuldners in der (materiellen) Insolvenz begründet und sind daher dem materiell-rechtlichen Wesen nach ebenso Masseforderungen wie die nach formaler Verfahrenseröffnung begründeten Forderungen. Durch die Regelung in § 55 Abs. 2 InsO-RegE würde somit nur die Ungleichbehandlung der im Insolvenzeröffnungsverfahren durch den starken vorläufigen Verwalter begründeten Verbindlichkeiten, die auch nach geltender Rechtslage im eröffneten Insolvenzverfahren Masseverbindlichkeiten sind,

723 s.o. F. III. 2. a.
724 Häsemeyer, Insolvenzrecht, Rn. 2.26.
725 Häsemeyer, Insolvenzrecht, Rn. 2.23.
726 s. BGH NJW 1997, 3445
727 Berges, Festschrift 100 Jahre KO, S. 363, 381

einerseits und formal vom Schuldner, aber mit Zustimmung des schwachen vorläufigen Verwalters begründeter Verbindlichkeiten, die nach geltender Rechtslage zu einfachen Insolvenzforderungen führen, andererseits beseitigt[728].

Außerdem würden durch die Gesetzesänderung die systemwidrigen Ungleichbehandlungen durch gerichtliche Ermächtigung des schwachen vorläufigen Verwalters[729] sowie das nicht auf gesicherter Rechtsbasis stehende[730], gegen den Grundsatz der Gläubigergleichbehandlung verstoßende[731] (Doppel-) Treuhandkontenmodell und die ebenso von den Umständen des Einzelfalles abhängige und damit ebenfalls unsichere Vertrauenshaftung des vorläufigen Insolvenzverwalters[732] beseitigt[733]. Diese Maßnahmen wären sämtlich entbehrlich. Die vorgesehene Änderung des § 55 Abs. 2 InsO trägt also zur Gläubigergleichbehandlung bei[734].

Soweit gegen die Gesetzesänderung eingewandt wird, sie beseitige den Unterschied zwischen dem starken vorläufigen Verwalter und dem schwachen vorläufigen Verwalter mit Zustimmungserfordernis, so verfängt diese Argumentation nicht, da in der Praxis kein wirklicher Unterschied zu beobachten ist. Tatsächlich haben beide das Heft des Handelns in der Hand. Der Verhältnismäßigkeitsgrundsatz, der für die Schwere des Eingriffs in die Schuldnerrechte im Insolvenzeröffnungsverfahren zu beachten ist, kann nicht berührt sein, da für die Zulässigkeit des Eingriffs unerheblich ist, ob als Folge Masse- oder einfache Insolvenzforderungen entstehen.

Auch ein Eingriff in aus Art. 14 Abs. 1 GG geschützte Rechtspositionen der Insolvenzgläubiger durch die beabsichtigte Regelung ist nicht zu erkennen. Die Masseforderungen entstehen aufgrund erbrachter Leistungen zur Insolvenzmasse. Masseschmälerungen hat der vorläufige Insolvenzverwalter zu verhindern. Durch die Regelung werden lediglich zufällige Besserstellungen der Insolvenzgläubiger beseitigt, die bisher dadurch entstehen können, dass ein Gläubiger im Insolvenzeröffnungsverfahren mit Zustimmung des schwachen vorläufigen Insolvenzverwalters seine Leistung zur Insolvenzmasse erbringt, seine Gegenleistung jedoch nur als einfacher Insolvenzgläubiger geltend machen kann, die durch ihn erbrachte Massemehrung also allen Insolvenzgläubigern zugute kommt.

Der Umstand, dass mit der beabsichtigten Regelung auch Umsatzsteuerausfälle vermieden werden sollen und dass sich die Regelung auch tatsächlich dahingehend auswirken dürfte, ist im Hinblick auf den Grundsatz der Gläubigergleichbehandlung unerheblich, denn die derzeitige Ungleichbehandlung der Gläubiger des

728 So auch Marotzke, der allerdings vorschlägt, dem Änderungsvorschlag zu § 55 Abs. 2 InsO das Wort „vertragliche" voranzustellen, damit die Regelung nicht auch für gesetzliche Verbindlichkeiten, in erster Linie Umsatzsteuer, gilt, ZIP 2005, 2144 ff.
729 Pape/Uhlenbruck, ZIP 2005, 417, 419
730 s.o. D. I. 1. b. (9)
731 Pape/Uhlenbruck, ZIP 2005, 417, 419 f
732 s. BGH ZIP 2005, 314
733 Händle, ZInsO 2005, 844, 846
734 Pape/Uhlenbruck hatten in ihrer Stellungnahme zu dem sog. „non-paper" daher eine dem § 55 Abs. 2 InsO-RegE entsprechende Regelung vorgeschlagen, ZIP 2005, 417, 420

Eröffnungsverfahrens untereinander einerseits[735] und die Ungleichbehandlung der Gläubiger des Eröffnungsverfahrens und der Massegläubiger andererseits sind, wie gezeigt, unter dem Gesichtspunkt der Gläubigergleichbehandlung nicht gerechtfertigt.

Rechtstatsächlich sind als mögliche Auswirkungen der geplanten Regelung ein Anstieg massearmer Verfahren und eine Erschwerung der Unternehmenssanierung[736] nicht zu verkennen. Dies jedoch ist rechtsdogmatisch keine Frage der Gläubigergleichbehandlung, sondern rechtspolitisch hinzunehmen, da wohl kaum vertretbar wäre, die Unternehmensfortführung im Eröffnungsverfahren durch (unfreiwillige) Sonderopfer einzelner Gläubiger zu finanzieren.

2. Änderungen des Insolvenzanfechtungsrechts

a) § 131 Abs. 1 S. 2 InsO-RegE

Ebenfalls anders als die ursprünglich in dem sog. „non-paper" zugunsten des Fiskus und der Sozialkassen intendierte Änderung des Insolvenzanfechtungsrechts, die diese Gläubiger nahezu vollständig von der Insolvenzanfechtung freigestellt hätte[737] und die auch nach der Begründung des RegE vom 10.08.2005 ein erheblicher Eingriff in den Grundsatz der Gläubigergleichbehandlung gewesen wäre[738], sollen die Regelungen des RegE für alle Gläubiger gleichermaßen gelten. Weil sich zum Teil aus der Begründung des RegE und jedenfalls aus der „Vorgeschichte" ergibt, dass mit den Regelungen insbesondere die Anfechtung gegenüber dem Fiskus und den Sozialkassen erschwert werden soll, und weil sich die Regelungen ganz überwiegend zugunsten des Fiskus und der Sozialkassen auswirken würden, da diese sich ihre Vollstreckungstitel selbst schaffen und mit eigenen Vollstreckungsorganen vollstrecken und somit anders als andere Gläubiger in der „kritischen Phase" sich noch rasch Befriedigung verschaffen könnten, wird in den Regelungen eine Privilegierung des Fiskus und der Sozialversicherungsträger und eine Verletzung des Grundsatzes der Gläubigergleichbehandlung zum Nachteil der übrigen Insolvenzgläubiger gesehen[739]. Da die Regelung jedoch für alle Gläubiger gleichermaßen gelten würde, stellt sie formal eine Ungleichbehandlung nicht dar. Eine einseitige Privilegierung des Fiskus und der Sozialkassen könnte sich aber rechtstatsächlich ergeben, wenn sich herausstellen würde, dass sich diese Gläubiger in der „kritischen Phase" der letzten drei Monate vor Insolvenzantrag für ihre Forderungen im Wege der Zwangsvollstreckung Sicherung oder Befriedigung noch verschaffen und damit aufgrund ihrer Möglichkeit, sich Vollstreckungstitel selbst zu

---

735 durch Treuhandkonto oder aufgrund gerichtlicher Ermächtigung des vorläufigen Verwalters zur Begründung von Masseverbindlichkeiten bevorzugte Gläubiger gegenüber nicht bevorzugten Gläubigern
736 s.o. II.
737 s.o. B. I.
738 Begr. zum RegE Teil A II, DZWIR 2005, 419
739 DAV a.a.O., S. 6 u. 8; Leithaus, NZI 2005, 436, 439

erstellen und mit eigenen Organen zu vollstrecken, anderen Gläubigern zuvorkommen, somit die Masse auszehren und deshalb für andere Gläubiger effektiver Rechtsschutz durch das Insolvenzverfahren nicht mehr gewährleistet ist. Wenn auch der Eintritt dieser Situation nicht sehr wahrscheinlich sein dürfte, kann dies hier nicht abschließend beurteilt werden. Tendenziell könnte dem Eintritt einer solchen Situation der Umstand entgegenwirken, dass auch nach dem RegE die Kongruenzanfechtung nach § 130 Abs. 1 InsO gegenüber dem Fiskus und den Sozialkassen nicht eingeschränkt wird und in der Begründung für die in dem sog. „non-paper" erstrebten Änderungen des Insolvenzanfechtungsrechts u.a. gerade darauf abgestellt wurde, dass der Fiskus und die Sozialkassen aufgrund von Stundungsanträgen sehr häufig Kenntnis von der Zahlungsunfähigkeit des Schuldners hätten[740]. Dann aber wären ihre durch Zwangsvollstreckung erlangten Sicherungen oder Befriedigungen wegen der Kenntnis von der Zahlungsunfähigkeit des Schuldners als kongruente Deckungen nach § 130 InsO anfechtbar. Selbst wenn dennoch anzunehmen wäre, dass sich die Änderung des § 131 InsO gem. dem RegE, wie nach der Begründung auch beabsichtigt, in erster Linie zugunsten des Fiskus und der Sozialversicherungsträger auswirken würde[741], so können sich hieraus Bedenken gegen die Regelung im Hinblick auf den Gläubiger-Gleichhandlungsgrundsatz allenfalls rechtstatsächlich ergeben.

Neben aller Ablehnung[742] hat die geplante Änderung des § 131 Abs. 1 InsO auch Zuspruch gefunden mit der Begründung, die Rechtsprechung, nach der eine in der „kritischen Phase" durch Zwangsvollstreckung oder auf Druck von Zwangsvollstreckung oder eines angedrohten Insolvenzantrages erlangte Sicherheit oder Befriedigung stets inkongruent ist, sei weder dogmatisch noch in ihrem Ergebnis überzeugend, weil sie ausgerechnet diejenigen Gläubiger benachteilige, die nicht über so viel Marktmacht verfügen, dass der Schuldner ihre Forderungen allein aus Angst vor nichtstaatlichen Repressionen freiwillig erfüllt, sondern die auf die Zwangsvollstreckung angewiesen sind[743]. „Rückenwind" hat der RegE für die vorgesehene Änderung des § 131 Abs. 1 InsO kürzlich auch durch eine Entscheidung des Amtsgerichts Kerpen[744] erhalten. Dieses hat geurteilt, es stelle einen Verstoß gegen den Grundsatz der Gewaltenteilung und gegen den Gleichbehandlungsgrundsatz dar, wenn der BGH bei einer unter dem Druck der Zwangsvollstreckung erwirkten Zahlung des späteren Insolvenzschuldners auf eine titulierte Forderung innerhalb der „kritischen Zeit" eine inkongruente Deckung im Sinne des § 131 InsO annimmt. Der Verstoß gegen das Gebot der Gewaltenteilung liege darin, dass der BGH in § 130 InsO als ungeschriebenes Tatbestandsmerkmal hineinliest, dass die

---

740 s.o. B. I.
741 von den grundsätzlichen Bedenken gegen jegliche Wirksamkeit der Regelung überhaupt – Smid, DZWIR 2005, 414, 415, einmal ganz abgesehen
742 s.o. II.
743 Marotzke, ZInsO 2006, 7,8,9, der zur Vermeidung von Ungleichbehandlungen zusätzlich die ersatzlose Streichung des § 88 InsO vorschlägt, der zudem wegen Unverhältnismäßigkeit verfassungswidrig sei
744 vom 18.11.2005, ZIP 2005, 2327

Befriedigung nicht im Wege der Zwangsvollstreckung erlangt sein darf, da nach dem Wortlaut des Gesetzes „kein Zweifel daran bestehen" könne, dass es für die Unterscheidung der beiden Fälle der Deckung – kongruent oder inkongruent – nicht darauf ankomme, auf welche Weise der Gläubiger die Leistung erhalte, durch freiwillige Entschließung des Schuldners oder durch oder auf Druck von Zwangsvollstreckung[745]. Ein Verstoß gegen den Gleichheitssatz des Art. 3 GG liege in der Rechtsprechung des BGH, weil nach ihr der Gläubiger, der in der „kritischen Zeit" Befriedigung seiner Forderung im Wege oder durch Druck der Zwangsvollstreckung erhält, diese wieder herausgeben muss, während der Gläubiger, der Befriedigung aufgrund freiwilliger Leistung des Schuldners erhält, diese behalten darf. Zusätzlich sei zu berücksichtigen, dass „soziologisch nicht zu bezweifeln" sei, dass Schuldner in der „kritischen Phase" eher die Gläubiger freiwillig befriedigen, die ihnen nahe stehen[746], während die übrigen Gläubiger auf die Durchsetzung ihrer Ansprüche mittels Zwangsvollstreckung angewiesen seien[747].

Nach dieser Argumentation könnte die im RegE vorgesehene Änderung des § 131 Abs. 1 InsO unter dem Gesichtspunkt der Gläubigergleichbehandlung nicht nur zulässig, sondern sogar geboten sein. Indessen werden bei dieser Argumentation die Herleitung und der materielle Gehalt des insolvenzrechtlichen Gläubiger-Gleichbehandlungsgrundsatzes verkannt. Es ist gerade kein Ausdruck von Gläubigergleichbehandlung, wenn die Gläubiger, die in der „kritischen Phase" eine freiwillige Leistung des Schuldners erhalten haben, mit denjenigen, die sich Sicherung oder Befriedigung durch oder mit Druck von Zwangsvollstreckung verschafft haben, insolvenzanfechtungsrechtlich gleich behandelt werden. Die Herausnahme der Einzelzwangsvollstreckung aus der Inkongruenzanfechtung durch § 131 Abs. 1 S. 2 InsO-RegE ist mit dem Prinzip der par condicio creditorum unvereinbar. Oben[748] wurde dargelegt, dass in der Insolvenz des Schuldners das Prioritätsprinzip der Einzelzwangsvollstreckung keine Geltung haben kann, da es dem Gebot aus Art 14 Abs. 1 GG, allen Gläubigern Eigentum und effektiven Rechtsschutz zu garantieren, nicht genügt. Ebenfalls wurde oben[749] dargelegt, dass dies bereits in der „kritischen Phase" der speziellen Insolvenzanfechtung gelten muss, da bereits in dieser Zeit der eingetretenen materiellen Insolvenz das System der privatautonomen Schuldenregulierung durch den Schuldner zusammenbricht[750]. Hiergegen verstößt die Regelung des § 131 Abs. 1 S. 2 InsO-RegE. Außerdem würde die Regelung zu der nicht hinnehmbaren Konsequenz führen, dass ein Titelgläubiger, der im zweiten oder dritten Monat vor Insolvenzantrag von dem zahlungsunfähigen Schuldner eine Sicherung durch Zwangsvollstreckung erlangt, von der Inkongruenzanfech-

745 Amtsgericht Kerpen a.a.O. S. 2328
746 was nicht im Sinne des § 138 InsO gemeint ist
747 Amtsgericht Kerpen a.a.O. Zu diesem Urteil Marotzke ZInsO 2006, 190 ff. Die Entscheidung des Amtsgerichts Kerpen wurde in der Berufungsinstanz durch das Landgericht Köln abgeändert (aufgehoben), ZInsO, 2006, 839
748 E. II. 1.
749 E. II. 2.
750 Häsemeyer, Insolvenzrecht, Rn. 2.23

tung frei wäre, während der titellose Gläubiger, der unter gleichen Umständen die Sicherung aufgrund freiwilliger Leistung des Schuldners erhält, der Inkongruenzanfechtung unterläge. Diese mit der Fortgeltung des Prioritätsprinzips der Einzelzwangsvollstreckung in der „kritischen Phase" einhergehende Bevorzugung der Titelgläubiger gegenüber den Insolvenzgläubigern ohne Titel ist mit dem Grundsatz der Gläubigergleichbehandlung nicht vereinbar[751].

b) § 133 Abs. 1 InsO-RegE

Auch wenn aus „Zielsetzung" und „Lösung" des RegE hervorgeht, dass durch die Beschränkung der Vorsatzanfechtung bei kongruenter Deckung auf Fälle unlauteren Verhaltens in erster Linie den Interessen der öffentlich-rechtlichen Gläubiger Rechnung getragen werden soll[752], bedeutet die beabsichtigte Regelung keinen Widerspruch zu insolvenzrechtlichen Grundsätzen[753], zumal die Rechtsprechung den Anwendungsbereich des § 133 InsO tatsächlich sehr weit ausgedehnt hat[754]. Ein formaler Widerspruch zum Gläubiger-Gleichbehandlungsgrundsatz liegt in der geplanten Regelung des § 133 Abs. 1 InsO-RegE also nicht.

3. Wechsel der Vermögensinhaberschaft – §§ 38 Abs. 3 S. 2 EStG-RegE, 28 e Abs. 1 S. 2 SGB IV-RegE

Diese Regelungen sollen in der Insolvenz des Arbeitgebers die Anfechtbarkeit der Zahlungen von Lohnsteuer und Arbeitnehmeranteilen zur Sozialversicherung durch den Arbeitgeber ausschließen. Indessen erscheint bereits die Wirksamkeit der geplanten Regelung fraglich. Der die Lohnsteuer und die Arbeitnehmeranteile zur Sozialversicherung umfassende Bruttolohn wird jedenfalls aus dem Vermögen des Arbeitgebers gezahlt und gelangt erst mit Auszahlung in das Vermögen des Arbeitnehmers. Solange die Zahlungen nicht geleistet sind, behält der Arbeitnehmer seinen (Brutto-) Lohnanspruch. Folglich gelangen die abgeführte Lohnsteuer und die abgeführten Arbeitnehmeranteile zur Sozialversicherung frühestens bei Auszahlung des Nettolohnes aus dem Vermögen des Arbeitgebers in das des Arbeitnehmers. Von diesem Zeitpunkt bis zur Abführung der Lohnsteuer an das Finanzamt bzw. des Arbeitnehmeranteils zur Sozialversicherung an den Sozialversicherungsträger besteht zwischen dem Arbeitnehmer und dem Arbeitgeber entweder ein Darlehensverhältnis[755] oder ein Treuhandverhältnis[756]. Abgesehen davon, dass jedenfalls der Vermögensübergang vom Arbeitgeber auf den Arbeitnehmer anfechtbar sein kann[757], kann ein insolvenzfestes Treuhandverhältnis durch bloße gedank-

---

751 So auch Huber, ZInsO 2005, 786, 787
752 Veröffentlichung der Bundesregierung vom 21.06.2005, Teile A u. B, u.a. in Heidelberger Kommentar, S. 1651
753 Vallender, NZI 2005, 599, 600; Huber, ZInsO 2005, 786, 788
754 Uhlenbruck, ZInsO 2005, 505, 512
755 Beck/Irschlinger, VID, ZInsO 2005, 862, 864
756 Leithaus, NZI 2005, 436, 438
757 Leithaus, NZI 2005, 436

liche Separierung nicht begründet werden[758] und die in der Abführung der Lohnsteuer bzw. Versicherungsbeiträge an die öffentlich-rechtlichen Gläubiger liegende Darlehensrückführung könnte ebenfalls anfechtbar sein. Damit bleibt die Anfechtung weiterhin möglich, so dass die Regelungen insolvenzanfechtungsrechtlich unwirksam und daher im Hinblick auf die Gleichbehandlung der Gläubiger unerheblich sind.

---

758 Gottwald in Gottwald, Insolvenzrechtshandbuch, § 40, Rn. 29

H. Zulässigkeit der Wiedereinführung von allgemeinen Gläubigervorrechten?

Die Darstellungen unter D. zeigen, dass mit der InsO keineswegs der „klassenlose Konkurs“[759] eingeführt wurde[760]. Abgeschafft wurden lediglich die allgemeinen Konkursvorrechte in den früheren §§ 61 Abs. 1 KO und 17 Abs. 3 GesO und in §§ 80 VAG und 27 ArbNErfG a. F.[761]. Insbesondere die Abschaffung des Fiskusprivilegs und des Privilegs der Sozialversicherungsträger haben diese, nicht zuletzt unterstützt durch den Bundesrechnungshof, der in seinem Bericht nach § 99 BHO vom 03.09.2003[762] die Wiedereinführung des mit der InsO entfallenen Fiskusvorrechts empfahl[763], nicht ruhen lassen in dem Bestreben, ihre alten Privilegien wieder herzustellen[764]. So hat der Gesetzgeber durch die Einführung verschiedener steuerrechtlicher Einzelvorschriften, die den Fiskus in der Insolvenz des Gemeinschuldners gegenüber anderen Gläubigern privilegieren[765], bereits Tendenzen erkennen lassen, das Fiskusprivileg de facto wieder einzuführen[766]. Besonders deutlich kam das Bestreben zur Wiedereinführung der Privilegien des Fiskus und der Sozialversicherungsträger in dem sogenannten „non-paper“[767] zum Ausdruck, welches die Vorgeschichte[768] zum Gesetzesentwurf der Bundesregierung – Entwurf eines Gesetzes zum Pfändungsschutz der Altersvorsorge und zur Anpassung des Rechts der Insolvenzanfechtung vom 10.08.2005[769] bildete, und in der zeitweise im Entwurf des Jahressteuergesetzes 2007 vorgesehenen Ergänzung des § 251 Abs. 4 AO[769a]. Auch hinsichtlich des RegE vom 10.08.2005 wird in der Literatur einhellig davon ausgegangen, dass die geplanten Regelungen, sollten sie Gesetz werden, den Fiskus und die Sozialversicherungsträger in der Insolvenz des Gemeinschuldners faktisch privilegieren werden[770], was letztlich als Ziel der geplanten Änderungen der InsO, „dem Interesse der öffentlich-rechtlichen Gläubiger Rechnung zu tragen“, in der Begründung des RegE auch anklingt, wenngleich dort ebenfalls formuliert wird: „... andererseits nicht den Grundsatz der Gläubigergleichbehandlung zu verletzen“[771].

759 der Begriff wurde in der Reformdiskussion geprägt, die schließlich zur InsO führte, Stürner, NZI 2005, 597
760 Uhlenbruck, ZInsO 2005, 505
761 Stürner in Münchner Kommentar, Einleitung, Rn. 62; Smid, InsO, § 1, Rn. 11 u. 58
762 BT-Drucksache 15/1495; herunter zu laden im Internet unter www.bundesrechnungshof.de/veröffentlichung/1062587658/bericht_umsatzsteuer.pdf
763 Bericht des Bundesrechnungshofs, Abschnitt II Tz. 6.3
764 Pape, ZInsO 2005, 842
765 s.o. D. I. 3
766 Uhlenbruck, ZInsO 2005, 505, 506
767 s.o. B. I.
768 Pape, ZInsO 2005, 842
769 RegE, s.o. B. II.
769a s.o. S. 114, Fußnote 673
770 s.o. II.
771 Begründung zum RegE „Zielsetzung“ und „Lösung“

H. Zulässigkeit der Wiedereinführung von allgemeinen Gläubigervorrechten?

Angesichts dieser Tendenzen und Bestrebungen des Gesetzgebers ist die Frage aufzuwerfen, ob eine Wiedereinführung der Allgemeinen Vorrechte, etwa des Fiskus und der Sozialversicherungsträger, überhaupt zulässig wäre.

Allgemeine Insolvenzvorrechte sind als Gläubigerprivilegien dadurch gekennzeichnet, dass sie nicht aus der allgemeinen Privatrechtsordnung stammen, sondern durch das Insolvenzrecht für das Insolvenzverfahren erst „künstlich“ geschaffen bzw. gewährt würden[772]. Abgesehen davon, dass eine Wiedereinführung der Vorrechte dem Grundanliegen der Insolvenzrechtsreform widerstritte und die Stimmigkeit des Insolvenzrechts gefährdete[773], wäre sie rechtlich unzulässig. Dies lässt sich allerdings nicht aus dem wenig weiter führenden Gedanken der Verteilungsgerechtigkeit herleiten[774] und auch nicht im Übrigen aus dem allgemeinen Gleichheitssatz des Art. 3 GG, da ihm das Differenzierungsgebot für unterschiedliche Sachverhalte immanent ist, er dem Gesetzgeber einen verhältnismäßig großen Spielraum bei der Schaffung „sachlich begründeter“ Vorrechte lässt[775] und er aus den für das Gemeinwohl bedeutsamen „Erfordernissen wirtschaftlichen Lebens vor der Insolvenz“ eine „marktstimulierende Ungleichbehandlung“, die das Insolvenzrecht mit tragen müsse[776], abdeckt. Danach könnte die Wiedereinführung allgemeiner Vorrechte im Insolvenzverfahren zulässig sein. Gassert-Schumacher, die den Grundsatz der Gleichbehandlung der Insolvenzgläubiger aus dem allgemeinen Gleichheitssatz herleitet[777], hält die Wiedereinführung eines allgemeinen Vorrechts zugunsten der Gläubigerkreise, die von vorn herein aus rechtlichen oder tatsächlichen Gründen keine Möglichkeit der dinglichen Besicherung ihrer Forderungen haben und die (auch deshalb) besonders schutzbedürftig seien, etwa Unterhalts- oder Deliktsgläubiger oder Arbeitnehmer[778], für sachlich gerechtfertigt und sogar für notwendig[779]. Dass jedoch der Grundsatz der Gleichbehandlung der Gläubiger in der Insolvenz Begründung und inhaltliche Ausprägung nicht in dem allgemeinen Gleichheitssatz des Art. 3 GG findet, wurde oben[780] dargelegt.

Vielmehr ergibt sich die Unzulässigkeit der Wiedereinführung der allgemeinen Vorrechte aus dem Gebot der Gläubigergleichbehandlung, welches aus der zivilrechtlichen Haftungsordnung, der wechselseitigen Ausgleichshaftung der Gläubigerforderungen und der Garantie des Eigentums und des effektiven Rechtsschutzes aus Art. 14 Abs. 1 GG folgt[781]. Angesichts der Unzulänglichkeit des Schuldnervermögens bedeutet ein allgemeines Vorrecht zugunsten einer bestimmten Gruppe von

---

772 s.o. F. II. 1. a. (2)
773 Smid, DZWIR 2005, 414, 417
774 Pape/Uhlenbruck, ZIP 2005, 417, 418; Balz in Kölner Schrift, S. 3, 10
775 Stürner in Münchner Kommentar, Einleitung, Rn. 95
776 Stürner, NZI 2005, 597, 598
777 Gassert-Schumacher, S. 325, 326; s.o. E. II. 1. a
778 Für die Beibehaltung das damaligen Vorrechts der Arbeitnehmer in § 61 KO sprach sich auch Weber in Jaeger, KO, 8. Aufl., Einleitung IV., III. 1 aus
779 Gassert-Schumacher, S. 339, 340
780 E. II. 1. a
781 s.o. E. II. 1. d und e

Insolvenzgläubigern immer zugleich eine Benachteiligung der anderen Insolvenzgläubiger bei ihrer Befriedigung. Durch eine Wiedereinführung allgemeiner Vorrechte würde also insoweit eine insolvenzspezifische Umwertung der Privatrechte stattfinden[782]. Dies widerspräche den Reformzielen des Gesetzgebers der InsO, aufgezwungene Vermögensopfer zu vermeiden und auf Zwangseingriffe in Vermögensrechte und in die private Güterzuordnung auch und gerade im Verhältnis der Gläubigergruppen – gesicherte, ungesicherte, nachrangige Gläubiger – zu verzichten[783]. In nicht sehr massereichen Insolvenzverfahren könnte bei Wiedereinführung allgemeiner Vorrechte wieder[784] die Situation eintreten, dass nach Befriedigung der allgemeinen Vorrechte für die „einfachen" Insolvenzgläubiger keine oder so gut wie keine Befriedigungsaussicht verbleibt. Jedenfalls dann, aber auch bereits bei infolge allgemeiner Vorrechte verminderter Befriedigungsaussicht stellte für sie das Insolvenzverfahren keine der Garantie des Eigentums und des effektiven Rechtsschutzes aus Art. 14 Abs. 1 GG genügende Rechtsverfolgungsmöglichkeit mehr dar. Sie würden durch die Eröffnung des Insolvenzverfahrens über das Vermögen des Schuldners der Befriedigungschance im Wege der Einzelvollstreckung beraubt, ohne dass dem gegenüber nun eine adäquate Befriedigungschance im Insolvenzverfahren gegenüber stünde. Das wäre mit Art. 14 Abs. 1 GG unvereinbar.

Auch gegenüber den Sicherungsgläubigern läge in der Wiedereinführung allgemeiner Insolvenzvorrechte eine konkrete Vermögensumverteilung. Sie haben nach §§ 166, 171 InsO zur Mehrung der Insolvenzmasse beizutragen. Dieser Beitrag würde sodann nicht der Gläubigergesamtheit, sondern in erster Linie bzw. bei nicht sehr massereichen Verfahren vollständig nur einigen Gläubigern, nämlich den bevorrechtigten Gläubigern zufließen. Auch diese Umverteilung ist mit Art. 14 Abs. 1 GG, der ebenfalls die Positionen der gesicherten Gläubiger schützt, unvereinbar. Die Wiedereinführung allgemeiner Vorrechte wäre also den Insolvenzgläubigern gegenüber und insbesondere den Gläubigern gegenüber, die als Sicherungsgläubiger nach §§ 166, 171 InsO oder im Wege der Insolvenzanfechtung zur Insolvenzmasse beizutragen haben, eine durch die zivilrechtliche Haftungsordnung nicht gedeckte und dem Eigentumsschutz des Art. 14 Abs. 1 GG in Verbindung mit dem Gebot effektiven Rechtsschutzes widersprechende Vermögensumverteilung[785]. Oben[786] wurde nachgewiesen, dass für eine Bevorzugung einer Gläubigerforderung ein aus der zivilrechtlichen Haftungsordnung folgender, den anderen Insolvenzgläubigern gegenüber wirksamer, spezifisch insolvenzrechtlicher Enthaftungsgrund gegeben sein muss und dass dieser nicht in allgemeinen (fiskal- oder sozial)politischen Erwägungen liegen kann. Die Wiedereinführung der allgemeinen Vorrechte, etwa derjenigen des Fiskus, der Sozialversicherungsträger oder der

782 Pape/Uhlenbruck, ZIP 2005, 417, 418; Allg. Begr. zum RegE-InsO, A.3.c, BT-Drucksache 12/2443, S. 87

783 Allg. Begr. zum RegE-InsO, A.3.a.ee., BT-Drucksache 12/2443, S. 78

784 wie unter Geltung der KO, s.o. C. III. 1.

785 s.o. F. I.

786 s.o. E. II., F. I.

Arbeitnehmer hätte aber allein solche fiskal- oder sozialpolitischen Gründe[787] oder ihr lägen Erwägungen zur Schutzbedürftigkeit zugrunde. Aus der zivilrechtlichen Haftungsordnung folgende Enthaftungsgründe für die Forderungen der genannten Gläubiger werden nicht genannt uns sind auch nicht ersichtlich. Damit wäre eine formelle Wiedereinführung der allgemeinen Vorrechte, etwa zugunsten des Fiskus oder der Sozialversicherungsträger oder der Arbeitnehmer unzulässig.

Ob die von der Literatur befürchtete faktische Privilegierung des Fiskus und der Sozialversicherungsträger durch die nach dem RegE vom 10.08.2005 geplante Änderung des § 131 Abs. 1 InsO[788] rechtstatsächlich zu einer Privilegierung führen kann, die einer formalen Wiedereinführung eines allgemeinen Vorrechts entspräche, kann (noch) nicht beurteilt werden. Dagegen könnte der Umstand sprechen, dass den genannten öffentlich-rechtlichen Gläubigern nach der Begründung des sogenannten „non-papers“ die Zahlungsunfähigkeit des Schuldners durch vorherige Stundungsanträge häufig bekannt ist[789]. Die Kongruenzanfechtung nach § 130 InsO soll durch den RegE jedoch nicht eingeschränkt werden. Würde sich also die Praxis noch verstärken, dem Fiskus und den Sozialversicherungsträgern durch frühzeitige Stundungsanträge Umstände mitzuteilen, die zwingend auf Zahlungsunfähigkeit schließen lassen (§ 130 Abs. 2 InsO), könnte die rechtstatsächliche Bevorzugung der genannten Gläubiger aufgrund ihrer schnelleren Vollstreckungsmöglichkeit[790] so begrenzt werden, dass die geplanten Änderungen der InsO durch den RegE vom 10.08.2005 mit einer formalen Wiedereinführung allgemeiner Vorrechte nicht gleichzusetzen sind. Die geplante Änderung des §131 Abs. 1 InsO ist jedoch wegen Verstoßes gegen den Grundsatz der Gläubigergleichbehandlung unzulässig[791].

---

787 etwa die Begründung zum RegE vom 10.08.2005, Teil A II, DZWIR 2005, 419
788 s.o. G. II.
789 Pape/Uhlenbruck, ZIP 2005, 417
790 selbst erstellte Titel, eigene Vollstreckungsorgane
791 Zur Würdigung der Regelungen des RegE vom 10.08.2005 im Einzelnen s.o. G. III., zur Würdigung der geplanten Änderung des § 131 Abs. 1 InsO s.o. G. III. 2. a

I. Zusammenfassung der Ergebnisse

Im Insolvenzverfahren ist die Gleichbehandlung der Insolvenzgläubiger geboten. Der Grundsatz der Gläubigergleichbehandlung verbietet nicht die insolvenzrechtliche Anerkennung von Gläubigerprivilegien aufgrund vorinsolvenzlich wirksam erworbener Rechtspositionen, wozu u.a. dingliche Mobiliarsicherheiten und die treuhänderähnliche Stellung der Vorrangberechtigten nach § 32 DepotG gehören. Er untersagt jedoch die Schaffung bzw. Gewährung von Privilegien zugunsten einzelner Insolvenzgläubiger nur für die Durchführung des Insolvenzverfahrens aus rechtspolitischen Erwägungen, wie z.B. unechte Masseverbindlichkeiten nach § 123 Abs. 2 S. 1 InsO, sowie die einseitige Herausnahme einzelner Gläubiger aus dem Haftungsverbund, z.B. durch § 13 c UStG. Aus demselben Grund wäre auch die Wiedereinführung allgemeiner Vorrechte im Sinne einer Rangordnung der Insolvenzgläubiger unzulässig. Die geplante Änderung des § 131 Abs. 1 InsO durch den RegE ist mit dem Grundsatz der Gläubigergleichbehandlung ebenfalls unvereinbar.

Aus Sicht der „einfachen“ Insolvenzgläubiger ergibt sich also folgende zulässige Vorrechtsordnung, die zur Folge hat, dass zur Befriedigung ihrer Insolvenzforderungen die von den Privilegien umfassten Vermögensgegenstände des Schuldners nicht zur Verfügung stehen:

- Sonder- bzw. Deckungsmassen oder Sicherungsvermögen, u.a. § 32 DepotG,
- Insolvenzaufrechnung und Absonderungsrechte, letztere abzüglich der Kostenbeiträge nach § 171 InsO,
- Massekosten und echte Masseschulden.

Stichwortverzeichnis